PREFACE
이 책 의 머 리 말

집배원은 국민 생활의 안전과 편의를 책임지는 직업입니다. 최근에는 단순한 우편 배송을 넘어, 지역 사회와 소통하고, 복지 사각지대를 보완하는 역할도 강조되고 있습니다.

우편물, 소포를 자신의 물건처럼 책임감을 가지고 정확하고 신속하게 전달해야 하는 집배원 채용 과정에서는 면접은 단순히 지식만을 평가하는 것이 아니라 인성, 소통 능력, 서비스 마인드 등 현장에서 요구되는 다양한 역량을 확인하는 중요한 단계입니다.

본서는 어떤 마음가짐으로, 어떻게 면접 준비를 해야 할지 막막할 수험생 여러분을 위해, 집배원의 기본 정보뿐만 아니라 기출 문제 및 예상 질문과 모범 답변, 그리고 어떻게 나만의 언어로 설득력 있게 표현할 수 있을지 함께 고민하였습니다.

- 집배원의 전반적인 업무와 우편 및 금융서비스 등의 상식을 수록하여 면접에 대비할 수 있도록 하였습니다.
- 면접의 기본부터 실전 면접까지 모든 과정을 수록하였습니다.
- 평정요소별로 구분하여 질문 유형을 쉽게 파악할 수 있도록 하였습니다.
- 기출문제에 대한 모범 답변과 답변 Tip을 수록하였습니다.
- 면접 대비를 위한 주소 체계, 영문·한문표기, 실용한자, 영어표현 등을 수록하였습니다.

시험을 준비하는 여러분 모두가 원하는 결과를 얻길 서원각이 진심으로 응원합니다.

STRUCTURE
이 책의 특징 및 구성

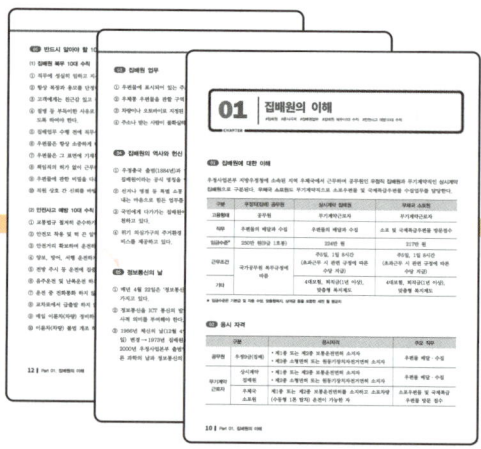

집배원 100% 이해하기!

집배원에 대한 상세한 정보를 수록하였다. 집배원의 업무, 반드시 알아야 하는 수칙, 채용 정보, 직무기술서 등을 수록하여 우정직 집배원, 상시계약 집배원, 우정실무원 등에 대한 정보를 담았다.

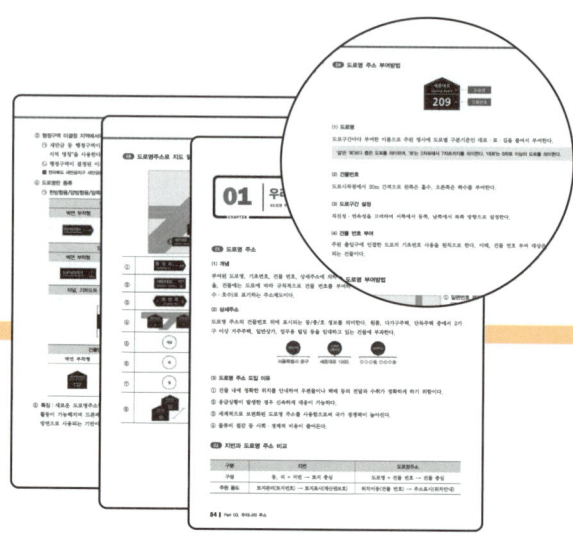

우리나라 주소체계

우리나라 주소체계를 상세하게 수록하였다. 또한 도로명주소 부여체계 및 시행 목적, 표지판 보는 방법 등을 수록하여 면접 답변을 할 때 도움이 될 수 있도록 하였다.

**전면돌파
집배원 면접**

개정4판 1쇄 발행　　2024년 06월 05일
개정5판 1쇄 발행　　2025년 07월 04일

편 저 자 ｜ 공무원시험연구소
발 행 처 ｜ ㈜서원각
등록번호 ｜ 1999-1A-107호
주　　소 ｜ 경기도 고양시 일산서구 덕산로 88-45(가좌동)
교재주문 ｜ 031-923-2051
팩　　스 ｜ 031-923-3815
교재문의 ｜ 카카오톡 플러스 친구[서원각]
홈페이지 ｜ www.goseowon.com

▷ 이 책은 저작권법에 따라 보호받는 저작물로 무단 전재, 복제, 전송 행위를 금지합니다.
▷ 내용의 전부 또는 일부를 사용하려면 저작권자와 ㈜서원각의 서면 동의를 반드시 받아야 합니다.
▷ ISBN과 가격은 표지 뒷면에 있습니다.
▷ 파본은 구입하신 곳에서 교환해드립니다.

우편업무 규정 및 우편법 정리

면접에서 도움이 될 수 있는 규정과 법을 일부 수록하였다. 우편업무 규정과 우편법의 일부를 확인하여 담당하게 될 업무에 대한 이해를 높이고 정보를 파악하여 면접 답변에 도움이 되도록 하였다.

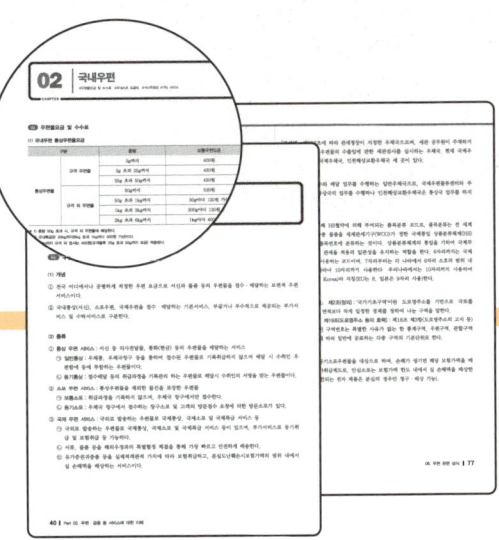

우편 및 금융 관련 서비스

시행되고 있는 우편 서비스, 국내우편, 국제우편 서비스를 정리하였다. 또한 우체국 예금, 우체국 보험과 관련된 금융 서비스를 정리하여 수록하였다.

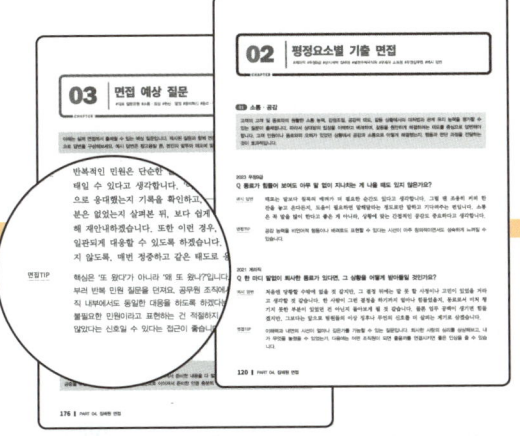

집배원 면접 기출

평정요소별로 구분하여 기출복원을 정리, 예시 답변 및 면접 Tip을 수록하였다. 또한 면접 예상 질문을 통해 보다 확실하게 실전 대비가 가능하다.

면접대비 실용한자 및 영어표현

면접에서 질문할 수 있는 지역별 실용한자와 함께 알아두면 유용한 영어표현을 수록하였다. 또한 우리나라 주소 영문/한문 표기법을 수록하였다.

CONTENTS
이 책 의 차 례

01 집배원의 이해
01. 집배원의 이해 010
02. 우편 관련 주요 법령 013

02 우편・금융 등 서비스에 대한 이해
01. 우편 서비스 040
02. 국내우편 044
03. 국제우편 059
04. 우체국 금융 서비스 067
05. 우편번호체계 071
06. 우편 관련 상식 074

03 우리나라 주소
01. 우리나라 주소체계 084
02. 우리나라 주소 영문 표기 100
03. 우리나라 주소 한문 표기 107

04 집배원 면접

01. 면접 준비 116
02. 평정요소별 기출 면접 120
03. 면접 예상 질문 176

05 부록

01. 면접 대비 실용한자 192
02. 면접 대비 영어표현 197
03. 우편번호 앞 세자리 부여내역 198

집배원 면접 질문카드 200

PART 01

집배원의 이해

1. 집배원의 이해
2. 우편 관련 주요 법령

01 집배원의 이해

#집배원 #응시자격 #집배원업무 #집배원 복무10대 수칙 #안전사고 예방10대 수칙

01 집배원에 대한 이해

우정사업본부 지방우정청에 소속된 지역 우체국에서 근무하며 공무원인 **우정직 집배원**과 무기계약직인 **상시계약 집배원**으로 구분된다. 우체국 소포원도 무기계약직으로 소포우편물 및 국제특급우편물 수집업무를 담당한다.

구분	우정직(집배) 공무원	상시계약 집배원	우체국 소포원
고용형태	공무원	무기계약근로자	무기계약근로자
직무	우편물의 배달과 수집	우편물의 배달과 수집	소포 및 국제특급우편물 방문접수
임금수준*	250만 원(9급 1호봉)	224만 원	217만 원
근무조건	국가공무원 복무규정에 따름	주5일, 1일 8시간 (초과근무 시 관련 규정에 따른 수당 지급)	주5일, 1일 8시간 (초과근무 시 관련 규정에 따른 수당 지급)
기타		4대보험, 퇴직금(1년 이상), 맞춤형 복지제도	4대보험, 퇴직금(1년 이상), 맞춤형 복지제도

※ 임금수준은 기본급 및 각종 수당, 맞춤형복지, 상여금 등을 포함한 세전 월 평균치

02 응시 자격

구분		응시자격	주요 직무
공무원	우정9급(집배)	• 제1종 또는 제2종 보통운전면허 소지자 • 제2종 소형면허 또는 원동기장치자전거면허 소지자	우편물 배달 · 수집
무기계약 근로자	상시계약 집배원	• 제1종 또는 제2종 보통운전면허 소지자 • 제2종 소형면허 또는 원동기장치자전거면허 소지자	우편물 배달 · 수집
	우체국 소포원	제1종 또는 제2종 보통운전면허를 소지하고 소포차량(수동형 1톤 탑차) 운전이 가능한 자	소포우편물 및 국제특급 우편물 방문 접수

03 집배원 업무

① 우편물에 표시되어 있는 주소에 우편물을 전달하는 일을 한다.
② 우체통 우편물을 관할 구역 우체국에 전달하고, 배달할 우편물을 구역이나 배달 순서에 맞게 구분한다.
③ 차량이나 오토바이로 지정된 순서에 맞게 전달하며, 등기 소포 등의 우편물은 직접 전달한 후 확인을 받는다.
④ 주소나 받는 사람이 불확실하거나, 전달하지 못한 우편물은 사유를 적어 사고우편물 처리원에게 인수인계한다.

04 집배원의 역사와 헌신

① 우정총국 출범(1884년)과 함께 생긴 집배원 공식 명칭은 체전부(또는 체대감, 체주사)였으며 1905년에 집배원이라는 공식 명칭을 얻었다.
② 선거나 명절 등 특별 소통 기간에는 고도의 주의를 요하는 투표지를 배달하거나, 명절 선물을 고향에 보내는 마음으로 힘든 업무를 감당하고 있다.
③ 국민에게 다가가는 집배원이 되기 위해 지역별 '우체국 행복나눔 봉사단' 등을 통해 봉사활동을 꾸준히 실천하고 있다.
④ 위기 의심가구의 주거환경 등을 파악하여 지자체에 회신하는 「복지등기 우편서비스」 등의 다양한 공적서비스를 제공하고 있다.

05 정보통신의 날

① 매년 4월 22일은 '정보통신의 날'로 우정인들이 140년간 지켜 온 생일날이나, 우여곡절이 많은 변천사를 가지고 있다.
② 정보통신을 ICT 통신의 발달로 생각하나 그 뿌리는 우편으로, 통신의 시작은 우편이었음을 되새기고 역사적 의미를 부여해야 한다.
③ 1986년 체신의 날(12월 4일) 지정 → 1968년 집배원의 날(5월 31일) 지정 → 1972년 체신의 날(4월 22일) 변경 → 1973년 집배원의 날을 체신의 날로 통합 → 1994년 체신의 날을 정보통신의 날로 변경 → 2000년 우정사업본부 출범일(7월 1일) 지정 → 2013년 정부조직 개편(정보통신부 → 미래창조과학부)에 따른 과학의 날과 정보통신의 날 별도 지정

06 반드시 알아야 할 10대 수칙

(1) 집배원 복무 10대 수칙

① 직무에 성실히 임하고 지시사항을 준수하여야 한다.

② 항상 복장과 용모를 단정히 하고 공무원으로서 품위를 유지하여야 한다.

③ 고객에게는 친근감 있고 정중한 자세로 응대하여야 한다.

④ 질병 등 부득이한 사유로 출근하지 못할 때에는 가장 빠른 방법으로 연락하여 당일 복무배치에 지장이 없도록 하여야 한다.

⑤ 집배업무 수행 전에 직무상 필요한 장비 등을 점검하여야 한다.

⑥ 우편물은 항상 소중하게 다루며, 임의로 폐기하거나 유기·훼손·개봉 등을 하여서는 아니 된다.

⑦ 우편물은 그 표면에 기재된 주소에 배달하는 등 업무규정에 따라 수행하여야 한다.

⑧ 책임직의 허가 없이 근무하고 있는 곳을 떠나서는 아니 된다.

⑨ 우편물에 관한 비밀을 다른 사람에게 누설하여서는 아니 된다.

⑩ 직원 상호 간 신뢰를 바탕으로 밝은 직장 분위기를 조성한다.

(2) 안전사고 예방 10대 수칙

① 교통법규 철저히 준수하기

② 안전모 착용 및 턱 끈 알맞게 조이기

③ 안전거리 확보하며 운전하기

④ 양보, 방어, 서행 운전하기

⑤ 전방 주시 등 운전에 집중하기

⑥ 음주운전 및 난폭운전 하지 않기

⑦ 운전 중 전화통화 하지 않기

⑧ 교차로에서 급출발 하지 않기

⑨ 매일 이륜차(차량) 정비하기

⑩ 이륜차(차량) 불법 개조 하지 않기

02 | 우편 관련 주요 법령

#우편업무 규정 #우편법

01 우편물의 접수

(1) 우편물의 비밀보장 등(우편업무 규정 제5조)

① 타인의 비밀이라 함은 「개인정보보호법」 제2조 제1호에 따른 발송인 및 수취인의 개인정보(주소·성명 등)와 우편물의 내용·취급 연월일·발송통수 및 발송상황 등 우편업무의 취급 중에 알게 된 사항을 말한다.

② 법원 등 관계기관이 공무상 필요에 의하여 타인의 비밀이나 우편물 등의 압수·제출을 요구하는 때에는 다음 각 호의 어느 하나에 해당하는 경우에 대하여 제공할 수 있다.
  1. 법원이 재판수행을 목적으로 법적근거, 사용목적, 요청내용 등이 명시된 문서를 제출하는 경우
  2. 수사기관이 범죄수사 및 공소제기·유지를 목적으로 법적근거, 사용목적, 요청내용 등이 명시된 영장을 제시하는 경우
  3. 선거관리위원회가 선거범죄 조사를 목적으로 법적근거, 사용목적, 요청내용 등이 명시된 문서를 제출하는 경우
  4. 그 밖의 관계기관이 법률에서 정한 소관업무 수행을 목적으로 법적근거, 사용목적, 요청내용 등이 명시된 개인정보 보호위원회의 심의·의결문서를 제출하는 경우

③ ②의 제1호와 제4호에 따라 해당 정보나 우편물 등을 제공한 때에는 제공한 날부터 30일 내에 관보나 해당 우편관서의 인터넷 홈페이지에 요청기관, 요청목적, 법적근거, 제공일자, 제공내용 등을 게재하고 인터넷 홈페이지에는 10일 이상 유지하여야 한다.

④ ②의 경우에 취급직원은 책임자(5급 이상 공무원을 장으로 하는 우체국의 과장 이상의 지위에 있는 자)의 참관하에 해당 정보나 우편물 등 인도하여야 하며, 우편물을 압수당하거나 제출하는 경우에는 그 내용을 지체 없이 관할 지방우정청장에게 보고하여야 한다.

⑤ ②에 따라 압수 또는 제출되었던 우편물을 돌려받은 경우에는 그 사유를 기재한 부전지를 해당 우편물에 붙여 송달하여야 한다. 이 경우 우편물이 훼손되었으면 훼손사유를 부전지에 명시하여야 한다.

(2) 집배원의 우편물 접수(우편업무 규정 제19조)

① 집배원은 집배업무수행 중 이용자의 요구가 있을 때에는 우편물(등기우편물의 부가취급은 배달증명에 한한다)을 접수할 수 있으며, 우편물접수에 필요한 물품과 우표류는 접수창구와 수수한다. 다만, 우편요금 감액대상 우편물은 접수할 수 없다.

② 집배원이 등기 및 준등기우편물을 접수하는 때에는 다음과 같이 처리하여야 한다.
  1. 우편요금 등과 우편물을 받는다.
  2. 접수한 등기 및 준등기우편물은 귀국 즉시 창구접수부서에 인계하여 접수하고 익일 배달 시 우편물 접수영수증을 발송인에게 교부한다. 단, 발송인이 원하지 않는 경우 이를 생략할 수 있다.

02 우표류 판매 계약 및 관리

(1) 우표류의 판매인 및 취급관서 등(우편업무 규정 제112조)

① 규칙 제71조에 따라 국내판매인, 국내보급인 및 국외보급인이 판매할 수 있는 우표류의 종류는 다음 각 호와 같다.
  1. 국내판매인인 경우 : 우표·우편엽서·항공서간 그 밖에 본부장 또는 계약우체국장(우표류 판매 또는 우편물 접수 등과 관련하여 체결되는 계약의 일방 당사자인 우체국장을 말한다)이 필요하다 고 인정하는 우표류
  2. 국내보급인 및 국외보급인인 경우 : 우취보급용 우표류(국제반신우표권 및 우편물의 특수취급에 필요한 봉투를 제외한다)

② 국내에서의 우표류 판매업무에 관한 계약 체결, 설치장소 지정, 판매소의 관리, 판매인에 대한 우표류의 공급은 판매소를 관할하는 우편물의 집배사무를 취급하는 우체국(별정우체국직원을 포함한다)장이 행한다.

(2) 우표류의 공급(우편업무 규정 제121조)

① 관할우체국의 장은 판매인의 요청이 있을 때에는 우표류 전 품목을 공급을 하여야 한다. 다만, 보통우표를 제외한 기념우표류, 연하장 등은 해당 우체국의 배정량을 감안하여 공급하여야 한다.

② 관할우체국의 집배원은 배달과정에서 판매인으로부터 우표류 공급요청을 받은 경우 우표류를 공급하여야 하며 우표류를 공급할 수 있는 우편집배원(이하 '공급책임자'라 한다)을 다음과 같이 지정한다.
  1. 우체통이 설치된 판매소는 당해 우체통의 우편물수집원 또는 담당 집배원(수집구가 없는 우편구에 한함)
  2. 우체통이 설치되지 아니한 판매소는 그 인근에 있는 우체통의 우편물수집원 또는 담당 집배원(수집구가 없는 우편구에 한함)

03 우편물의 구분 방법

(1) 우편물의 구분원칙(우편업무 규정 제206조)

① 우편물은 주소에 의하여 구분한다. 다만, 기계구분 시 우편번호 또는 집배코드 등으로 구분할 수 있다.

② 우편물의 형태가 구분 칸에 구분하기가 부적합한 경우에는 운송용기에 직접 구분할 수 있다.

③ 우편집중국 및 배달국에서는 작업시간 등 소통여건을 고려하여 우편물의 종별(익일특급우편물, 일반·선택등기우편물, 준등기우편물, 일반우편물) 순으로 구분한다.

④ 우편물을 구분할 때는 오 구분이 발생하지 않도록 정확히 구분하여야 하고 오도착 우편물은 발견 즉시 최선 편에 연결될 수 있도록 우선 구분한다.

⑤ 배달국에서는 특급우편물이 송달기준일(시)까지 배달 가능하도록 도착 즉시 구분하여 집배원에게 인계한다.

(2) 우편물의 구분방법(우편업무 규정 제207조)

제203조의 규정에 의하여 우편집중국 및 배달국은 지정된 구분 칸에 따 라 우편물을 다음 각 호와 같이 구분한다.

1. 우편집중국
    가. 발송구분 : 도착우편집중국별, 도착우편집중국의 배달국그룹별 또는 배달국별로 우편물을 구 분한다.
    나. 도착구분 : 배달국의 집배원별, 집배원 그룹별 또는 동별, 배달국별로 우편물을 구분한다.
2. 배달국
    가. 배달우편물 구분은 지정된 구분 칸에 의하여 우편물을 구분한다.
    나. 오도착 및 반송우편물 구분은 우편집중국별로 구분하되 재 오구분되지 않도록 주소에 의하여 구분한다.

04 우편물의 집배업무

(1) 공휴일의 집배(우편업무 규정 제296조)

① 공휴일에는 집배업무를 하지 아니한다.

② 공휴일이 2일 이상 연속되는 경우의 배달 업무는 집배국의 실정에 따라 필요한 경우에는 ①의 규정에 불구하고 다음의 집배업무를 행한다.
　1. 국민투표기간과 대통령, 국회의원, 지방의회의원 및 지방자치단체장 등 선거기간 : 이 기간 중의 공휴일의 집배는 집배국의 실정에 따라 선거우편물의 집배업무에 한할 수 있다.
　2. 특별소통기간 : 이 기간 중의 공휴일의 집배는 집배국의 실정에 따라 집배회수를 증감할 수 있다.

(2) 보충집배(우편업무 규정 제297조)

천재지변, 기타의 사고로 인하여 정규의 집배일에 우편물의 집배를 하지 못한 다음날이 집배업무를 하지 아니하는 날일 경우에는 그날에 보충 집배할 수 있다.

(3) 비정규집배원 및 위탁 배달요원의 업무수행(우편업무 규정 제300조)

① 비정규집배원 및 위탁배달요원은 지정된 장소에서 우체국의 담당직원과 우편물을 수수하여야 한다.

② ①의 경우 지정된 장소에서 비정규집배원 및 위탁배달요원에게 우편물을 수수하는 자는 정규직원으로 배치하여야 하며, 그 직원의 임무는 다음과 같다. 단, 비정규집배원에게 적용하며, 위탁배달요원의 업무수행은 위·수탁 계약서의 내용을 따른다.

   1. 우편물의 수수
   2. 비정규집배원의 집배업무 수행에 필요한 지도
   3. 각종 지시사항의 전달
   4. 수집편찰 수수
   5. 집배용품의 보관상태 점검
   6. 보관우표의 검사 및 당일 판매한 우표의 구입보충

③ 비정규집배원의 집배는 일반집배원의 집배방법에 의하여 행한다.

(4) 집배업무의 대행(우편업무 규정 제301조)

① 집배원(비정규집배원 포함)이 질병 기타 불의의 사고로 인하여 집배업무를 수행할 수 없는 경우에는 그 지역의 사정에 익숙한 집배원에게 이를 배달시켜야 한다.

② ①의 원활한 대무를 위하여 책임직은 평소 집배원 간 통구훈련 등을 정기적으로 실시하여야 한다.

(5) 집배업무도중의 사고(우편업무 규정 제302조)

① 집배원이 집배업무도중 발병 또는 기타의 사고로 인하여 집배업무를 수행할 수 없는 경우에는 우편물을 안전하게 보관하고 인근주민 등을 통하여 우체국에 그 사실을 통보하여 줄 것을 요구하여야 한다.

② 집배책임직은 다른 집배원으로 하여금 우편물을 인수토록하고 우편물을 인수한 집배원은 그 우편물을 신속하게 배달될 수 있도록 조치하여야 한다.

(6) 교통이 차단된 지역의 집배(우편업무 규정 제303조)

전염병의 발생 또는 기타 사유로 인하여 통행이 차단된 지역이 있는 경우에는 관계기관과 사전협의하여 집배업무를 수행하여야 한다.

05 우체통의 수집

(1) 수집방법(우편업무 규정 제311조)

① 수집원은 다음과 같이 우체통의 우편물을 수집하여야 한다.
1. 수집구 내의 우체통을 배달순로에 따라서 수집시각을 정하고 그 시각에 맞추어 수집하여야 한다.
2. 우체통의 외관 및 잠금장치에 이상이 없는가를 확인한다.
3. 우체통에 투함된 우편물을 수집 시, PDA를 활용하여 수집 시각·결과를 등록하여야 하며, PDA 사용이 불가할 때에는 수집결과 등을 전산시스템에 직접 등록하여야 한다.
4. 우편물을 수집한 후에는 우체통을 잠가야 한다.
5. 수집과 배달을 겸행하는 때에는 수집우편물과 배달우편물이 혼합되지 아니하도록 하여야 한다.

② 수집우편물량이 특히 많아서 한꺼번에 수집 또는 운반할 수 없는 경우에는 다음과 같이 처리하여야 한다.
1. 즉시 소속국에 요청하여 지원 또는 지시를 받아야 한다.
2. 가까운 곳에 우체국이 있는 경우에는 수집우편물을 우체국에 일시보관하고 소속국에 지원을 요청한 후에 수집을 계속한다.

(2) 수집업무의 확인(우편업무 규정 제312조)

① 집배책임직은 매일 전산시스템에 등록된 우체통 수집상황을 확인하여야 한다.
② 국전함 등 집배원이 수집 하지 않는 우체통은 수집업무를 하는 관할우체국장이 수집상황을 매일 확인하여야 한다.

(3) 우체통 열쇠의 관리(우편업무 규정 제313조)

① 우체통의 열쇠는 책임자가 잠금장치가 되어있는 일정한 장소에 보관하고 집배원이 출발할 때마다 교부하여야 한다.
② 집배원이 우편물의 수집도중 우체통의 잠금장치가 고장인 것을 발견한 때에는 우체통의 우편물 투입구에 '고장'이라 써 붙이고 집배책임자에게 즉시 보고하여야 한다.

(4) 특수지계약집배원의 수집(우편업무 규정 제314조)

① 특수지계약집배원이 수집한 우편물은 그 집배원에게 우편물을 수도하는 자에게 인계하여야 한다.
② ①의 특수지계약집배원이 특수우편물을 접수한 경우에는 수수부에 의하여 이를 수수하여야 한다.

(5) 국가기관 등의 구내우체통 우편물수집(우편업무 규정 제315조)

① 국가기관, 공공단체 및 법인 등 일정한 구내에 있는 우체통의 우편물수집은 그 기관의 근무시간 내에 하여야 한다.

② 우체통이 있는 기관의 장이 우체통까지의 통로를 개방하고 근무시간 후에도 수집을 요청하는 경우에는 이에 응하여야 한다.

(6) 국내우편함 및 국전우체통의 우편물수집(우편업무 규정 제316조)

① 국내우편함 및 국전 우체통의 우편물은 당일 우편물 최종 발송편 차량시각에 맞추어 수집시각을 정하고 수집하여야 한다.

② 시외우편구에 있는 무집배국의 국내함 및 국전우체통의 우편물은 해당우체국에서 수집하여야 하며, 그 지역을 통과하는 운송원 또는 집배원편에 우편물을 수집하여 발송할 수 있다.

06 우편물의 배달

(1) 우편물 배달처리 기준(우편업무 규정 제326조)

① 일반우편물은 도착한 날에 순로 구분 후 그 다음날에 배달하여야 한다(단, 순로구분기 보유관서의 오후시간대 도착 우편물은 도착한 다음날 순로구분하여 순로구분 다음날 배달한다).

② 특수취급우편물의 배달은 「2회 배달, 4일 보관 후 반환」을 원칙으로 하며, 2회째 배달(재배달)의 경우 우편물의 표면에 표기된 수취인(반환하는 경우에는 발송인)이 보관기간 내 우체국영업일 중 특정일을 배달일로 정하여 우체국에 재배달 신청 시 1회 한해 실시한다(특별한 사유가 있을 경우 우정사업본부장 고시로 지정된 우체국에 한하여 배달 및 보관 원칙을 달리하여 운영). 단, 다음 각 호의 경우는 원칙의 예외로 하며, 예외 우편물의 2회째 배달은 수취인(반환하는 경우에는 발송인)의 신청이 없어도 우체국에서 재배달 한다.

 1. 특별송달 : 3회 배달 후 보관 없이 반환
 2. 맞춤형 계약등기(외화 제외) : 3회 배달, 2일 보관 후 반환
 3. 외화 맞춤형 계약등기 : 2회 배달, 보관 없이 반환
 4. 내용증명, 보험취급(외화제외), 선거우편, 등기소포 : 2회 배달, 2일 보관
 5. 선택등기우편물 : 2회 배달, 수취인 폐문부재 시 우편수취함 배달
 6. 복지등기소포우편물 : 2회 배달, 수취인 폐문 부재 시 주소지 문 앞에 배달
 7. 그 밖의 특별한 사유로 우정사업본부장이 정하는 경우
 8. 그 밖의 특별한 사유로 관할지방우정청장이 정하는 경우

③ ②에도 불구하고 통상집배구 수 등을 고려하여 우정사업본부장이 승인하는 우체국은 「우편 물 배달기준 처리의 예외 고시」에서 정하는 바에 따라 배달 및 보관의 원칙을 달리하여 운영할 수 있다.

④ 준등기우편물은 접수한 날의 다음날부터 3일 이내 배달하여야 한다. 다만, 특별한 사유로 관할 지방청장이 정하는 경우는 예외로 한다.

⑤ 국제우편물은 「국제우편규정」 제23조 제1항에 따라 배달하되, 국제특급우편물의 배달은 국내특급우편물 배달의 예에 따른다. 단, 도서지역 배달하는 국제특급우편물은 국내특급우편물 취급 예에 의하지 아니할 수 있다.

(2) 배달의 우선순위(우편업무 규정 제327조)

① 배달할 우편물량이 많아서 분할하여 배달하는 경우에는 다음 각 호의 규정 순위에 의하여 배달한다.
   1. 기록취급우편물 · 국제항공우편물
   2. 준등기우편물, 일반통상우편물(국제선편통상우편물중 서장 및 엽서 포함)
   3. 제1순위, 제2순위 외의 우편물

② ①의 제1호부터 제3호까지 따른 우편물중 1회에 배달하지 못하고 잔량이 있는 경우에는 다음편에서 다른 우편물에 우선하여 배달하여야 한다.

(3) 우편물중간보관(우편업무 규정 제328조)

① 집배국장은 1회에 배달할 우편물량이 많아서 집배원이 배달할 장소까지 우편물을 운반하기 곤란하다고 인정되는 경우에는 일반통상우편물 및 소포우편물에 한하여 집배원이 지정하는 중간보관장소까지는 자동차 또는 기타 운반수단으로 우편물을 운반하여 그 장소에서 집배원이 우편물을 인수하여 배달하게 할 수 있다. 이 경우 집배원은 일정한 중간보관장소와 우편물을 보관할 자를 지정하여야 한다.

② ①의 경우 우편물을 우체국 또는 우편취급국으로 송부할 때에는 그 중간보관자루의 국명표에 'ㅇㅇ국 보관'이라 표시하여 발송하여야 하며 당해 우체국 또는 우편취급국에서는 이를 보관하였다가 담당집배원이 도착하면 인도하여야 한다.

(4) 배달 및 미배달우편물의 처리(우편업무 규정 제331조)

① 집배원은 배달 및 미배달우편물의 명세를 전산시스템에 매일 등록하여야 한다.

② ①의 경우 일반통상우편물 및 일반소포우편물의 물수는 집배원이 전산등록하고 준등기 또는 선택등기우편물을 포함하여 등기우편물의 물수 및 미배달우편물의 물수는 전산시스템에 전송하여야 하며, 책임자는 이를 확인하여야 한다.

07 등기우편물의 배달

(1) 집배원 등과의 수수(우편업무 규정 제333조)

① 배달하여야 할 등기우편물을 집배원(취급구분에 따른 취급직원 포함)에게 인계하는 때에는 전산시스템에서 생성된 배달자료와 우편물을 대조 확인한 후 전산시스템을 통하여 수수한다.

② 배달하지 못한 우편물을 집배원이 반납한 때에는 배달결과를 전산시스템에 등록 처리하고 미배달우편물 명세와 우편물을 대조 확인한 후 수수하여야 한다.

③ 국가기관, 공공단체, 법인 등 여러 사람으로 구성된 단체에서 그 단체 및 구성원에게 오는 우편물을 수령할 자를 선정하여 그 선정인의 확인을 받고 이를 배달할 수 있다.

(2) 수령인의 확인(우편업무 규정 제334조)

① 등기우편물을 수취인 또는 그 동거인에게 배달(교부)한 때에는 영 제42조 제3항 및 규칙 제28조에 따라 수령인의 확인을 받아야 한다. 다만, 등기우편물을 무인우편물보관함 또는 전자 잠금장치가 설치된 우편수취함에 배달하는 경우에는 무인우편물보관함 또는 해당 우편수취함에서 제공하는 배달확인이 가능한 증명자료로 수령사실의 확인을 갈음할 수 있다.

② ①의 경우에 수령인은 도장을 찍거나 자필 성명 기재 또는 전자적인 방법으로 성명을 기재하여야 한다.

③ 선택등기우편물은 2회 배달시도하고, 폐문부재 사유로 수취인에게 배달할 수 없는 경우에는 수취인의 우편수취함(일반우편물 수취 장소)에 투함하여 배달한다.

④ 영 제42조 제4항에 따라 등기소포우편물은 수취인으로부터 수령권한을 위임받은 대리인에게 ②에 따라 배달할 수 있으며, 무인우편물보관함 등 수취인의 신청(동의)를 받아 수령희망장소에 배달하는 경우에는 문자메시지 등 전자적 방법에 의한 통보로 수령사실을 갈음할 수 있다.

(3) 우편물도착안내 방법(우편업무 규정 제335조)

수취인 부재로 인하여 등기우편물을 배달할 수 없는 경우와 대리수령인에게 배달한 경우에는 우편물도착안내서를 수취함 등에 투입 또는 수취인이 발견하기 쉬운 장소에 부착하거나 단문메시지서비스(SMS)를 통해 수취인에게 우편물 도착사실을 안내한다.

(4) 배달증의 처리(우편업무 규정 제336조)

① 수령인의 확인을 받은 배달증을 집배원으로부터 받은 경우에는 수령인의 확인 및 동거인의 표시가 정당한지를 검사 확인하고 보관하여야 한다.

② 재배달을 필수로 처리하여야 할 등기우편물을 배달하지 못한 등기우편물의 경우에는 그 배달증의 여백에 '재배달'이라고 표시하고 재배달 시 배달증을 다시 작성하여 배달하여야 하며, 전산처리할 경우 배달결과 등록을 '재배달'이라고 표시하고 익일 재배달 시 배달자료를 다시 생성하여 배달하여야 한다.

③ 우편물 교부가 가능한 무인우편물 보관함에 보관한 경우에는 그 배달증의 여백에 '무인함 보관중'으로 표시하고, 수취인이 우편물을 수령하였을 때에는 제374조의4에 의해 처리한다.

④ 반송 또는 전송하는 우편물인 경우에는 그 배달증의 여백에 '반송' 또는 'ㅇㅇ국 전송'이라고 빨간색으로 표시하여야 하며, 전산처리할 경우 배달결과를 '반송' 또는 '전송'으로 등록한다.

08 준등기우편물의 배달

(1) 집배원과의 수수(우편업무 규정 제336조의3)

배달하여야 할 준등기우편물을 집배원(취급구분에 따른 취급직원 포함)에게 인계하는 때에는 전산시스템에서 생성된 배달자료와 우편물을 대조 확인한 후 전산시스템을 통하여 수수한다.

(2) 우편수취함 등 배달(우편업무 규정 제336조의4)

① 준등기우편물은 수취인의 확인이 필요하지 않은 비대면 배달우편물로서 우편수취함 등에 투함하여 배달을 완료한다.

② 준등기우편물을 우편수취함 등에 투함하여 배달완료 시에는 배달결과를 전산으로 등록한다.

(3) 우편물 배달결과 안내 방법(우편업무 규정 제336조의5)

준등기우편물을 배달한 경우에는 발송인에게 단문메시지서비스(SMS) 또는 이메일 등을 통해 배달결과를 안내한다.

09 보험취급 우편물의 배달

(1) 보험취급우편물의 집배원 처리(우편업무 규정 제338조)

① 통화등기우편물을 배달하는 때에는 집배원이 보는 앞에서 수취인이 당해 우편물을 개피하여 내용금액을 표기금액과 대조 확인하도록 하여야 한다.

② 유가증권등기우편물을 배달하는 때에는 ①에 의하여 개피하게 한 후에 표기된 증서의 명칭 및 금액과 내용을 대조 확인하도록 하여야 한다.

③ 물품등기우편물을 배달한 때에는 봉투와 포장상태의 이상 유무만을 확인하도록 하여야 한다.

④ 외화등기우편물을 배달하는 때에는 ①에 의하여 수취인에게 개피하여 확인 한 후에 집배원의 개인휴대용단말기(PDA)상의 표기금액과 대조 확인하도록 하여야 하며, 외화등기우편물 봉투안의 외화 현금액을 개인휴대용단말기(PDA)에 입력한다.

(2) 반송불능 통화등기우편물의 처리(우편업무 규정 제340조)

반송불능 통화등기우편물은 통화를 넣은 채로 반송불능우편물로 처리하여야 한다.

10 국내특급우편물의 배달

(1) 배달 시각의 확인(우편업무 규정 제350조)

① 도착된 국내특급우편물은 가장 빠른 배달편에 의하여 배달하되, 제334조에 따라 수령인의 확인(전자서명 포함)을 받으면서 배달 시각을 함께 확인 받아야 한다.

② 익일 특급우편물은 접수 다음날까지 수령인의 확인(전자서명 포함)을 받고 배달하며, 토·일·공휴일은 배달하지 않는다.

(2) 익일배달승인우편물의 배달(우편업무 규정 제351조)

국내특급우편물 접수 마감시간 이후에 접수하여 우편물표면에 "마감 후"의 표시가 되어있는 국내특급우편물이 도착하는 경우에는 다음날의 가장 빠른 배달편에 즉시 배달하여야 한다.

(3) 국내특급우편물의 재배달(우편업무 규정 353조)

규칙 제61조 제3항의 규정에 의하여 재배달하는 경우에는 배달증에 "재배달"의 표시와 그 사유를 기재하여야 한다.

(4) 국내특급우편물의 반송 및 전송(우편업무 규정 354조)

수취인에게 배달하지 못한 국내특급우편물을 반송 또는 전송 시에는 익일특급의 예에 의하여 송달한다.

11 특별송달우편물의 배달

(1) 특별송달우편물의 배달(우편업무 규정 제363조)

① 특별송달우편물을 배달하는 때에는 우편송달통지서의 해당란에 수령자의 서명(자필 성명 기재)이나 도장 또는 지장을 받아야 한다(전자서명 포함).

② 특별송달우편물의 수취인이 부재 시에는 그 사무원, 고용인 또는 동거자에게 배달하여야 한다.

③ 수취인이 일시 부재중이고 사리를 판별할 수 없는 나이 어린 사람만이 있는 경우에는 다음편에 다시 배달하여야 한다.

④ 군부대 또는 선박에 있는 자와 교도소 또는 구치소에 수감된 자에게 배달하는 특별송달우편물은 그 기관의 장 또는 접수처에 배달하여야 한다.

⑤ 특별송달우편물을 수령할 사람이 수령을 거절하는 경우에는 해당 특별송달우편물을 수령할 사람이 보는 곳에 두고 올 수 있다.

⑥ 그 밖의 특별송달우편물의 배달에 관한 사항은 대법원 '재판예규 제943-21호'를 따른다.

(2) 우편송달통지서의 작성(우편업무 규정 제364조)

① 특별송달우편물을 배달한 집배원은 우편송달통지서에 우편물을 받은 자의 성명 및 수취인과의 관계 기타 필요한 사항을 기재하고 서명 날인하여 집배책임자에게 제출하여야 한다.

② 우편송달통지서는 연필로 작성하여서는 아니 된다.

③ 특별송달우편물에 우편송달통지서가 붙어 있지 아니하거나, 우편송달통지서에 해당사항이 기재되지 아니한 경우에는 배달국에서 이를 조제하여 배달하고 그 사유를 접수국에 통지하여야 한다.

④ 우편송달통지서는 책임자가 기재사항의 정당여부를 검사한 후에 이를 특별등기우편물로 발송인에게 송부하고 등기번호는 배달증원부의 적요란 또는 특별송달우편물처리부의 해당란에 기재하여야 한다.

⑤ 발송기관과 전산시스템이 연계된 경우 특별송달우편물의 배달결과는 관련지침에 따른다.

(3) 우편송달통지서의 발송(우편업무 규정 제365조)

우편송달통지서의 발송인 란에 발송기관명만을 기재한 것은 당해 기관으로, 발송기관의 과명까지 기재되어 있는 것은 당해 기관의 과로 발송하여야 한다. 이 경우 당일 분을 종합하여 1통의 우편물로 발송할 수 있다.

(4) 특별한 방법으로 배달한 특별송달우편물의 배달증원부의 기재(우편업무 규정 제366조)

특별송달우편물을 배달장소 이외의 장소에 배달한 경우에는 그 장소를, 수취인 이외의 자에게 교부한 경우에는 그 자의 성명을 배달증원부의 적요란 또는 특별송달우편물처리부의 비고란에 기재하여야 한다.

(5) 보관교부지에 배달하는 특별송달우편물(우편업무 규정 제367조)

보관 교부지 내에 거주하는 자에게 배달하는 특별송달우편물은 보관 교부지에 가는 특별등기우편물의 배달 예에 의하여 배달한다.

(6) 배달할 수 없는 특별송달우편물(우편업무 규정 제368조)

특별송달우편물의 배달에 있어서 수취인의 장기부재 또는 수취인의 주소지가 교통이 차단된 지역에 있거나 배달할 수 없는 특별한 사유가 있는 경우에는 그 사유를 전산시스템에 입력하고 봉투뒷면에 인쇄된 부전사유의 해당란에 표시하여 발송인에게 반송하여야 한다.

12 등기우편물의 대리수령인 배달

(1) 대리수령인의 자격(우편업무 규정 제369조)

수취인이 지정하는 등기우편물 대리수령인은 동일집배구 내에 거주하고 사리를 분별할 수 있는 사람으로 하여야 한다.

(2) 대리수령인 지정신고서의 관리(우편업무 규정 제372조)

① 접수된 등기우편물 대리수령인 지정신고서는 신고인 및 대리수령인 주소지를 담당하는 집배원으로 하여금 열람케하고 여백에 서명날인토록 한다.
② ①에 의해 열람한 집배원은 그 사실을 관리부에 기록 관리하여야 한다.

(3) 대리수령인 배달방법(우편업무 규정 제373조)

① 등기우편물은 신고 시에 지정한 배달방법에 따라 대리수령인에게 배달하여야 한다. 다만, 특별송달우편물은 대리수령인에게 배달하여서는 아니 되며, 일반적인 특별송달우편물의 배달방법에 의하여 배달한다.
② 대리수령인이 이사하였거나 대리수령을 거부하는 경우에는 그 사실을 신고서 여백에 기재한 후 책임직이 확인하고 대리수령인 지정이 자동해지된 것으로 처리한다.

③ ②의 경우와 대리수령인 장기부재 등으로 대리수령인에게 배달이 불가능한 경우 그 사유를 기재한 부전지를 당해 우편물에 붙여서 일반적인 등기우편물의 예에 의하여 원래의 수취인에게 배달한다.

(4) 대리수령사항 기록(우편업무 규정 제374조)

등기우편물을 대리수령인에게 배달한 경우 배달증의 여백에 '대리'라고 기록하거나 전산시스템에 '등기대리수령인'이라고 등록한다.

(5) 무인우편물보관함의 형태 · 위치(우편업무 규정 제374조의2)

① 무인우편물보관함은 수취인 또는 수취인의 동의를 받은 자만이 수령할 수 있도록 기계적 · 전자적으로 수령의 제한이 있어야 한다.

② 무인우편물보관함은 영수증 또는 모니터 화면 등 우편물 보관에 대한 증명자료가 제공되어야 한다.

③ 수취인이 우편물 배달을 신청 또는 동의한 무인우편물보관함은 수취인과 동일 집배구에 위치하여야 한다.

(6) 무인우편물보관함의 배달방법(우편업무 규정 제374조의3)

① 수취인 부재로 무인우편물보관함에 배달할 때에는 수취인의 동의를 받은 후 배달하여야 한다. 다만 사전에 수취인이 무인우편물보관함에 배달해 줄 것을 신청한 경우에는 수취인을 방문하지 않고 배달할 수 있다.

② 무인우편물배달함 배달에 대한 수취인의 동의를 받지 않은 경우에도 영 제43조 제3의2의 '우편물 교부가 가능한 무인우편물보관함'을 이용하여 수취인에게 우편물을 교부할 수 있다.

③ 특별송달, 보험등기 등 수취인의 직접 수령한 사실 확인이 필요한 우편물은 무인우편물보관함에 배달할 수 없다.

(7) 무인우편물보관함 배달 증명자료 보관(우편업무 규정 제374조의4)

① 우편물 보관 후 무인우편물보관함에서 제공하는 영수증을 PDA(개인휴대용단말기)로 촬영하여 그 이미지를 보관한다.

② 영수증이 제공되지 않고 모니터로 보관내용이 표시되는 경우에는 모니터 화면을 PDA로 촬영하여 보관할 수 있다.

(8) 무인우편물보관함 배달사항 기록(우편업무 규정 제374조의5)

무인우편물보관함에 배달한 경우 배달증 여백에 '보관함'이라고 기록하거나 전산시스템에 '무인배달'이라고 등록한다.

13 보관우편물의 교부

(1) 배달증의 처리(우편업무 규정 제376조)

① 등기 취급한 보관우편물의 배달증의 적요란에는 "보관"이라 기재하여야 한다.
② ①의 배달증은 수취인에게 교부할 때까지 우편물과 함께 보관한다.

(2) 보관기간이 경과한 우편물의 처리(우편업무 규정 제379조)

① 수취인이 보관 기간 내에 보관우편물의 교부 또는 제377조에 의한 청구를 하지 아니한 때에는 그 사유를 기재하여 발송인에게 반송하여야 한다.
② ①의 우편물중 등기우편물은 그 배달증의 적요란에 그 내용을 기재하여야 한다.

14 우편물의 전송

(1) 우편물의 전송(우편업무 규정 제396조)

① 법 제31조의2에 따라 우편물을 전송하는 때에는 주거이전 신고 된 주소를 기재한 부전지를 해당 우편물에 붙여 관할 우체국으로 송부하여야 한다. 다만, 주거이전신고를 철회한 경우와 우편물 전송기간이 만료된 후에 도착하는 우편물은 발송인에게 반송할 수 있다.
② 우편물의 수취인이 해외 이주한 경우에는 우편물을 전송하지 아니하고 발송인에게 반송하여야 한다.
③ 과학기술정보통신부장관이 정하여 고시하는 수수료를 수취인에게 내게하고 우편물을 전송하여야 할 경우는 다음 각 호와 같다.
  1. 주거이전을 신고한 날부터 3개월이 지난 후에 도착하는 우편물을 수취인이 받기를 신고한 경우
  2. 수취인이 주거를 이전한 곳에 우편물을 전송하는 데 상당한 비용이 소요되는 경우
④ ③에 따라 수수료를 내고 우편물을 전송받는 자가 해당 전송기간 중 철회를 요청할 경우에는 납입된 수수료에서 사용기간에 해당하는 금액을 일할 계산하여 공제하고 남은 금액을 되돌려 줘야 한다.

(2) 장기방치우편물의 처리(우편업무 규정 제397조)

① 수취함에 투함된 우편물은 장기방치우편물(배달일로부터 15일이 경과된 우편물) 여부와 관계없이 그대로 두되, 고객의 요구 시나 이사 등으로 수취인이 없음을 확인하였을 경우에는 반송 또는 전송 처리한다.

② 반송함에 투함된 우편물 중 그 사유가 표시되어 있는 우편물은 즉시 전송 또는 반송처리하며, 반송사유를 확인할 수 없는 우편물은 오배달 사례를 방지하기 위하여 1회에 한하여 재 투함 한다.

(3) 일반통상우편물의 배달 후 전송(우편업무 규정 제398조)

① 배달한 일반통상우편물에 대한 전송요청을 받은 때에는 배달한 다음날부터 7일 이내의 개봉되지 않은 우편물에 한하여 이에 응할 수 있다. 이 경우 우편물의 표면 여백에 "배달 후 전송"이라 기재하여야 한다.

② ①의 경우 배달일자가 분명하지 아니한 우편물은 당해 우편물 접수후의 송달 소요일수를 고려하여 추정한 날을 배달한 날로 한다.

(4) 일반통상우편물 배달후의 재 접수(우편업무 규정 제399조)

① 배달한 다음날부터 7일이 경과되거나 개봉된 일반통상우편물에 대한 전송요청을 받은 때에는 당해 우편물에 새로이 해당 우편요금의 우표를 붙여 제출하도록 하고 우편날짜도장으로 소인한 후에 그 옆에 "재접"이라 표시하여야 한다.

② ①의 경우 오배달로 인하여 정당주소지로 전송하는 우편물의 경우에는 ①의 기간에 불구하고 우표첩부 없이 최선 편으로 배달한다.

(5) 준등기 또는 선택등기우편물의 우편수취함 배달 후 전송(우편업무 규정 제399조의2)

우편수취함에 배달한 준등기 또는 선택등기우편물에 대한 전송요청을 받은 때에는 배달한 다음날부터 기산하여 7일 이내의 개봉되지 않은 우편물에 한하여 이에 응할 수 있다. 이 경우 우편물의 표면 여백에 "배달 후 전송"이라 기재하여야 한다.

(6) 준등기 또는 선택등기우편물의 우편수취함 배달 후 재 접수(우편업무 규정 제399조의3)

① 우편수취함에 배달한 다음날부터 기산하여 7일이 경과되거나 개봉된 준등기 또는 선택등기우편물에 대한 전송요청을 받은 때에는 당해 우편물에 새로이 해당 우편요금의 우표를 붙여 제출하도록 하고 우편날짜도장으로 소인한 후에 그 옆에 "재접"이라 표시하여야 한다.

② ①의 경우 오배달로 인하여 정당주소지로 전송하는 우편물의 경우에는 ①의 기간에 불구하고 우표첩부 없이 최선 편으로 배달한다.

(7) 등기우편물의 배달 후 전송 등(우편업무 규정 제400조)

① 수취인에게 배달(대리 수령인 포함)한 등기우편물(선택등기우편물 포함)에 대한 전송 또는 반송요청을 받은 때에는 당해 우편물에 새로이 우편요금 등에 해당하는 현금수납 또는 우표를 붙여 제출하게 하고 다시 접수하되, 우편물의 표면여백과 영수증에 "재접"이라 표시하여야 한다.

② ①의 경우 오배달로 인하여 정당 주소지로 전송하는 우편물의 경우에는 제399조 제2항의 규정에 의한다.

③ 국가기관, 공공단체, 법인 등 다수인이 근무하는 단체에 배달한 등기우편물에 대한 전송요청을 받은 때에는 당해 우편물을 배달한 다음 날부터 기산하여 7일이 경과하지 아니하고 우편물의 봉함 등에 흠이 없는 것에 한하여 응하되, 그 우편물의 전송은 제396조 제1항의 규정에 의한다. 이 경우 원래의 배달증 및 동원부에는 "배달 후 전송"이라 기재하여야 한다.

④ 전자 잠금장치가 설치된 우편수취함에 우편물을 배달한 다음 날부터 기산하여 7일이 경과하지 아니하고 우편물의 봉함 등에 흠이 없는 우편물에 대해 수취거절을 이유로 반송요청을 받은 경우 "전자 수취함 배달 후 반송(수취거절)"로 기재하고 반송하며, 그 우편물의 반송은 제401조의 규정에 의한다.

15 우편물의 반송

(1) 우편물의 반송(우편업무 규정 제401조)

① 우편물을 반송하는 때에는 지환우편용부전인을 날인하고 반송사유를 표시하여 우편물 발송인의 주소지를 관할하는 배달국 또는 반송처가 기재되어 있는 경우는 반송처로 송부하여야 한다.

② ①의 우편물중 발송인으로부터 징수하여야 할 우편요금 등이 있는 경우에는 그 금액을 표시한다.

③ 등기우편물을 반송하는 때에는 배달증에 반송일자, 반송사유 및 반송취급수수료의 금액을 기재하여야 하며, 배달증명우편물의 배달증명서는 접수국으로 송부한다.

④ ① 및 ③에 의해 우편물을 반송하는 때에는 일반우편에 준하여 처리한다.

(2) 발송인의 주소가 불명확한 우편물의 처리(우편업무 규정 제402조)

① 반송하여야 하는 우편물로서 발송인의 주소 또는 성명이 불명확하여 발송인에게 반송할 수 없다고 인정되는 것은 즉시 반송불능우편물로 처리하여야 한다.

② 발송인의 주소가 명확하지 아니하더라도 그 지역적 사정 또는 발송인의 신분 등으로 보아 발송국에서 발송인에게 배달할 가능성이 있다고 판단되는 때에는 반송하여야 한다.

(3) 반송우편물의 배달(우편업무 규정 제403조)

① 반송우편물의 배달은 수취인에게 배달하는 예에 의하여 발송인에게 배달하되 일반우편에 준하여 처리한다.
② 발송인에게 우편요금 등을 징수하여야 하는 우편물은 이를 징수하고 배달하여야 한다.

(4) 발송인의 수취거부시의 처리(우편업무 규정 제404조)

① 발송인이 반송우편물을 수취 거부하는 때에는 법 제32조 제2항 및 법 제54조의2의 규정을 설명하고 수취할 것을 권유하여야 하며, 이 경우에도 수취하지 아니하면 그 내용을 기재한 부전지를 우편물에 붙여 책임자에게 제출하여야 한다.
② 집배책임자가 ①의 우편물을 받은 때에는 법 제32조 제2항 및 법 제54조의2의 규정에 의하여 수취 거부할 수 없다는 뜻의 공문서 또는 부전지(직인을 날인하여야 함)를 붙여 재 배달하게 하여야 한다.
③ ②의 경우에도 발송인이 수취 거부하는 때에는 소속국장에게 보고하여 고발 등 필요한 조치를 하여야 한다.

16 배달 또는 반송하는 때의 우편요금 등의 징수

(1) 요금수취인부담 우편요금 등(우편업무 규정 제406조)

① 규칙 제95조에 따른 요금수취인부담의 표시가 있는 우편물은 배달할 때마다 같은 수취인에게 가는 것을 합하여 요금수취인부담우편물 배달기록부에 기입한 후에 우편요금영수증 및 동 원부를 작성하여 우편요금영수증은 우편물과 함께 집배원에게 내어주고 우편요금영수증원부는 배달국에서 보관하여야 한다. 다만, 수취인의 요청이 있는 경우에는 수일분을 모아 함께 배달할 수 있다.
② ①에 따른 우편물을 배달하는 때에는 우편요금 등에 해당의 우표 또는 현금을 받고 요금수취인부담우편물과 함께 우편요금영수증을 내어주어야 한다. 이 경우 우표를 받은 때에는 우편요금영수증원부에 붙이고 소인하여야 하며 현금을 받은 때에는 즉납처리하고 우편요금영수증원부에 수납날짜도장을 받아야 한다.
③ 규칙 제98조 제4항에 따라 우편요금 후납계약을 한 요금수취인부담우편물의 경우에는 우편요금영수증 및 동 원부를 작성하지 아니하고 요금수취인부담배달기록부의 비고란에 '후납'이라 기재하여야 하며 수취인 요구 시 우편물영수증을 받아 우편요금 후납 고지의 증거서로 하여야 한다.

(2) 반송취급수수료(우편업무 규정 제407조)

① 반송취급수수료를 징수하여야 하는 등기우편물을 반송하는 때에는 발송인으로부터 반송취급수수료에 해당하는 우표 또는 현금 등을 받고 우편물을 배달 또는 교부하되, 반송취급수수료로 받은 우표는 배달증 또

는 별지에 붙여 소인하여야 하며 현금으로 받은 경우에는 당일분을 수합하여 즉납처리한 후 우편요금즉납서를 배달증에 붙여야 한다. 이 경우 현금징수 당일에 현금출납시간 마감으로 인하여 즉납처리 못한 때에는 그 다음날 즉납처리한 후 그 내용을 우편요금즉납서의 여백에 기재하여야 한다.

② ①의 경우 배달증의 적용 란에는 '반송수수료 ○○원'이라 기재하여야 한다.

③ 배달증명, 특별송달, 민원우편, 회신우편, 반환취급 수수료를 사전에 납부 또는 맞춤형계약등기우편물을 반송하는 때에는 반송취급수수료를 징수하지 아니한다.

④ ①에 의한 반송우편물을 집배원에게 교부할 때 또는 집배원이 반송수수료를 집배책임자에게 납부할 때에는 상호 확인하고 수수하여야 한다.

⑤ ①에도 불구하고 우체국과 발송인과의 사전 계약에 따라 발송하는 소포우편물 및 계약등기우편물을 반송하는 경우에는 그 계약에서 정한 반송취급수수료를 징수한다.

(3) 요금미납 또는 요금부족우편물의 우편요금 등(우편업무 규정 제408조)

① 요금미납 또는 요금부족의 우편물에 대하여는 미납부족요금 영수증 및 동 원부를 작성하여 미납부족요금 영수증은 우편물과 함께 집배원에게 교부하고 미납부족요금영수증원부는 배달국에서 보관한다.

② ①에 의한 우편물을 배달하는 때에는 미납 또는 부족한 요금의 2배에 해당하는 금액을 현금으로 받고 미납부족요금영수증을 해당우편물과 함께 배달하여야 한다.

③ ①에 의한 우편물을 집배원에게 교부할 때 또는 집배원이 ②에 의한 우편요금 등을 집배책임자에게 납부할 때에는 수수부에 의하여 상호 확인하고 수수하여야 하며 우편물수취인으로부터 징수한 우편요금 등은 제12조의2 제2항에 의하여 즉납하여야 한다.

④ 요금미납 또는 요금부족우편물을 수취하는 자가 국가기관 및 공공단체인 경우에는 미납부족요금을 우표로 수납할 수 있으며 이 경우에는 그 우표를 미납부족요금 영수증원부에 붙여 소인하여야 한다.

17 법규위반우편물의 처리

(1) 우편금지물품이 들어있는 우편물의 처리(우편업무 규정 제416조)

① 취급직원, 시설 및 다른 우편물에 손상을 끼칠 염려가 있는 폭발성, 발화성 기타 위험성이 있는 물질이 들어있는 우편물은 즉시 안전한 장소에 옮겨 위험발생에 대비한 예방조치를 한다.

② ① 이외의 금지물품이 들어있는 우편물은 주의문을 붙여 발송인에게 발송한다.

③ 우체국장은 ①의 금지물품을 보낸 사람(보내려고 한 자를 포함한다)에 대하여는 법령에서 정하는 바에 따라 필요한 조치를 하고 그 사실을 즉시 관할 지방우정청장에게 보고하여야 한다.

(2) 통화가 들어있는 우편물의 처리(우편업무 규정 제417조)

① 우편업무 수행 중 통화가 들어있는 우편물이 발견된 때에는 수수부에 의하여 책임자에게 인계하여야 한다.

② 책임자가 ①에 의하여 우편물을 인수한 때에는 다음 각 호와 같이 처리하여야 한다.

1. 규칙 제29조 제2항에 의하여 통화가 들어있는 우편물을 발송인에게 반환할 때에는 우편물에 사유를 기재한 안내문을 붙여야 한다.
2. 제1호의 경우에 발송인의 주소 및 성명의 불명 등으로 반환할 수 없는 때에는 해당 통화등기수수료와 동액의 부가금을 합하여 우편물의 수취인으로부터 징수하고 배달하되, 우편물에 넣은 현금금액이 해당 통화등기수수료와 그 부가금을 합한 금액에 미달하는 경우에는 그 현금의 금액만을 징수한다.
3. 제1호 및 제2호의 경우에 통화가 들어있는 우편물을 발송국 또는 배달국에 송부할 때에는 무료등기우편물로 하여야 한다.

③ ②의 제2호의 징수금은 제12조2 제2항의 예에 따라 즉납처리 하여야 한다.

④ ②의 제3호에 의한 무료등기우편물의 표면과 접수원부 및 배달증의 적요란에는 '법규위반'이라 표시하여야 한다.

⑤ 우체국에서는 ① 내지 ④의 처리사항을 법규위반우편물처리부 또는 업무일지에 기재하여야 한다.

(3) 법규위반 의심 우편물의 처리(우편업무 규정 제418조)

① 우편업무 취급 중에 있는 우편물의 내용품이 금지물품 또는 법규위반의 것으로 의심되는 때에는 다음 각 호와 같이 처리하여야 한다.

1. 일정한 기일(7일)을 정하여 발송인 또는 수취인에게 우편물의 내용확인을 위하여 우체국에 나올 것을 통지하고 발송인 또는 수취인으로 하여금 우편물을 열도록 한다.
2. 폭발성, 발화성 기타 위험성이 있다고 의심되는 우편물 및 제1호에 의한 발송인 또는 수취인이 기한 내에 우체국에 나오지 아니하거나 우편물의 개봉을 거부한 경우에는 당해우체국장(또는 국장이 지정하는 책임자)이 관계직원 2인 이상을 입회시키고 개봉할 수 있다.

② 우편물을 개봉한 때에는 우편업무일지에 다음 각 호의 사항을 기재하고 개봉한 자 및 입회인이 서명 날인 하여야 한다.

1. 우편물의 발송인 및 수취인, 접수국명, 접수일자, 접수번호 등
2. 외장의 이상 유무 및 중량
3. 개봉검사 결과 및 조치내용 등 기타 필요한 사항

(4) 개봉검사우편물의 처리(우편업무 규정 제419조)

제418조에 따라 우편물을 개봉하거나, 우체국에서 개봉 검사한 때에는 다음과 같이 처리하여야 한다.

1. 우편금지물품이 들어있는 우편물, 현금이 들어 있는 우편물은 제416조부터 제417조까지로 처리한다.
2. 제1호 이외의 법규위반우편물은 그 사실을 기재한 안내문에 우편날짜도장을 날인하여 발송인에게 반환한다.
3. 법규에 위반되지 아니한 우편물은 이를 원상태로 봉함한 후에 그 사유를 기재한 안내문을 붙이고, 검사자 및 입회자가 서명한 후 송달한다.

18 우편에 관한 사고처리

(1) 재해 · 범죄 등의 우편사고 보고(우편업무 규정 제420조)

① 다음의 사고가 발생한 때에는 관계규정에 의하여 필요한 조치를 하고 그 상황 및 조치내용을 신속히 관할 지방우정청장에게 보고하여야 한다.
  1. 우체국, 우체통 등 각종 우편시설 및 우편물의 화재
  2. 우편물의 망실, 도난 및 소실 등의 사고
  3. 우편물 운송선로의 사고
② 지방우정청장은 ①의 사고내용이 중요하다고 판단되는 경우에는 본부장에게 보고하여야 한다.

(2) 재해 시 우편물의 보호(우편업무 규정 제421조)

① 우체국이 재해를 당한 때에는 다른 물품에 우선하여 우편물을 보호하여야 한다.
② ①의 경우에는 등기 및 준등기우편물, 일반통상우편물, 일반소포우편물의 순으로 보호하여야 한다.

19 우편물에 관한 사고

(1) 흠있는 우편자루 등 처리(우편업무 규정 제434조)

흠있는 우편자루 등 운송용기 및 소포우편물을 발견한 때에는 다음 각 호와 같이 처리하여야 한다.

1. 책임자의 참관 하에 봉함모양, 우편자루 등 운송용기의 파손모양 및 중량의 이상 유무를 검사한 후에 개봉한다.
2. 개봉결과 우편자루 등 운송용기에 들어있는 우편물의 부족 또는 내용품의 손실 등의 사고가 있는 경우에는 발송국에 즉시 조회하여 그 원인을 조사하고 필요한 조치를 하여야 한다.

3. 제1호 및 제2호에 따른 참관 검사 및 사고조사의 내용을 업무일지에 기재하고, 제2호의 경우에는 해당 우편사고의 처리가 완결될 때까지 운송용기 국명표 및 봉인용 묶음끈 등 증거물은 보관한다.
4. 개봉결과 이상이 없는 경우에는 "개봉결과 이상 없음"이라 기재한 안내문에 우편날짜도장을 날인한 후 우편자루 등 운송용기에 넣어 운송한다.
5. 내용품 이상이 있는 경우에는 발송국에 즉시 통보하여 필요한 조치를 하도록 한다.
6. 소포우편물 그 자체로 우편자루 대용으로 하는 경우에도 준용한다.

(2) 젖은 우편물의 처리(우편업무 규정 제435조)

① 운송 중에 젖은 우편자루 또는 우편물을 발견한 경우에는 발견한 우체국에서 책임자의 입회하에 우편자루를 개봉한 후 젖은 우편물은 분리하여 다른 우편물에 피해가 없도록 하여야 한다.

② 젖은 우편물은 신속히 말려서 송달하되, 지연의 우려가 있는 경우에는 접수 및 배달우체국에 이를 통보하여야 한다.

(3) 파손우편물의 보수(우편업무 규정 제436조)

① 등기 및 준등기우편물의 봉투 또는 포장이 파손되어 도착한 때에는 다음 각 호와 같이 처리하여야 한다.
  1. 중량 계량 등 이상 유무를 확인하고 이상이 없는 것은 파손부분을 보수한 후에 검사자 및 입회자가 확인 서명하여 송달한다.
  2. 중량에 이상이 있는 경우에는 "현상도착"이라 기재하고 내용품이 이탈되지 아니하도록 보수한 후에 검사자 및 입회자가 확인 날인하여 수취인에게 그 뜻을 설명하고 배달하되 수취를 거부한 경우에는 그 사유를 기재한 안내문을 당해우편물에 붙여 발송인에게 반환한다.

② 일반통상 및 일반소포우편물의 포장이 파손되어 도착한 때에는 파손부분을 보수한 후에 검사자 및 입회자가 확인 서명하여 송달하여야 한다.

(4) 불완전한 포장으로 인하여 훼손된 우편물의 처리(우편업무 규정 제438조)

우편물의 훼손이 불완전한 포장으로 인하여 발생한 것으로 인정되는 경우에는 제436조 및 제437조에 의하여 처리한 후에 당해 우편물의 접수국에 그 사실을 통보하여 주의를 촉구하여야 한다.

(5) 도착국이 불명인 우편자루 등 운송용기의 처리(우편업무 규정 제439조)

우편자루 등 운송용기의 도착국명이 기재되지 아니하거나 도착국명이 불명인 것을 발견한 때에는 이를 열어 도착국을 조사한 다음에 그 사유를 우편자루 등 운송용기 국명표에 표시하여 정당한 도착국으로 운송하여야 한다.

(6) 우편물배달증명서의 미도착 신고(우편업무 규정 제444조)

발송인으로부터 "우편물배달증명서"가 도착하지 아니하였다는 신고를 받은 때에는 영수증을 제출하게 하여 우편물배달증명서를 청구한 것임을 확인한 후에 다음 각 호와 같이 처리한다.

1. 전산망을 통하여 배달내역 확인이 가능한 경우에는 신고접수국에서 발행하여 교부한다.
2. 우편물배달증명서를 재발행한 경우에는 배달증명서 비고란 등에 그 사항을 기록하여야 한다.

(7) 우편물의 손·망실 시 조치(우편업무 규정 제446조)

취급중의 우편물을 망실 또는 손실한 때에는 다음과 같이 처리하되 사고가 중대한 것은 관할 지방우정청장의 지휘를 받아 경찰관서에 그 사실을 신고하여야 한다.

1. 망실한 우편물의 발송인에게, 발송인이 불명인 경우에는 수취인에게 우편물이 망실된 사실을 통지한다.
2. 제1호의 경우 망실우편물이 다른 우체국에서 접수한 것인 경우에는 그 접수국을 경유하여 발송인에 우편물이 망실된 사실을 통지한다.
3. 발송인 및 수취인이 모두 불명인 경우에는 그 내용 및 개수(개수가 명확하지 아니할 경우에는 대략의 숫자)를 20일 동안 우체국 앞 또는 우체국 홈페이지에 게시한다.

(8) 망실우편물의 발견(우편업무 규정 제447조)

① 등기우편물의 경우에는 그 사실을 관할 지방우정청장에게 보고하여 그 지휘를 받아야 한다.
② 등기우편물 이외의 우편물인 경우에는 그 사실을 기재하고 우편날짜도장을 날인한 안내문을 해당 우편물에 붙인 후에 송달한다.
③ 제446조 제1호에 따라 발송인 또는 수취인에게 우편물이 망실된 사실을 기재하고 우편날짜도장을 날인한 안내문을 해당 우편물에 붙인 후에 송달한다.
④ 경찰관서에 신고한 경우에는 그 사실을 해당 경찰관서에 통보한다.

20 우편물의 집배업무 확인

(1) 집배업무확인(우편업무 규정 제480조)

① 집배국장 또는 집배국장이 정하는 책임자는 월 1회 이상 관내의 집배구별 집배사항을 점검 확인하고, 그 때마다 업무일지에 기록하여야 한다.

② 집배업무확인공무원은 다음 각 호의 업무를 수행하여야 한다.
   1. 집배업무수행에 관한 사항
   2. 집배원의 복무기강에 관한 사항
   3. 우편물 위탁업무에 관한 사항
③ 집배국장 또는 집배국장이 정하는 책임자는 필요시 우편물 분실 등 잦은 민원발생 지역을 대상으로 모의 시험우편물을 이용하여 집배업무수행 실태를 확인하여야 한다.

(2) 집배업무 확인 시 유의할 사항(우편업무 규정 제481조)

집배업무확인공무원이 집배업무 확인을 수행할 때에는 집배업무에 필요한 다음의 사항을 종합적으로 파악하여야 한다.

1. 집배구는 인구, 지형 및 교통 등 제반여건에 비추어 합리적으로 설정되었는지의 여부
2. 집배순로의 적정여부
3. 우체통 위치의 적정여부
4. 국가기관, 공공단체, 법인 및 일반주민의 집배에 관한 여론
5. 기타 집배업무에 참고 되는 사항

21 손해배상 관련 우편법

(1) 손해배상의 범위(우편법 제38조)

① 과학기술정보통신부장관은 다음 각 호의 어느 하나에 해당하는 사유가 발생한 경우에는 그 손해를 배상하여야 한다.
   1. 우편역무 중 취급과정을 기록취급하는 우편물을 잃어버리거나 못 쓰게 하거나 지연 배달한 경우
   2. 우편역무 중 보험취급 우편물을 잃어버리거나 못 쓰게 하거나 지연 배달한 경우
   3. 우편역무 중 현금추심 취급 우편물을 배달하면서 추심금액을 받지 아니하고 수취인에게 내준 경우
   4. 제1호부터 제3호까지 외의 우편역무로서 대통령령으로 정하는 경우
② ①의 배상금액과 지연배달의 기준은 과학기술정보통신부령으로 정한다.
③ 국제우편물에 관한 손해배상액은 조약에서 정하는 손해배상액을 넘지 아니하는 범위에서 과학기술정보통신부장관이 정하여 고시한다.
④ ②와 ③의 손해배상액은 대통령령으로 정하는 바에 따라 우편관서에서 즉시 지급할 수 있다.

(2) 책임 원인의 제한(우편법 제39조)

정부는 우편물의 손해가 발송인 또는 수취인의 잘못으로 인한 것이거나 해당 우편물의 성질, 결함 또는 불가항력으로 인하여 발생한 경우에는 제38조에도 불구하고 그 손해를 배상하지 아니한다.

(3) 손해배상의 한계(우편법 제40조)

우편물을 내줄 때에 외부에 파손 흔적이 없고 중량에 차이가 없는 경우에는 손해가 없는 것으로 본다.

(4) 손해배상에 따른 대위(우편법 제45조)

우편관서는 손해배상을 한 후 그 우편물의 전부 또는 일부를 발견하였을 때에는 그 손해배상을 받은 자에게 통지하여야 한다. 이 경우 손해배상을 받은 자는 그 통지를 받은 날부터 3개월 내에 대통령령으로 정하는 바에 따라 배상금의 전부 또는 일부를 반환하고 그 우편물의 교부를 청구할 수 있다.

22 우편취급 위반관련 우편법

(1) 전시 우편특권 침해의 죄(우편법 제47조의2)

제4조 제2항을 위반하여 우편운송원 등의 조력 요구를 거부한 자는 100만 원 이하의 벌금에 처한다.

(2) 우편물 등 개봉 훼손의 죄(우편법 제48조)

① 우편관서 및 서신송달업자가 취급 중인 우편물 또는 서신을 정당한 사유 없이 개봉, 훼손, 은닉 또는 방기하거나 고의로 수취인이 아닌 자에게 내준 자는 3년 이하의 징역 또는 3천만 원 이하의 벌금에 처한다.

② 우편업무 또는 서신송달업무에 종사하는 자가 ①의 행위를 하였을 때에는 5년 이하의 징역 또는 5천만 원 이하의 벌금에 처한다.

(3) 우편전용 물건 손상의 죄(우편법 제49조)

① 우편을 위한 용도로만 사용되는 물건이나 우편을 위한 용도로 사용 중인 물건에 손상을 주거나 그 밖에 우편에 장해가 될 행위를 한 자는 3년 이하의 징역 또는 3천만 원 이하의 벌금에 처한다.

② 우편업무에 종사하는 자가 ①의 행위를 하였을 경우에는 5년 이하의 징역 또는 5천만 원 이하의 벌금에 처한다.

(4) 우편취급 거부의 죄(우편법 제50조)

우편업무에 종사하는 자가 정당한 사유 없이 우편물의 취급을 거부하거나 이를 고의로 지연시키게 한 경우에는 1년 이하의 징역 또는 1천만 원 이하의 벌금에 처한다.

(5) 서신의 비밀침해의 죄(우편법 제51조)

① 우편관서 및 서신송달업자가 취급 중인 서신의 비밀을 침해한 자는 3년 이하의 징역 또는 3천만 원 이하의 벌금에 처한다.

② 우편업무 및 서신송달업무에 종사하는 자가 ①의 행위를 하였을 경우에는 5년 이하의 징역 또는 5천만 원 이하의 벌금에 처한다.

(6) 비밀 누설의 죄(우편법 제51조의2)

제3조(우편물 등의 비밀 보장)를 위반하여 비밀을 누설한 자는 5년 이하의 징역 또는 5천만 원 이하의 벌금에 처한다.

(7) 우표를 떼어낸 죄(우편법 제54조)

① 우편관서에서 취급 중인 우편물에 붙어 있는 우표를 떼어낸 자는 50만 원 이하의 벌금에 처한다.

② ①의 경우에 소인이 되지 아니한 우표를 떼어낸 자는 1년 이하의 징역 또는 1천만 원 이하의 벌금에 처한다.

(8) 과태료(우편법 제54조의2)

① 제2조 제4항을 위반하여 서신의 송달을 위탁한 자에게는 5천만 원 이하의 과태료를 부과한다.

② 다음의 어느 하나에 해당하는 자에게는 1천만 원 이하의 과태료를 부과한다.
  1. 제45조의2 제1항을 위반하여 서신송달업의 신고를 하지 아니한 자
  2. 제45조의3 제1항을 위반하여 유사명칭을 사용한 자
  3. 제45조의3 제2항을 위반하여 타인에게 자기의 성명 또는 상호를 사용하여 서신송달업을 경영하게 한 자
  4. 제45조의4를 위반하여 신고하지 아니하고 휴업·폐업 또는 휴업 후 재개업을 한 자
  5. 제45조의7에 따른 자료제출·보고 또는 조사를 정당한 사유 없이 거부·방해 또는 기피한 자

③ 다음의 어느 하나에 해당하는 자에게는 50만 원 이하의 과태료를 부과한다.
  1. 제32조 제2항을 위반하여 우편물의 수취를 거부한 자
  2. 우편업무에 종사하는 자로서 중대한 과실로 인하여 우편물을 잃어버린 자

④ ①부터 ③까지에 따른 과태료는 대통령령으로 정하는 바에 따라 과학기술정보통신부장관이 부과·징수한다.

PART 02

우편·금융 등 서비스에 대한 이해

1. 우편 서비스
2. 국내우편
3. 국제우편
4. 우체국 금융서비스
5. 우편번호체계
6. 우편 관련 상식

01 우편 서비스

#우편 서비스 종류 #우편이용 수수료 #우편요금 #우표

01 우편 서비스의 구분

(1) 개념

① 전국 어디에서나 공평하게 적정한 우편 요금으로 서신과 물품 등의 우편물을 접수·배달하는 보편적 우편 서비스이다.

② 국내통상(서신), 소포우편, 국제우편을 접수·배달하는 기본서비스, 부갖거나 부수적으로 제공되는 부가서비스 및 수탁서비스로 구분한다.

(2) 종류

① **통상 우편 서비스** : 서신 등 의사전달물, 통화(현금) 등의 우편물을 배달하는 서비스
  ㉠ **일반통상** : 우체통, 우체국창구 등을 통하여 접수된 우편물로 기록취급하지 않으며 배달 시 수취인 우편함에 등에 투함하는 우편물이다.
  ㉡ **등기통상** : 접수배달 등의 취급과정을 기록관리 하는 우편물로 배달시 수취인의 서명을 받는 우편물이다.

② **소포 우편 서비스** : 통상우편물을 제외한 물건을 포장한 우편물
  ㉠ **보통소포** : 취급과정을 기록하지 않으며, 우체국 창구에서만 접수한다.
  ㉡ **등기소포** : 우체국 창구에서 접수하는 창구소포 및 고객의 방문접수 요청에 의한 방문소포가 있다.

③ **국제 우편 서비스** : 국외로 발송하는 우편물로 국제통상, 국제소포 및 국제특급 서비스 등
  ㉠ 국외로 발송하는 우편물로 국제통상, 국제소포 및 국제특급 서비스 등이 있으며, 부가서비스로 등기취급 및 보험취급 등 가능하다.
  ㉡ 서류, 물품 등을 해외우정과의 특별협정 체결을 통해 가장 빠르고 안전하게 배송한다.
  ㉢ 유가증권귀중품 등을 실제적객관적 가치에 따라 보험취급하고, 분실도난훼손시보험가액의 범위 내에서 실 손해액을 배상하는 서비스이다.

02 우편 요금 조정

(1) 요금 조정 협의

① 우편요금 중 국내국제 통상우편 요금은 물가안정에 관한 법률 제4조(공공요금 및 수수료의 결정)에 따라 기획재정부장관과 협의한다.

② 국내소포, 국제소포, EMS 우편물에 관한 요금 및 수수료는 우정사업 운영에 관한 특례법에 따라 기획재정부 협의 없이 우정사업운영위원회 심의를 거쳐 조정한다.

(2) 우편 요금

① 우편요금은 기획재정부장관 협의 후 과학기술정보통신부 장관이 결정한다.

② 감액은 우정사업본부장이 결정

03 우표 발행 및 우체국 쇼핑

(1) 우표 발행

① **보통 우표** : 우편서비스 제공에 대한 요금납부 증표로서 미리 발행량과 판매기간을 정하지 않고 수요에 따라 계속 발행하는 우표이다.

② **기념우표**
  ㉠ 역사적으로 중요한 인물사건 및 뜻 깊은 일을 기념하거나 국가적인 사업의 홍보 및 국민정서의 함양 등을 위해 발행하는 우표이다.
  ㉡ 기념우표 발행 절차 : 발행계획(안) → 우표 발행 심의위원회 개최 → 디자인 → 우표 디자인 확정 → 인쇄

③ **나만의 우표**
  ㉠ 개인의 사진, 기업의 로고·광고 등 고객이 원하는 내용을 신청 받아 우표를 인쇄할 때 비워놓은 여백에 컬러복사를 하거나 인쇄하여 신청고객에게 판매하는 IT기술을 활용 한 신개념 우표 서비스이다.
  ㉡ 종류 : 기본형, 홍보형, 시트형, 카드형
  ㉢ 접수 시 거절사항
   • 공공의 질서와 선량한 풍속, 국민의 건전한 소비생활에 해를 끼치는 내용
   • 국가 정책을 비방하거나 우정사업에 지장을 주는 내용
   • 선거법 등 각종 법령에서 제한하는 내용
   • 과대 또는 거짓임이 명백한 내용, 다른 사람을 모독하거나 명예를 훼손하는 내용
   • 정치적·종교적·학술적 논쟁의 소지가 있는 소재
   • 그 밖에 사회적으로 물의를 일으킬 수 있다고 판단되는 내용

(2) 우체국 쇼핑

① 개념 : 전국 각 지역에서 생산되는 특산품과 중소기업 우수 제품을 우편망을 이용하여 주문자나 제3자에게 직접 공급하여 주는 서비스이다.

② 특징
  ㉠ 농어촌 지역의 특산품을 발굴하여 생산자와 소비자가 우편망을 통해 직거래토록 하여 생산자에게 안정된 판로를 제공하고 지역경제 활성화에 기여하고 있다.
  ㉡ 전국 3,500여 우체국을 통해 중간유통과정을 거치지 않은 엄선된 특산품과 일반 상품을 소비자에게 공급한다.
  ㉢ 1986년 12월 농산물수입개방 위기감이 높아지고 있을 때, 우리 농산물의 경쟁력을 높여 농어촌 지역 경제 활성화를 도모하고자 도입하였다.

③ 종류

구분	주요 내용
특산물	검증된 우수한 품질의 농·수·축산물을 전국 우편망을 이용해 생산자와 소비자를 연결해주는 서비스
제철식품	출하시기의 농수산 신선식품, 소포장 가공식품, 친환경 식품 등을 적기에 판매 하는 서비스
생활마트	경쟁력을 갖춘 우수 중소기업의 공산품 판매 서비스
B2B	우수 중소기업상품의 판로를 확보하고 기업의 구매비용 절감과 투명성을 높이기 위하여 기업과 기업 간의 거래환경을 제공하는 서비스
꽃배달	우체국이나 인터넷을 이용하여 꽃배달 신청을 할 경우 전국의 업체에서 지정한 시간에 수취인에게 직접 배달하는 서비스
전통시장	대형 유통업체의 상권 확대로 어려워진 전통시장 소상인들의 판로 확보를 위 해 전국의 전통시장 상품을 인터넷몰에서 판매하는 서비스
창구판매	창구에서 우체국쇼핑상품을 즉시 판매하는 서비스

03 수탁서비스 및 우편정보화 · 자동화 현황

(1) 수탁서비스

① **개념** : 타기관 · 민간과 업무제휴를 통해 우체국에서 수입인지, 알뜰폰 등을 판매대행하여 국민편의 증대에 기여한다.

② **수탁 상품**

구분	주요 내용
수입인지	수입인지 판매 및 환매(한국은행 위탁)
문화상품권	상품권 판매(㈜한국문화진흥 위탁)
분실 핸드폰 주인 찾아주기	창구 접수 및 교부, 분실휴대폰 소포 발송(한국정보통신진흥협회 위탁)
온누리 상품권	상품권 판매(소상공인시장진흥공단 위탁)
우체국 알뜰폰	알뜰폰 판매(알뜰폰 업체 위탁)

(2) 우편정보화 · 자동화 현황

① **우편 물류 시스템** : 우편물의 접수에서 배달까지 전 과정을 통합관리하는 정보시스템으로 우편물의 처리 상황과 위치정보를 실시간으로 확인 가능(접수관리, 운송관리, 배달관리, 우편물 종적추적 등)하다.

② **자동구분기** : 우편물 처리 생산성 향상을 통한 우편소통품질 향상을 위해 우편집중국(물류센터 포함)과 집배국에 우편물 자동구분 장비를 설치하여 운영 중이다.

③ **무인접수기** : 우편물 접수 과정을 무인자동화한 장비로서 고객 대기시간 단축과 우체국 영업시간 외에도 우편서비스를 제공하기 위해 우체국 내외부에 설치하여 운영 중이다.

④ **무인우체국** : 우편 접수와 수령 과정을 무인자동화하여 고객에게 연중무휴로 우편물 접수와 배달서비스를 제공한다.

02 국내우편

CHAPTER

#우편물요금 및 수수료 #국내소포 요금표 #서신독점권 #기타 서비스

01 우편물요금 및 수수료

(1) 국내우편 통상우편물요금

구분		중량	보통우편요금
통상우편물	규격 우편물	5g까지	400원
		5g 초과 25g까지	430원
		25g 초과 50g까지	450원
	규격 외 우편물	50g까지	520원
		50g 초과 1kg까지	50g마다 120원 가산
		1kg 초과 2kg까지	200g마다 120원 가산
		2kg 초과 6kg까지	1kg마다 400원 가산

※ 1) 중량 50g 초과 시, 규격 외 우편물에 해당한다.
　2) 국내특급은 30kg까지(6kg 초과 1kg마다 400원 가산)이다.
　3) 50g까지 규격 외 엽서는 450원(규격봉투 25g 초과 50g까지 요금) 적용된다.

(2) **우편수수료**

종별		단위	수수료	비고
등기취급/선택등기취급		1통	2,100원	우편요금에 가산
통화 등기 물품 등기 유가증권등기		5만 원까지	1,000원	1. 우편요금 및 등기수수료에 가산 2. 취급한도액 • 통화등기 : 10원 이상 100만 원 이하 현금 • 물품등기 : 10원 이상 300만 원 이하 • 유가증권등기 : 2,000만 원
		5만 원 초과 매 5만 원마다	500원	
내용증명		등본 1매	1,300원	우편요금 및 등기수수료에 가산
		등본 1매 초과마다	650원	
배달 증명	발송 시	1통	1,600원	왕복우편요금 및 등기수수료에 가산
	발송 후	1통	1,600원	우편수령 시 우편요금 및 등기수수료에 가산
특별송달		1통	2,000원	왕복우편요금 및 등기수수료에 가산
사설우체통의 수집		1일 수집연거리 100m마다	5,000원	연 액
국내특급 (통상)	익일 특급	1통	1,000원	우편요금 및 등기수수료에 가산
등기우편물의 반환		1통	등기 수수료	
민원우편(우편)		1통	발송 시(우편요금 + 등기수수료 + 익일 특급수수료) + 회송 시(50g규격 우편요금 + 등기수수료 + 익일 특급수수료)	
요금수취인부담		당해 우편요금의 100분의 10에 해당하는 금액		
모사전송(FAX) 우편		최초 1매	500원	복사비(우체국 복사기 이용 시)는 1매당 50원이다.
		추가 1매마다	200원	

(3) e그린우편 등 이용에 관한 수수료

구분			규격	수수료	비고
e 그 린 우 편	봉함식 (소형 봉투)	흑백	기본 1매	A4	90원	우편요금에 가산 (최대 6매까지 접수)
			1매 초과 마다	A4	30원	
		칼라	기본 1매	A4	280원	우편요금에 가산 (최대 6매까지 접수)
			1매 초과 마다	A4	180원	
		동봉 서비스	기본 1매	A4	20원	우편요금에 가산 (최대 6매까지 접수)
			1매 초과 마다	A4	10원	
	봉함식 (대형 봉투)	흑백	기본 1매	A4	130원	우편요금에 가산 (최대 150매까지 접수)
			1매 초과 마다	A4	30원	
		칼라	기본 1매	A4	340원	우편요금에 가산 (최대 150매까지 접수)
			1매 초과 마다	A4	180원	
		동봉 서비스	1매 초과 마다	A4	15원	우편요금에 가산 (최대 20매까지 접수)
	접착식	흑백	단면	A4/B5	60원	우편요금에 가산
			양면	A4/B5	80원	
			폼지*	A4/B5	30원	
		칼라	단면	A4	220원	우편요금에 가산
			양면	A4	370원	
	그림엽서		1통	가로 148mm 세로 105mm	40원	우편요금에 가산

※ 1) 예시된 요금은 5g 초과 25g까지의 통상규격보통우편물 기준이다.
　 2) 소포우편물은 별도 요금 적용된다.
　 3) 「폼지」 서비스 : 고객이 제공한 용지(폼지)에 내용을 인쇄하는 서비스이다.

02 국내소포 요금표

(1) 창구접수 등기소포

(단위 : 원)

구분		80cm 이하	80~100cm		100~120cm				120~160cm
		3kg 이하	3~5kg	5~7kg	7~10kg	10~15kg	15~20kg	20~25kg	25~30kg
익일배달		4,000	4,500	5,000	6,000	7,000	8,000	10,000	12,000
제주	익일배달	6,500	7,000	7,500	8,500	9,500	10,500	12,500	14,500
	D+2 배달	4,000	4,500	5,000	6,000	7,000	8,000	10,000	12,000

(2) 창구접수 일반소포

(단위 : 원)

구분	80cm 이하	80~100cm		100~120cm				120~160cm
	3kg 이하	3~5kg	5~7kg	7~10kg	10~15kg	15~20kg	20~25kg	25~30kg
D+3 배달	2,700	3,200	3,700	4,700	5,700	6,700	8,700	10,700

(3) 방문접수(부가가치세 포함)

(단위 : 원)

구분		5kg 이하 (80cm 이하)	5~10kg (80~100cm)	10~20kg (100~120cm)	20~30kg (120~160cm)
익일배달		5,000	8,000	10,000	13,000
제주	익일배달	7,500	10,500	12,500	15,500
	D+2 배달	5,000	8,000	10,000	13,000

(4) 소포이용에 관한 수수료

① 부가이용 수수료(등기소포를 전제로 취급지역에 한함)

구분	착불소포	안심소포
수수료(1개당)	500원	1,000원 + 손해배상한도액 초과 시 10만 원마다 500원

※ 배달증명, 환부수수료는 국내통상 우편에 관한 수수료 적용한다.

② 소포요금 감액(창구등기소포·방문접수 요금을 전제로 부가취급수수료를 제외한 금액)

구분		3%	5%	10%	15%	비고
창구접수	요금즉납	1 ~ 2개	3개 이상	10개 이상	50개 이상	우체국 쇼핑 특산물 20%
	요금후납	–	70개 이상	100개 이상	130개 이상	
방문접수	접수정보 사전연계	개당 500원 감액 (고객이 직접 모바일 등으로 접수정보 입력, 사전결제, 픽업 장소지정 시)				
분할접수		중량 20kg 초과 소포 1개를 2개로 분할하여 접수할 경우(△ 2,000원) 감액 ※ 동일 시간대, 동일 발송인, 동일 수취인이고, 분할한 소포 1개의 무게는 10kg을 초과할 것				

③ 이용 시 유의사항

㉠ 중량은 최대 30kg 이하이며, 크기(가로, 세로, 높이의 합)는 최대 160cm 이하이다. 다만, 한 변의 최대 길이는 100cm이내에 한하여 취급한다.
㉡ 일반소포는 등기소포와 달리 기록취급이 되지 않으므로 분실 시 손해배상이 되지 않는다.
㉢ 중량·크기 중 큰 값을 기준으로 다음 단계의 요금을 적용한다.
㉣ 도서지역 등 특정지역의 배달 소요기간은 위 내용과 다를 수 있다.

03 서신독점권

(1) 의미

국가기관인 우체국에서만 서신을 취급할 수 있도록 법으로 보장된 제도를 말한다. 단, 「우편법」에 별도로 서신취급이 허용된 경우는 제외한다. 우편법 제2조 제2항에서 "누구든지 제1항과 제5항의 경우 외에는 타인을 위한 서신의 송달 행위를 업(業)으로 하지 못하며, 자기의 조직이나 계통을 이용하여 타인의 서신을 전달하는 행위를 하여서는 아니 된다."라고 규정함으로써 서신독점권이 국가에 있음을 분명히 하고 있다.

(2) 법적 근거

독점권의 대상은 서신이다. "서신"이라 함은 의사전달을 위하여 특정인이나 특정 주소로 송부하는 것으로서 문자·기호·부호 또는 그림 등으로 표시한 유형의 문서 또는 전단을 말한다(우편법 제1조의2 제7호).

(3) 국가의 서신독점 필요성

① 보편적 우편 서비스의 제공 : 전국에 걸쳐 모든 국민에게 공평하고 적정한 요금으로 우편물을 보내고 받을 수 있는 기본적인 우편 서비스를 안정적으로 제공한다.
② 서비스 제원 마련 : 대도시뿐만 아니라 중소도시, 도서 및 산간벽지 등 모든 지역에서 동일한 요금으로 공평한 서비스를 이용할 수 있도록 시설유지 및 관리를 위한 재원 마련이 필요하다.

(4) 서신송달업 신고 제도

① 서신독점권 범위 완화에 따라 시장에 참여하는 사업자에게 개방된 범위에서 사업을 수행하도록 관리하고 이용자 보호 및 시장질서 유지를 위한 제도이다.
② 신고대상 : 중량이 350g을 넘거나 기본통상우편요금의 10배를 넘는 서신송달업을 하려는 자
③ 신고처 : 관할 지방우정청(신고후 5일 이내 신고필증 발급)
④ 신고사항(휴·폐업 신고 포함)
　㉠ 사업운영 및 시설에 대한 사항, 수지계산서를 포함한 사업계획서를 첨부한 신고서를 제출한다.
　㉡ 다음의 자료에 대해 지방우정청장의 자료제출 요구 시 응해야 한다.
　　– 서신의 취급물량, 매출액, 중량 및 요금 등 사업운영에 관한 사항
　　– 영업소, 대리점 및 작업장 등 시설에 관한 사항
　　– 그 밖에 서신송달업의 지도·지원을 위하여 필요한 사항
⑤ 신고를 하지 아니하고 서신송달업을 하거나, 자료제출 요구에 불응시 1천만 원 이하의 과태료에 처한다.

(6) 서신독점권 신고 예외 대상

① 「신문 등의 진흥에 관한 법률」에 따른 신문 : 정치·경제·사회·문화·산업·과학·종교·교육·체육 등 전체 분야 또는 특정 분야에 관한 보도·논평·여론 등을 전파하기 위하여 같은 명칭으로 월 2회 이상 발행하는 간행물로 일반일간신문, 특수일간신문, 일반주간신문, 특수주간신문이다.
② 「잡지 등 정기간행물의 진흥에 관한 법률」에 따른 정기간행물 잡지 : 정치·경제·사회·문화·산업·과학·종교·교육·체육 등 전체 분야 또는 특정 분야에 관한 보도·논평·여론 등을 전파하기 위하여 동일한 제호로 월 1회 이하 정기적으로 발행하는 책자 형태의 간행물이다.
③ 다음의 요건을 모두 충족하는 서적
　㉠ 표지를 제외한 48쪽 이상인 책자의 형태로 인쇄·제본되었을 것
　㉡ 발행인·출판사나 인쇄소의 명칭 중 어느 하나가 표시되어 발행되었을 것
　㉢ 쪽수가 표시되어 발행되었을 것
④ 상품의 가격·기능·특성 등을 문자·사진·그림으로 인쇄한 16쪽 이상(표지 포함) 책자 형태의 상품안내서이다.
⑤ 화물에 첨부하는 봉하지 아니한 첨부서류 또는 송장이다.
⑥ 외국과 주고받는 국제서류이다.
⑦ 국내에서 회사(「공공기관의 운영에 관한 법률」에 따른 공공기관을 포함)의 본점과 지점간 또는 지점 상호간에 주고받는 우편물로서 발송 후 12시간 이내에 배달이 요구되는 상업용 서류이다.
⑧ 여신전문금융업법에 해당하는 신용카드이다.

04 기타 서비스

(1) 민원우편

① 개념 : 국민들의 일상생활에 필요한 각종 민원서류를 관계기관에 직접 나가서 발급받는 대신 우편이나 인터넷으로 신청하고 그에 따라 발급된 민원서류를 등기취급하여 민원우편 봉투에 넣어 일반우편물보다 우선하여 송달하는 부가취급 서비스이다.

② 특징
- ㉠ 민원우편의 송달에 필요한 왕복우편요금과 민원우편 부가취급수수료를 접수(발송) 할 때 미리 받는다.
- ㉡ 우정사업본부에서 발행한 민원우편 취급용 봉투(발송용, 회송용)를 사용해야 한다.
- ㉢ 민원발급 수수료와 회송할 때의 민원발급 수수료 잔액을 현금으로 우편물에 봉입하여 발송할 수 있다.
- ㉣ 민원발급수수료의 송금액을 5,000원으로 제한한다(민원발급 수수료가 건당 5,000원을 초과하는 경우는 예외).
- ㉤ 민원우편은 익일특급의 배달방법에 따라 신속히 송달한다.
- ㉥ 우정사업본부장이 정하여 고시하는 민원서류에 한정하여 취급할 수 있다.

③ 이용대상 민원서류 : 공·사립학교 졸업증명서, 납세완납증명, 토지(임야)대장열람등본교부, 병적증명서, 경력증명서 등 행정기관 및 각 학교에서 발급하는 민원서류 등이 있다.

④ 이용방법
- ㉠ 우체국 창구에 비치된 신청서에 민원발급신청 내용 기재(창구직원이 직접 안내)한다.
- ㉡ 민원우편봉투를 구입하여 우편으로 신청한다.
- ㉢ 민원발급 수수료를 신청서와 동봉 발송(송금료 면제)한다.

⑤ 처리절차

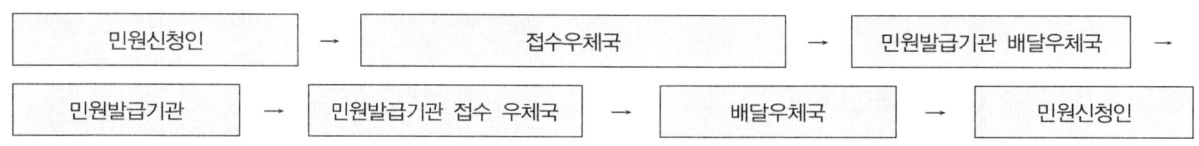

※ 모든 송달과정은 국내특급우편으로 취급한다.

(2) 국내특급우편

① 정의 : 등기취급을 전제로 국내특급우편 취급지역 상호 간에 수발하는 긴급을 요하는 우편물로서 통상의 송달방법보다 빠르게 송달하기 위하여 접수된 우편물을 약속한 시간 내에 신속히 배달하는 특수취급제도로 익일 특급이 있다.

② 익일 특급 : 우체국장이 공고한 '오늘출발우편물 접수마감시간'전까지 접수한 우편물은 익영업일(제주는 D+2일) 중에 수취인에게 첫 배달시도가 된다.

③ 참고사항
　㉠ 30kg까지 보낼 수 있다.
　㉡ 평일 우체국 업무시간은 평일 09:00 ~ 18:00이다.

(3) **모사전송FAX우편**

① **정의** : 우체국을 통해 팩스를 주고받을 수 있는 우편 서비스로서 시내·시외 동일요금을 적용한다.

② **이용방법** : FAX(모사전송) 이용신청서 작성(발송인 성명, 전화번호, 수취인 성명, FAX번호)하여 우체국에서 이용한다. 수수료는 현금으로 납부하여야 한다. 전국 우체국에서 이용이 가능하지만 우편취급국은 취급하지 않으며, 군부대 소재 우체국은 우정사업본부장이 고시하는 우체국에 한해 이용이 가능하다.

③ **특징**
　㉠ 원고(문장이나 도표 등)를 쓴 그대로 전송하므로 생생한 사실감을 가진다.
　㉡ 저렴한 요금으로 다량 전송이 가능하다.

④ **FAX(모사전송)우편 수수료**

구분	수수료		비고
	최초 1매	추가 1매마다	
FAX	500원	200원	우체국 FAX → 수취인 FAX
복사비	1매당 50원		우체국 복사기 이용 시

(4) **e - 그린우편**

① **정의** : 편지내용문과 주소록을 디스켓에 담아 우체국 또는 인터넷 우체국을 통해 접수하면 내용문 출력부터 봉투에 넣어 배달해주는 전 과정을 우체국에서 대신하여 주는 서비스이다.

② **이용방법** : 우체국 창구 및 인터넷 우체국에서 이용이 가능하다.

(5) **우체국축하카드**

① **정의** : 바쁜 일상생활 때문에 직접 찾아가서 축하 또는 애도의 뜻을 전하기 힘든 고객을 위해 우체국 축하카드에 다양한 메시지를 담아 수취인에게 배달하는 서비스이다.

② **이용방법** : 인터넷우체국에 접속하거나 우체국앱에 접속한다.

③ **카드 종류** : 일반/고급카드(10종), 축하선물카드(7종), 맞춤형카드(3종)이 있다.

(6) 기타특수취급우편제도

종별	대상	내용
등기	중요한 우편물을 보낼 때	접수 – 배달까지 기록 취급(수령증 발급)한다.
통화등기 물품등기	현금, 값비싼 물품 등을 발송할 때	• 통화등기 100만 원 이내 • 물품등기 300만 원 이내 • 우체국까지 찾으러 가지 않고 집에서 받는다. • 우체국에서 판매하는 봉투를 사용한다. • 우체국의 과실로 망실한 경우 표기금액을 배상한다.
유가증권등기	수표류, 우편환증서, 기타 유가증권을 발송할 때	• 2,000만 원 이내 • 우체국에서 판매하는 봉투를 사용한다. • 우체국의 과실로 망실한 경우 표기금액을 배상한다.
내용증명	우편물의 내용을 증명하여 후일 법률상의 증거로 이용하고자 할 때	• 내용문서 원본 및 등본 2통을 제출한다. • 발송 후 3년까지 우체국에서 증명한다.
배달증명	수취인에게 우편물을 배달 또는 교부한 사실이나 결과를 알고 싶을 때	등기우편물을 배달한 우체국에서 그 배달일자와 수령자의 성명 등을 기재한 배달증명서를 발송인에게 보낸다.

(7) 우편물종적조회안내

① 정의 : 등기우편물의 배달 사실의 증명이 필요하게 된 경우에 발송인 또는 수취인이 1년 이내에 배달증명을 발송우체국 또는 배달우체국에 청구하는 제도이다. 단순한 배달 사실 확인은 전화로 문의가 가능하다.

② 이용방법 : 배달증명이 필요한 경우 발송우체국에 신청한다.

- 배달증명 청구서를 제출한다.
- 발송인 또는 수취인에 한하여 신청이 가능하다.
- 발송한 다음날로부터 가산하여 1년 이내이다.

③ 취급 수수료 : 통상왕복 기본요금 및 왕복 등기취급 수수료

(8) 주거이전 우편물 전송 서비스

① 정의 : 수취인의 주소가 변경된 경우 우체국 창구, 인터넷 우체국 및 읍·면·동 주민센터(전입신고 시)에서 신청하면 이전한 주소지로 우편물을 전송해 주는 서비스이다.

② 수수료 : 이사 등에 따라 타 권역으로 우편물 전송 신청을 하거나, 서비스 기간을 3개월 단위로 연장하는 경우에는 서비스 이용 수수료가 다음과 같이 부과된다.

구분	동일권역		타권역	
	3개월 이내	3개월 연장	3개월 이내	3개월 연장
개인(1인당)	무료	4,000원	7,000원	7,000원
단체(법인, 사업자)	무료	53,000원	70,000원	70,000원

※ 전송 서비스를 3개월 이상 연장할 경우 우체국 창구 또는 인터넷우체국을 통해 신청하여야 한다.

③ **권역구분**

권역	지역	권역	지역
수도권역	경기도, 서울특별시, 인천광역시	강원권역	강원도
충북권역	충청북도	충남권역	충청남도, 대전광역시, 세종특별자치시
전북권역	전라북도	전남권역	전라남도, 광주광역시
경북권역	경상북도, 대구광역시	경남권역	경상남도, 부산광역시, 울산광역시
제주권역	제주특별자치도		

④ **신청방법** : 우체국 창구를 방문하여 주거이전신고서를 작성하여 신청하거나 인터넷 우체국을 통해 신청한다.

⑤ **유의사항**

　㉠ 우편물 전송 서비스는 주거이전 대상자에게 전송을 시작한 날부터 3개월간 제공하며 서비스 종료일 3일 전까지 연장신고가 없으면 우편물은 3개월이 종료되는 날의 다음날부터 발송인에게 반송, 발송인에게 미리 이전한 곳을 알려야 한다.

　㉡ 우편물 전송 개시일을 적지 않을 경우 접수한 다음날부터 3일이 지난 뒤(공휴일 제외)에 우편물 전송 서비스가 시작된다.

　㉢ 기관·법인·단체 등이 주거이전 신청을 한 경우에는 기관·법인·단체 등의 명의가 적혀있지 않은 개인의 우편물은 전송 서비스를 받을 수 없다.

　㉣ 소송이 진행 중인 경우에는 「민사소송법」 제185조 제1항에 따라 별도로 법원에 변경한 송달장소를 신고하여야 한다.

　㉤ 신용(체크)카드로 수수료를 납부한 경우에는 주거이전 철회신고 시 해당 카드를 가지고 방문한다.

(9) **보관우편물 교부서비스**

① **정의** : 수취인 부재 등의 사유로 배달하지 못하여 배달우체국에 보관 중인 우편물을 수취인이 직접 방문하여 수령하는 제도이다.

② **이용방법** : 평일 근무시간(09~18시)에 교부한다. 토요일과 공휴일에는 교부하지 않는다.

⑩ 등기취급우편물 대리수령인제도

① **정의** : 주간시간대 부재, 장기여행 등으로 등기취급우편물을 수취할 수 없는 경우에 미리 대리수령인을 지정하여 우체국에 신고하면 대리수령인에게 우편물을 배달해 주는 제도이다.

② **내용 및 이용방법** : 등기우편물 '대리수령인신고서'를 작성하여 우체국 또는 집배원에게 신고한다. 대리수령인은 담당 집배원 배달 구역 내에 거주하며 사리를 분별할 수 있는 사람이어야 한다.

⑪ 계약등기우편제도

① 우편관서와 이용자가 다량통상등기우편물 취급업무에 관한 계약을 체결하고 우편관서가 이용자에게 약정한 서비스를 제공하는 대신 이용자는 일정물량 이상의 우편이용을 보장하며, 이용실적에 따라 요금을 정산하는 제도이다.

② **계약관서 및 이용대상**
  ㉠ **계약관서** : 우편집중국, 5급 이상 공무원이 우체국장으로 배치된 우체국이다.
  ㉡ **이용대상** : 동일 이용자가 1회 100통 이상이거나 월 5,000통 이상 발송하는 다량통상등기우편물을 이용하는 사람이다. 두 가지 요건을 동시에 충족하여야 한다.

③ **이용요건**
  ㉠ 우편관서가 사전에 부여한 등기번호를 계약등기우편 발송용 봉투에 바코드(bar code)로 인쇄하여 제출하되, 신속한 송달을 위해 우편번호 앞 3자리까지 구분하여 제출하고 등기번호는 일련번호를 사용한다.
  ㉡ 계약등기우편물의 식별이 용이하도록 하기 위하여 외부 기재사항 표시위치에 '계약등기'의 표시를 하여 발송하며, 부가서비스를 이용할 경우에는 부가서비스 내용을 함께 표시하여 발송한다.

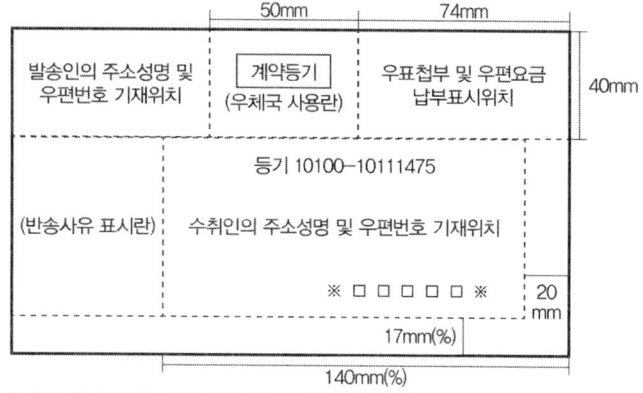

(※)표시한 부분에는 발송인이 필요로 하는 사항을 기재할 수 없음

⑤ **계약등기우편요금** : 통상우편요금에 등기취급 수수료, 부가서비스취급수수료를 가산한 금액이다.

⑥ 부가서비스 취급수수료

내용	부가우편 서비스명	취급수수료
계약등기우편물	본인지정배달	1,000원
	우편주소 정보제공	1,000원
	회신우편	1,500원
	착불배달	500원
	반환취급 사전납부	반환취급수수료 × 반환율

⑿ **옥외무인창구**

① 지하철역 무인우편창구

② 외부용 무인우편창구

③ 무인우체국

⒀ **우편물 반송정보 제공서비스**

① 정의
  ㉠ 다량의 일반통상 우편물 발송업체가 봉투표면에 인쇄필수 사항(반송사유란, 반송처, 고객바코드를 인쇄하여 발송하고, 집배원이 우편물 반송사유를 반송사유란에 ✓ 또는 ○으로 표기하여 우편집중국으로 반송 처리한다.
  ㉡ 우편집중국은 반송우편물을 관할 '반송정보 분석센터'로 일괄적으로 발송한다.
  ㉢ '반송정보 분석센터'는 반송사유와 발송인의 고객바코드를 분석하여 파일 형태로 우편물 발송업체에 제공한다.

② 업무 프로세스

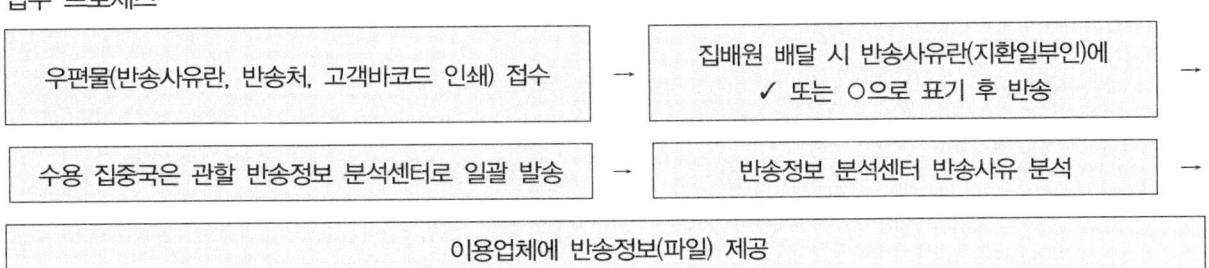

③ 계약관서 및 이용대상
  ㉠ **계약관서** : 전국 우편집중국
  ㉡ **이용대상** : 반송사유를 제공받고자 하는 일반통상우편물 별후납 발송자(특수통상 제외)
  ㉢ **계약기간** : 2년 단위(계약관서와 발송인(업체) 간 계약 체결)

④ 서비스 종류 및 이용조건
  ㉠ Ⅰ형 반송 사유 + 리스트 + 영상
  - 개요 : 반송사유란을 인쇄, '반송사유, 반송우편물 리스트, 영상'을 제공받으려는 규격 일반통상 우편물이다.
  - 이용조건
    - 3가지 인쇄 조건[반송사유란, 반송처, 고객바코드(bar code)] 준수한다.
    - 우편물 좌측 하단에 '반송사유란'과 '발송인'란 하단에 '반송처 : 우편집중국 반송정보센터'를 인쇄한다.
    - '고객(수취인)바코드'는 계약관서가 부여한 기관코드(6자리)를 포함하여 1차원 바코드는 40자리, 2차원 바코드는 206자리 이내로 인쇄한다. ※ 기관코드(이용자번호)는 '반송정보 분석센터'와 협의하여 계약 체결 시 부여

  ㉡ Ⅱ형 리스트 + 영상
  - 개요 : 반송사유란을 인쇄하지 않고 '반송우편물 리스트와 영상'을 제공받고자 하는 규격 일반통상 우편물이다. ※ 반송사유가 불필요하거나 미관상 우편물 표면에 반송사유란 인쇄를 원치 않는 경우
  - 이용조건
    - 인쇄 조건 중 2가지(반송처, 고객바코드(bar code))만 인쇄한다.
    - '발송인'란 하단에 '반송처 : 우편집중국 반송정보센터'를 인쇄한다.
    - '고객(수취인)바코드'는 계약관서가 부여한 기관코드(6자리)를 포함하여 1차원 바코드는 40자리, 2차원 바코드는 206자리 이내로 인쇄한다.

  ㉢ Ⅲ형 리스트
  - 개요 : 반송사유란을 인쇄하지 않고 '반송우편물 리스트'만을 제공받고자 하는 규격외 일반통상 우편물이다. ※ 규격외 우편물은 자동화 기계처리가 불가하여 '반송우편물 리스트'만 제공
  - 이용조건
    - 인쇄 조건 중 2가지(반송처, 고객바코드(bar code))만 인쇄한다.
    - '발송인'란 하단에 '반송처 : 우편집중국 반송정보센터'를 인쇄한다.
    - '고객(수취인)바코드'는 계약관서가 부여한 기관코드(6자리)를 포함하여 1차원 바코드는 40자리, 2차원 바코드는 206자리 이내로 인쇄한다.

⑤ 반송우편물 처리
  ㉠ 이용 계약에 의하여 반송우편물은 15일간 보관 후 폐기한다.
  ㉡ 반송우편물 분석정보(리스트/영상)는 3개월 보관 후에 폐기한다('발송인(업체)'이 실물 반환을 요청하는 경우에는 교부 가능).

⑥ 우편물 인쇄규격

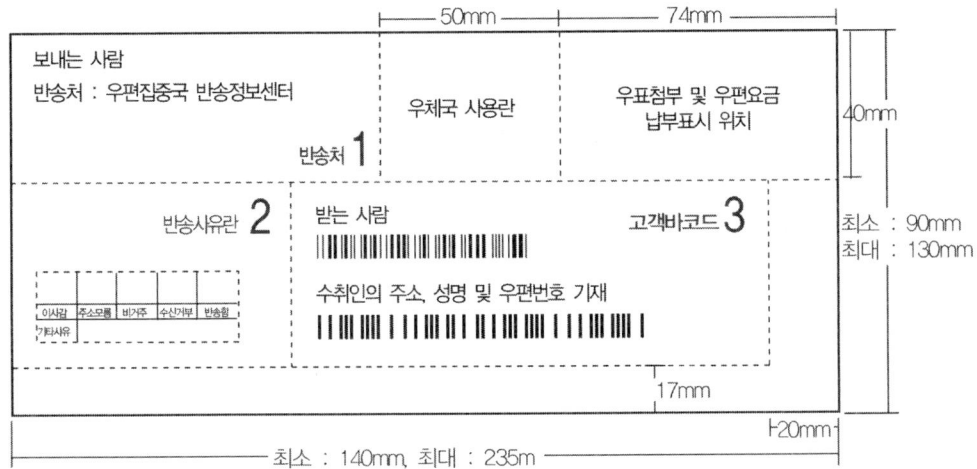

⑦ 세부규격

구분		내역	비고
반송처		우편집중국 반송정보센터	• 서울, 동서울, 부천, 부산, 대전, 광주 우편집중국에 반송정보 분석센터를 운영한다. • 관할 반송정보 분석센터로 일괄적으로 발송한다.
반송 사유란		(그림)	• 사이즈 : 가로 50mm × 세로 24mm(±5%) • 라인두께 : 0.1 ~ 0.3mm • 글자크기 : 5pt 이상 • 검정 또는 군청계열 • 반송사유표기방법 : 우편물 배달현장에서 ∨, ○ 표기 • 기타사유(부전지 내용을 직접기재) : 해외전용, 재개발, 사망, 군입대 등이 있다.
고객바코드	1차원	자릿수 : 40자 이내로 한다. 발송기관코드(6자) + 고객관리정보(34자)이다.	
		종류 : code128, code39, 2 of 5	
		해상도 : 300dpi 이상(레이저프린트)	
		규격 : 길이(100 ~ 150mm), 높이(7 ~ 15mm)	
	2차원	자릿수 : 206자 이내(숫자, 영문, 한글, 특수문자), 기관코드(6자)+고객관리정보(200자)	
		종류 : Data matrix	
		해상도 : 300dpi 이상(레이저프린트)	
		규격 : 길이(12 ~ 20mm), 높이(12 ~ 20mm)	

⑧ 서비스 종류별 필수 인쇄사항
  ㉠ Ⅰ형 : 반송처 + 반송사유란 + 고객 바코드
  ㉡ Ⅱ형 : 반송처 + 고객 바코드
  ㉢ Ⅲ형 : 반송처 + 고객 바코드

⑭ **송달기준**

① 우편물의 종별 송달기준(우편물을 접수한 다음날로부터 배달할 날까지의 일수기준)

구분	송달 기준일	비고
일반우편	접수한 다음날 3일 이내 배달	일반통상 · 소포 · 등기통상
익일 특급	접수한 다음날 배달	제주는
등기소포	※ 제주(익일배달) : 읍 · 면지역 제외한 제주 및 서귀포시 일원	'D(우편물 접수한 날) + 2일'이다.

② **송달기준** : 우체국장이 공고한 '오늘출발 우편물 접수 마감시간'까지 우체통에 투입하거나 우체국 창구에서 접수한 우편물을 대상으로 적용하되, 마감시간을 정할 때에는 다음 사항을 고려한다.
  ㉠ 관할지역의 지리 및 교통상황
  ㉡ 우편물 운송시간 및 운송편
  ㉢ 우체국의 우편물 처리능력
  ㉣ 기타 우편물의 최선편 연결에 영향을 가져올 상황

③ 관공서의 공휴일에 관한 규정에 의한 공휴일과 기타 다른 법령에 의한 유급휴일, 토요일 및 우정사업본부장이 배달하지 아니하기로 정한 날은 우편물 송달기준에 산입하지 아니한다.

④ **도서/산간오지 등의 우편물 송달기준**
  ㉠ 우편물의 운송이 특히 곤란한 지역에 대하여는 도서/산간오지 등 교통이 불편하여 지역별 또는 지역 상호 간에 적용할 우편물 송달기준을 달리 적용할 수 있다.
  ㉡ 송달기준적용을 달리 정한 때에는 관할 지방우정청장이 그 지역과 송달기준을 공고한다.
  ㉢ 지방우정청장이 공고할 송달기준적용 곤란지역의 기준은 다음과 같다.
  • 접수 우편물 송달기준적용 곤란지역 : 접수국에서 접수 · 수집한 우편물을 관할 집중국에 당일 운송하기 곤란한 지역
  • 배달 우편물 송달기준적용 곤란지역 : 관할 집중국에서 배달국까지 집배원의 당일배달 출발준비 시간 내에 배달 우편물 전송이 곤란한 지역

⑤ **송달기준 적용의 예외** : 「신문 등의 진흥에 관한 법률」의 규정에 의하여 등록된 일간신문(주 5회 이상 발행되는 신문에 한함) 및 관보규정에 의한 관보를 우편물정기발송계약에 따라 발송하는 때에는 일반우편물로 접수한 경우에도 접수한 날의 다음날까지 송달할 수 있다.

03 CHAPTER | 국제우편

#국제통상우편 #국제우편의 종류 #국제우편의 취급

01 국제통상우편

(1) 서장

① 의의
   ㉠ 서장은 "특정인에게 보내는 통신문(Correspondence)을 기재한 우편물(타자한 것을 포함한다)로 봉함한 통상우편물"이다. 다만, 창구에서 접수한 시각장애인용 우편물과 인쇄물 또는 소형포장물은 서장에서 제외한다.
   ㉡ 일반적으로 서장이라 할 때에는 통신문의 성질을 갖는 서류를 말하지만, 국제우편에 있어서는 그 이외에 엽서나 항공서간의 정하여진 조건을 충족시키지 못한 것, 멸실성 생물이 있다.

② 서장에 관한 조건 : 서장은 우편물의 포장에 관한 일반적인 조건에 맞아야 하고 봉함서장인 경우에는 취급 중 곤란하지 않도록 직사각형이어야 한다.

③ 서장으로 취급하는 것(예시 : 법규위반엽서)
   ㉠ 엽서로서의 형태, 지질, 규격을 갖추지 못한 것
   ㉡ 표면의 우측반부에 수취인 주소, 성명, 우표, 우편물취급에 관한 지시사항 등 이외의 것을 기재하거나 붙인 것
   ㉢ Carte postale(Postcard)임을 분명히 표시하지 않은 엽서(그림엽서는 제외)
   ㉣ 법규위반 항공서간(규정 제15조 제5항)

(2) 우편엽서

① 의의 : 우편엽서는 조약에 규정된 조건에 따라 정부가 발행하는 것(관제엽서)과 정부이외의 자가 조제하는 것(사제엽서)으로 구분하며, 관제엽서는 우편요금을 표시하는 증표를 인쇄할 수 있다(국제우편 규정 제14조 제1항). 서장에 비하여 요금이 싸며 이용조건을 엄격하게 제한하고 있다.

② 요건
   ㉠ 우편엽서는 직사각형이어야 하고 취급상 곤란하지 않을 정도로 튼튼한 판지나 종이로 만들어야 하고 투영부분이나 양각부분이 없어야 한다.

ⓒ 앞면 윗부분에 불어(Carte postale) 또는 이에 상당하는 타국어로 우편엽서(Postcard)라는 뜻의 문자가 표시되어야 한다(그림엽서 경우 예외).
　　ⓒ 최소한 앞면의 우측반부는 수취인의 주소·요금납부표시 등을 위하여 통신문을 기재하지 말고 남겨 둔다.
　　ⓔ 엽서는 봉함하지 않은 상태로 발송한다.
　　ⓜ 엽서에 관한 규정을 따르지 아니한 우편엽서는 서장으로 취급하되 뒷면에 요금납부표시를 하는 경우에는 예외로 한다.
③ **종류**
　　ⓐ **관제엽서**: 관제엽서는 정부에서 발행하는 우편엽서로서 우편요금을 표시하는 증표 즉 요금인면을 인쇄할 수 있다.
　　ⓑ **사제엽서**: 사제엽서는 정부이외의 자가 조제하는 엽서로서 우편요금을 표시하는 증표를 인쇄하여서는 아니 되며 사제엽서를 조제하는 기준은 관제엽서에 준하여야 한다.

(3) 인쇄물

① **개념**: 접수 우정청이 인정한 방법에 의하여 종이, 판지 또는 일반적으로 인쇄에 사용되는 다른 재료에 여러 개의 동일한 사본으로 생산된 복사물이다.

② **요건**: 인쇄물은 허용된 물질(종이, 판지, 후지, 화학합성지 등)에 2부 이상을 복사한 복사물이어야 하며, 개봉하여 발송하고 주소기재면의 좌측상단이나 발송인 주소·성명 기재란 아래에 굵은 문자로 인쇄물(Imprimer)이란 뜻의 문자를 표시한다.

③ **인쇄물의 요건을 갖추지 않은 것 중 인쇄물로 취급하는 것**
　　ⓐ 관계학교의 교장을 통하여 발송하는 것으로 학교의 학생 사이에 교환되는 서장 및 엽서
　　ⓑ 학교에서 학생들에게 보낸 통신강의록 및 학생들의 과제원본과 채점답안(다만 성적과 직접 관계되지 않는 사항은 기재할 수 없다.)
　　ⓒ 소설 또는 신문원고
　　ⓔ 필서한 악보
　　ⓜ 복사사진
　　ⓗ 동시에 여러 통을 발송하는 컴퓨터프린터 또는 타자기에 의한 인쇄물

④ **인쇄물에 기재할 수 있는 사항**
　　ⓐ 발송인과 수취인의 주소·성명(신분, 직업 및 상호를 부기할 수 있음)
　　ⓑ 우편물의 발송 장소와 일자
　　ⓒ 우편물과 관련되는 일련번호 및 등기번호
　　ⓔ 인쇄물 내용본문의 단어 또는 일정부분을 삭제하거나 기호를 붙이거나 밑줄을 친 것

ⓜ 인쇄의 오류를 정정하는 것

ⓑ 간행물, 서적, 팜플렛, 신문, 조각 및 악보에 관한 주문서, 예약신청서 또는 판매서에는 주문하거나 주문받은 물건 및 그 수량, 물건의 가격 및 가격의 주요내역을 표시한 기재, 지불방법, 판, 저자 및 발행자명, 목록번호와 "paper-backed", "stiff-backed" 또는 "bound"의 표시

ⓐ 도서관의 대출업무에 사용되는 용지에는 간행물명, 신청·송부부수, 저자, 발행자명, 목록번호, 대출일수, 대출희망자의 성명

ⓞ 인쇄한 문학 및 예술작품에는 간단한 관례적 증정 인사말

ⓩ 신문 및 정기간행물을 오려낸 것에는 이를 게재한 간행물의 제목, 일자, 제호 및 발행사

ⓒ 인쇄용 교정본에는 교정, 편집 및 인쇄에 관한 변경·추가 및 "Passed for press", "Read-passed for press"와 같은 기재 또는 발행에 관한 이와 비슷한 표시. 여백이 없을 경우, 추가기재는 별지란에 할 수 있다.

ⓚ 주소변경통지서에는 신·구주소와 변경일자

⑤ 인쇄물의 첨부물

㉠ 우편물 발송인의 주소 또는 우편물 발송국가, 도착 국가 내 발송인 대리인의 주소를 인쇄한 카드, 봉투, 봉띠

㉡ 인쇄된 문학 및 예술적 작품에는 관련 송장(송장사본, 대체용지)

㉢ 패션 간행물에 대하여는 그 간행물의 일부를 이루는 도려낸 옷본

㉣ 인쇄물에는 현실적이고 개인적인 통신문의 성질을 띤 어떠한 서류도 포함하지 못하며, 소인여부를 불문하고 우표나 요금인영증지 또는 금전적 가치를 나타내는 어떠한 증서도 포함할 수 없다.

(4) 소형포장물

① 정의 : 2kg 이하의 작고 가벼운 물품을 간편하게 보낼 수 있는 국제우편의 한 종류이다.

② 특성

㉠ 만국우편협약에 따른 우편물 종류로서 소포우편물과는 달리 이용조건 등에 각 국 공통점이 많아 편리하다.

㉡ 송달이 소포우편물에 비해 신속한 편이며, 요금도 소포우편물보다 저렴하다.

㉢ 소포우편물과 같이 무거운 우편물과 함께 우편자루에 넣지 않기 때문에 운송 도중 충격과 압박 등으로 손상될 우려가 적고 포장도 비교적 간단하다.

③ 발송요건 : 내용품의 가격이 300SDR 이하인 경우에는 세관표지(CN22)를, 내용품의 가격이 300SDR 초과하는 경우에는 세관신고서(CN23)를 우편물에 첨부한다.

(5) 시각장애인용 우편물

① 정의 : 점자로 된 서장 및 점자기호를 가진 활자판을 내용으로 하는 우편물이다. 특별한 봉함조건이 요구되지는 않지만 내용품의 점검을 위하여 안전하게 열어보기 쉽도록 포장한다. 공인된 시각장애인용 기관에서 발송하거나 동 기관으로 발송하는 시각장애인전용의 녹음물이나 점자의 용지도 시각장애인용 우편물로 취급한다.

② 요금의 면제 : 시각장애인용 우편물에 대하여는 항공부가요금을 제외한 모든 요금이 면제된다. 즉 선편으로 접수할 때에는 무료로 취급하며 항공등기로 접수할 때에는 등기요금은 무료이나 항공부가요금만 징수한다.

③ 발송요건 : 시각장애인용 우편물 외부의 주소기재란에 점자우편 표지를 붙인다.

(6) 항공서간

① 정의 : 항공통상우편물로서 세계 어느 지역이나 같은 요금으로 보낼 수 있는 국제우편 특유의 우편물 종류이다. 항공서간은 1매의 종이를 접어 편지지와 봉투를 겸한 봉함엽서의 형태로 되어 있어 간편하고 편리하고 요금이 저렴하다.

② 표시 : 항공서간에는 외부에 "Aerogramme"이란 표시한다.

③ 종류 : 항공서간은 정부가 발행하는 것과 사제항공서간으로 구분하며, 정부가 발행하는 항공서간에는 우편요금을 표시하는 증표를 인쇄할 수 있다.

④ 항공서간 견본

⑤ 발송조건 : 항공서간은 원형을 변경하여 사용할 수 없으며, 등기로 발송할 수 있다. 항공서간에는 우표이외의 물품을 붙이지 못하며, 어떠한 것도 넣어서는 안 된다. 위의 조건과 국제우편규정을 위반한 사제항공서간은 항공서장우편물로 취급한다.

(7) 우편자루배달 인쇄물

① 정의 : 신문, 정기간행물, 서적, 잡지 등의 인쇄물을 동일인이 동일수취인에게 한꺼번에 다량으로 발송하고자 하는 인쇄물이다. 인쇄물을 넣은 우편자루 1개를 1개의 우편물로 취급하는 것이며 제한중량은 10kg 이상 30kg 이하이다. 포장이 간단하고 일반인쇄물보다 중량이 더 무거운 것도 발송할 수 있다.

② 접수 우체국 : 우편자루배달 인쇄물은 전국의 모든 우체국(우편취급국는 제외)에서 접수한다.

③ 취급요건 : 10kg 이상 인쇄물에 한하여 접수하고 있으며, kg단위로 요금을 계산한다.

④ 특징 : 일반적으로 어느 나라든지 보낼 수 있으나, 등기는 취급하는 나라가 제한되어 있기 때문에 특수취급이 가능하다(등기, 배달통지).

02 기타 국제우편

(1) 국제소포우편

국제소포는 만국우편연합의 회원국가간 또는 지역 상호간에 교환하는 소포이다. 특히, 미국 및 캐나다행 보통소포는 우리나라 내에서만 기록취급하며, 배달국가 내에서는 기록취급하지 않는다. 추후 우편물 수수관계를 확인하기 위해서는 보험에 들어야 한다.

(2) K-Packet

① 의의 : 온라인 쇼핑상품(2kg 이하 소형물품)에 대하여 발송인과의 이용계약 체결을 통해 해외로 배송하는 온라인 전용 국제 우편서비스이다.

② 서비스 개요
  ㉠ 이용대상 : 2kg 이하의 국제우편물을 우체국과 계약하여 이용하는 고객이다.
  ㉡ 우편요금 : 소형포장물과 EMS 요금의 중간 수준이다.

③ 특징
  ㉠ 인터넷우체국을 통해 우편물 접수를 신청하면 우체국에서 방문 접수하여 픽업 또는 배송을 지원한다.
  ㉡ 주소 및 세관신고서(CN22)를 한 장의 기표지로 통합할 수 있도록 정보시스템 및 주소기표지 무료 제공한다.
  ㉢ 소형포장물과 비교하여 배송기간 단축 및 종추적 정보 제공국가를 확대한다.

03 국제특급우편/EMS프리미엄

(1) EMS

① 정의 : 급한 편지, 서류나 소포 등을 가장 빠르고 안전하게 외국으로 배달해 주는 국제 우편서비스이다.

② 특성
- ㉠ 공신력 : 국가기관인 과학기술정보통신부 우정사업본부가 공신력 있는 외국 우편당국과 체결한 특별협정에 따라 취급한다.
- ㉡ 신속성 : 서울에서 오전에 부치면 도착국가에서 통관검사를 거칠 필요가 없는 우편물(서류)의 경우 가까운 곳은 1~2일, 기타 국가는 2~5일 이내에 배달이 가능하다.
- ㉢ 조회가능 : 주요국가로 발송한 국제특급우편물의 경우에는 국제적으로 연결된 컴퓨터망을 통하여 배달여부가 즉시 조회가 가능하다. 컴퓨터 조회가 되지 않을 경우에는 팩시밀리나 이메일을 통하여 신속하게 조회하고 그 결과를 확인할 수 있다.

③ 종류
- ㉠ 계약국제특급우편(Contracted Service) : 고객이 우체국과 미리 계약을 체결하고 그 계약에 따라 우체국에서 EMS 우편물을 수집 또는 발송한다.
- ㉡ 수시국제특급우편(On-demand Service) : 고객이 지정된 우체국에서 수시로 국제특급우편물을 발송하며, 도착한 EMS 우편물은 국내특급우편물의 예에 따라 배달한다.

④ 보낼 수 있는 것 : 업무용 서류(Official Communications), 상업용 서류(Commercial Papers), 컴퓨터데이터(Computer Data), 상품 견본(Business Samples), 마그네틱 테이프(Magnetic Tape), 마이크로 필름(Microfilm), 상품(Merchandise : 나라에 따라 취급을 금지하는 경우가 있다.)이 있다.

⑤ 보낼 수 없는 것 : 동전 및 화폐(Coins, Bank Notes), 송금환(Money Remittances), 유가증권류(Negotiable Articles), UPU 일반우편 금제품(Prohibited Articles), 취급상 위험하거나 다른 우편물을 오염 또는 파손시킬 우려가 있는 것, 마약류 및 향정신성 물질, 폭발성·가연성 또는 위험한 물질(페인트/잉크 등), 외설적이거나 비도덕적인 물품 등, 가공 또는 비가공의 금/은/백금/귀금속/보석 등 귀중, 상대국가에서 수입을 금하는 물품, 상하기 쉬운 음식물, 동식물(송이버섯 등)이 있다.

⑥ 특수취급의 종류 : 배달통지, 보험취급, 국제초특급우편서비스, 배달보장서비스가 있다.

(2) 국제초특급우편

① 개요 : 국제우편서비스 중에서 실물을 가장 빠르게 전달하고, 송달 기준이 엄격히 준수된다. 또한 배달결과를 자동적으로 발송인에게 알려준다. 정해진 기간 내에 우편물이 배달되지 않은 경우에는, 접수 시 발송인이 납부한 우편요금을 모두 발송인에게 전달한다.

② 국제초특급우편과 기타 EMS 서비스 비교

구분	국제초특급우편과 기타 EMS 서비스 비교	Kahala(카할라) EMS (EMS 배달일자 보장)	국제초특급우편 (EMS 배달일시 보장)
취급 대상	서류, 상품, 상품견본 등		서류만 취급 (통관검사대상 물품은 취급대상에서 제외)
송달 기준	2 ~ 4일	1 ~ 3일 (EMS 배달보장일 계산프로그램에 의함)	• 서울지역 오전접수 : 다음날 배달 • 그 밖의 지역(서울지역 오후 접수 포함) 2일째 배달
발송 내역 통보	우편물과 같은 경로를 통하여 도착교환 우체국에 문서로 통보한다.	우편물과 같은 경로를 통하여 도착교환우체국에 문서로 통보한다. 향후, 전자정보교환망(EDI)에 의해 미리 통보할 예정이다.	우편물 도착 전에 FAX로 통보한다.
배달 결과 통보	발송인의 청구가 있는 경우에 한하여 배달 여부를 통보한다.	발송인의 청구가 있는 경우에 한하여 배달 여부를 통보한다. 향후, EMS배달보장일 계산프로그램에 의해 접수하는 경우 배달일자를 통보할 예정이다.	발송인의 청구가 없는 경우에도 배달여부를 통보한다.
지연 송달 손해 배상	배달예정일보다 48시간이상 지연 배달되었을 경우, 납부한 우편요금액을 배상한다.	EMS배달보장일 계산프로그램을 통해 통보한 일자보다 지연 배달되었을 경우, 납부한 우편요금액을 배상한다.	배달예정일시보다 지연 배달되었을 경우, 납부한 우편 요금액을 배상한다.

(3) EMS프리미엄

① 의의 : 우정사업본부와 UPS와 업무제휴로 시행중인 서비스이다. 전 세계 200여 개 국가로 발송할 수 있는 EMS 프리미엄 서비스 시행하고 있으며, 해외배송을 국제특송회사인 UPS가 담당하고 있다.

② 특징
　㉠ 우정사업본부는 우체국 국제특송 EMS서비스 품질 향상의 일환으로 세계적인 물류 네트워크를 보유하고 있는 국제특송회사인 UPS와의 업무를 제휴하였다. 전국 모든 우체국 창구에서 전 세계 200여 개 국가로 UPS의 네트워크를 통해 서류 및 물품을 최대 2,000kg까지 발송이 가능하다.
　㉡ 계약국제특급우편 고객 및 다량 발송 고객의 경우 이용 물량 및 금액에 따라 할인혜택을 받을 수 있으며, 전국 총괄우체국(5급국 이상)에서 일부 국가에 대하여 우편요금을 수취인이 내도록 하는 "우편요금수취인부담(착불)서비스" 이용이 가능하다.
　㉢ EMS프리미엄 우편물은 홈페이지를 통해 일일처리상황(행방)을 조회할 수 있다.
　㉣ 보험이 가입된 EMS프리미엄에 대한 분실 및 파손시 UPS에서 직접 고객에게 손해배상을 한다.

04 국제우편물 특수 취급

(1) 등기

① 개념 : 우편물마다 접수번호를 부여하고 접수한 때로부터 배달되기까지의 취급과정을 기록취급하여 우편물 취급 및 송달의 확실성을 보장하기 위한 제도이다. 망실이나 도난파손의 경우에는 손해배상을 한다.

② 대상
- ㉠ 모든 통상우편물은 등기로 취급할 수 있고, 이용자는 보통우편요금 이외에 등기취급수수료를 납부해야 한다.
- ㉡ 도착국가의 국내법이 허용하는 경우 봉함된 등기서장에 각종 지참인불유가증권, 여행자수표, 백금, 금은 가공 또는 비가공의 보석 및 기타 귀중품을 넣을 수 있다.
  - ※ 국내 관련법규에서 허용하는 범위 내에서만 취급하며 국가에 따라서 발송할 수 없는 나라도 있다.

(2) 등기 배달통지

① 의의 : 배달통지(Advice of delivery : A.R.)는 우편물 발송인의 청구에 따라 우편물을 수취인에게 배달하고 수취인으로부터 수령 확인을 받아 발송인에게 통지하여 주는 제도이다.

② 대상 : 배달통지(A.R.)는 국내우편의 배달증명과 유사하며 등기통상우편물, 일반소포 또는 보험소포우편물 발송 시 배달통지 청구가 가능하다. 소포우편물의 경우 보험우편물로 제한될 수 있다.

(3) 보험서장

① 의의 : 유가증권·금전적 가치가 있는 서류나 귀중품 등이 들어있는 서장우편물을 발송인이 신고한 가액에 따라 보험으로 취급하여 교환하고, 망실·도난 또는 파손된 경우 보험가액의 범위내에서 실제로 발생된 손해액을 배상하는 제도이다.

② 보험가액
- ㉠ 건당 최고한도액은 4,000SDR(7,000,000원)까지이나, 상대국가에서 취급하는 최고한도액이 그 이하인 경우에는 상대국가의 취급한도액 범위 내에서 취급한다.
- ㉡ 보험가액은 내용품의 실제 가치를 초과할 수 없으며, 이를 위반하면 보험 사기로 취급한다.
- ㉢ 내용품의 일부가치만을 보험 취급할 수도 있다.
- ㉣ 가치가 작성비용에 있는 서류의 보험가액은 망실의 경우 이를 대치하는 데 소요되는 비용을 초과할 수 없다.

③ 보험서장으로 발송할 수 있는 물건 : 수표·지참인불유가증권, 우표, 복권표, 기차표 등과 같은 금전적 가치가 있는 서류, 귀금속 및 보석류, 고급시계, 만년필 등 귀중품 수출입관련 법령(대외무역법 등)에서 허용하는 범위 내에서 취급한다.

④ 보험서장으로 발송할 수 없는 물건 : 국제우편에 관한 조약에서 취급을 금지하는 품목, 마약류 및 향정신성 물질, 폭발성·가연성 또는 기타 위험한 물질, 외설적이거나 비도덕적인 물품 등, 우편관계 국내법규에서 우편취급을 금하는 품목(은행권 등), 상대국가에서 수입을 금하는 물품 등이 있다.

04 우체국 금융서비스
#우체국 예금 #우체국 보험

01 우체국 예금 사업 목적 및 업무 취급 범위

(1) 우체국 예금 사업 목적

국민의 저축의욕 고취, 보편적 금융서비스 제공을 통해 국민경제생활의 안정과 공공복리의 증진에 기여한다 (「우체국예금보험에 관한법률」 제1조).

(2) 업무 취급 범위

① **예금상품** : 수시입출식 19종, 거치식 12종, 적립식 10종, 기타 1종으로 총 42종

② **전자금융서비스** : 인터넷뱅킹, 스마트뱅킹, 폰뱅킹 등

③ **체크카드** : 개인카드 16종, 법인카드 4종

④ **창구망 제휴업무** : 창구망 개방 업무 44개 기관, 시스템개방 업무 242개 기관

⑤ **업무제한** : 일반은행과 달리 대출, 신탁, 신용카드 등의 업무를 제한받고 있음

⑤ **취급우체국** : 우편취급국을 제외한 전국 2,611개 우체국

02 우체국 예금의 역할 및 예금 상품 종류

(1) 우체국 예금의 역할

① 모든 국민이 믿고 편리하게 이용하는 국영 금융, 우체국 예금
  ㉠ 국영 금융기관으로서 농어촌·도서벽지 지역에 기본적 금융인프라를 제공한다.
  ㉡ 다양한 서민생활 지원과 함께 우편적자 보전 등 국가기관으로서 공적 역할 수행에 최선을 다한다.

② 국가 재정과 우편사업 지원
  ㉠ 안정적 예금사업 성과를 바탕으로 국가재정을 지원하고 있으며 우편사업의 안정적 유지를 위해 노력한다.
  ㉡ 특별회계임에도 불구하고 매년 일정 경영성과를 국가 일반회계에 전출하고 있으며 IMF 당시 부실금융기관에 투여된 공적자금을 지원하고 있다.
  ㉢ 공공재인 우편서비스의 안정적 제공을 위해 우편사업의 잉여 시설, 인력 등을 공동 활용하여 저렴한 우편서비스 제공에 기여한다.
  ㉣ 전 세계에서 제일 낮은 수준의 우편요금을 유지하면서 전국에 동일한 우편서비스를 제공한다.

③ 서민 경제 지원을 통한 금융소외 해소 노력
  ㉠ 우체국예금은 서민과 취약계층 보호를 위한 다양한 우대상품을 제공하여 서민경제 보호에 최선을 다한다.
  ㉡ 저소득층, 장애인 등 취약계층과 차상위 계층에게 다양한 금융 상품과 금리 우대를 지원한다.
  ㉢ 취약계층의 금융거래 비용 절감을 위해 송금 등 각종 수수료 면제 혜택 제공과 국가 정책 바우처 카드 활성화를 지원한다.

④ 국가경제 안정화와 지역발전 기여
  ㉠ 국가기관으로서 국가경제 안정화와 함께 지역 경제 균형발전에 노력한다.
  ㉡ 매년 주식·채권·대체투자를 통해 중소기업·벤처기업 지원 등 공적 목적의 자금운영을 수행한다.
  ㉢ 2008년 금융위기 당시 국내기업 자금조달 어려움 해소를 위해 국내기업 발행 해외채권을 적극 매수하여 유동성 확보에도 기여한 바 있다.
  ㉣ 지역 경제 활성화 및 균형 발전을 위해 지역 금융기관을 통해 매년 일정 규모 이상의 자금을 운용한다.
  ㉤ 소상공인, 지역거주자를 위한 우리동네 plus 체크카드 발급하고 있다.

(2) 예금 상품 종류

① **수시입출식(15종)** : 보통예금, 저축예금, 듬뿍우대 저축예금, 국고예금, e-postbank 저축 예금, 행복지킴이 통장, 기업든든 MMDA, 국민연금 안심통장, Young利한 통장, 선거비 관리통장, 하도급 지킴이통장, 공무원 연금 평생 안심통장, 호국보훈 지킴이 통장, 생활든든통장

② **거치식(11종)** : 정기예금, 챔피언 정기예금, 실버우대 정기예금, 주니어우대 정기예금, 이웃사랑 정기예금, e-postbank 정기예금, 2040+a 정기예금, 퇴직연금 정기예금, 스마트 정기예금, 우체국 ISA 정기예금, 소상공인 정기예금

③ **적립식(9종)** : 정기적금, 2040+a 자유적금, Smart 퍼즐적금, 우체국 새출발 자유적금, 우체국 다드림 적금, 우체국 e-포인트 적금, 우체국 아이 LOVE 적금, 우체국 마미든든 적금, 우체국 장병내일준비적금

④ **기타(1종)** : 환매조건부채권

02 우체국 보험

(1) 우체국 보험 사업 목적

보험의 보편화를 통하여 재해의 위험에 공동으로 대처하게 함으로써 국민의 경제생활 안정과 공공복리 증진에 기여(「우체국예금보험에 관한 법률」 제1조)한다.

(2) 사업 범위 및 특징

① 우체국 보험 사업 범위
  ㉠ 4,000만 원 이하 보험(생명신체상해연금) 상품개발판매 및 운영
  ㉡ 기타 보험사업에 부대되는 환급금대출, 증권의 매매와 대여, 부동산의 취득처분과 임대 등

② 특징
  ㉠ **서민보험** : 무진단 단순한 상품구조의 보험료가 저렴한 보험으로서 서민층이 간편하게 가입
  ㉡ **우체국 네트워크 활용** : 우체국은 농어촌, 도서지역 등 시·군지역 소재 비중이 62.8%로 전국적으로 골고루 보편적 영업(민영생보사는 대도시 위주의 영업 전개)
  ㉢ **공적 역할** : 사익(주주이익)을 추구하지 않는 국영보험으로서 장애인, 취약계층 등에 대한 보험상품 보급 확대, 사회소외계층을 위한 현장밀착형 공익사업 발굴·지원 등을 통한 사회적 책임 강화

(3) 보험 유형

① 보장성 보험 : 건강/암보험, 상해보험, 종신/정기보험/어린이보험

② 연금보험

③ 저축보험

④ 장애인 전용 보험

(4) 보험 범죄

① 정의 : 보험금을 받을 자격이 없는 사람이 보험금을 수령하거나, 실제 손해보다 많은 보험금을 수령하기 위하여, 또는 보험가입 시 실제보다 낮은 보험료를 납입할 목적으로 고의 또는 악의적인 행동

② 유형

구분	내용
사기계약	보험계약 체결 시 보험가입금액을 의도적으로 높게 책정하거나, 중복보험의 형태로 가입하거나, 고지의무를 위반하는 등의 방법을 사용
고의사고	보험금을 편취하기 위하여 고의적으로 보험사고를 유발하며 살인, 자살, 방화, 자동차 사고의 고의적 유발 등이 있음
사고가공	보험사고가 발생하지 않았으나 발생한 것처럼 보험사고를 위장·날조하는 형태
사고 후 가입	이미 사망한 사람을 피보험자로 하여 보험가입, 사고가 발생한 이후 사고일자 등을 조작·변경하여 보험가입, 암진단을 받고 난 후 보험가입 하는 방법 등이 있음
피해과장	보험금 편취를 위해 발생된 사고의 실제 피해보다 피해 규모를 고의적으로 부풀리는 형태

05 우편번호 체계

#우편번호 연혁 #우편번호 부여체계

01 우편번호

(1) 우편번호 개요

① 정의 : 우편물 구분의 효율화를 위해 주소의 일부를 숫자화한 코드이다.

② 우편번호의 연혁
  ㉠ 최초제정(1970. 7. 1.) : 우체국별 우편번호(5자리)
  ㉡ 1차 개정(1988. 2. 1.) : 행정구역별 우편번호(6자리)
  ㉢ 2차 개정(2000. 5. 1.) : 집배원의 담당구역과 일치되도록 지번리 단위까지 세분화한 우편번호(6자리)
  ㉣ 3차 개정(2015. 8. 1.) : 국가기초구역번호(5자리)

③ 현행 우편번호의 의의 : 도로명주소 시행과 더불어 도입된 국가기초구역제도에 따라 국가기초구역에 부여된 5자리 구역번호를 우편번호로 사용한다.

(2) 우편번호 부여체계

① 앞 3자리 : 특별(광역시)/도와 시/군/자치구를 의미한다.

② 뒤 2자리 : 해당 시/군/자치구 내에서 순차적으로 부여한 일련번호로 구성된다.

③ 우리나라 부여체계 : 서울(01~09), 경기(10~20), 인천(21~23), 강원(24~26), 충북(27~29), 세종(30), 충남(31~33), 대전(34~35), 경북(36~40), 대구(41~43). 울산(44~45), 부산(46~49), 경남(50~53), 전북(54~56), 전남(57~60), 광주(61~62), 제주(63)

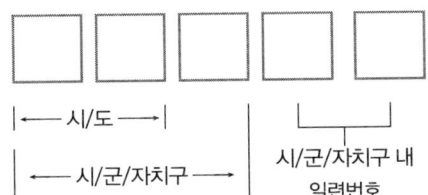

02 우편번호 찾는 방법

(1) 온라인 검색 시

도로명주소(도로명+건물번호), 지번주소(동/리+지번), 주요 건물명칭, 사서함(사서함명+사서함번호)으로 검색이 가능하다.

(2) 우편번호 책자 이용 시

① 홀수 : 건물번호 범위 구간 내 주(主)번호를 기준으로 홀수만 해당한다.

도로명주소	유형	우편번호
강남대로136길 5-4~31	홀수	06043

② 짝수 : 건물번호 범위 구간 내 주(主)번호를 기준으로 짝수만 해당한다.

도로명주소	유형	우편번호
강남대로100길 10~38	짝수	06129

③ 전체 : 건물번호 범위 내 모든 주소가 해당한다.

도로명주소	유형	우편번호
강남대로162길 20~45	전체	06028

④ '-' : 기재된 주소만 해당한다.

도로명주소	유형	우편번호
강남대로66길 21	-	06251

03 규격봉투 및 우편번호 기재 유의사항

(1) 일반봉투 규격 및 주소표기 권장안

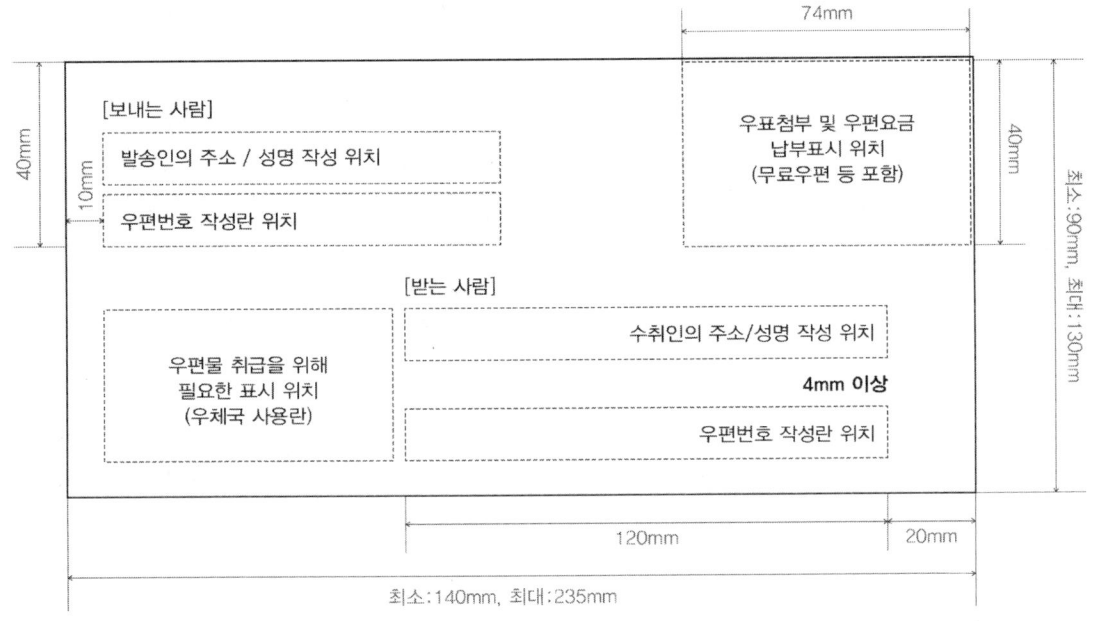

(2) 주소표기 권장안

① 도로명 주소

구분	내용	정렬
1행	행정구역(시도, 시군구, 읍면) + 도로명 + 건물번호	왼쪽
2행	상세주소(동·층·호) + 참고 항목(법정동, 공동주택명칭) 또는 사서함	왼쪽
3행	법인명(기관 또는 상호) + 부서명	왼쪽
4행	성명(직위, 호칭)	왼쪽
5행	우편번호	오른쪽

② 지번주소

구분	내용	정렬
1행	행정구역(시도, 시군구, 읍면동리가) + 지번(본번-부번)	왼쪽
2행	건물명(아파트, 빌딩 등) + 동·층·호수(단지, 동수) 또는 사서함	왼쪽
3행	법인명(기관 또는 상호명) + 부서명	왼쪽
4행	성명(직위, 호칭)	왼쪽
5행	우편번호	오른쪽

06 우편 관련 상식

#알아두면 좋은 상식

CHAPTER

1	**우편**	인간이 사회생활을 영위하는 데 필요한 통신수단의 하나로, 개인의 일상생활은 물론 정치, 경제, 사회. 문화, 산업, 행정 등 전 분야에 걸쳐 정보 전달과 의사소통 역할을 수행하고 있다. 우편은 서신 등 의사전달물 및 통화와 기타의 물건을 송달하는 것이다.
2	**우편사업**	국가에서 직접 경영하는 국가기업에 의한 사업으로 사회 공공의 목적을 달성하기 위하여 국가, 공공단체 또는 그로부터 허가받은 자가 비권력적 수단에 의하여 경영하는 사업을 말한다. 국가기업은 정부 직영, 공사, 주식회사의 형태가 있다. 우편사업은 정부 직영 형태로 운영되는 국가기업이며, 구성원은 국가공무원이다.
3	**우편업무규정**	우편법 및 기타 우편관계 법령에 의한 우편업무의 취급에 관하여 필요한 사항을 규정하고 있다.
4	**우편법**	우편에 관한 실질적인 기본법으로서 우편사업의 경영형태, 우편특권, 우편역무의 종류, 이용조건, 손해배상 및 벌칙 등 우편이용에 관한 기본적인 사항을 규정하고 있다.
5	**우정사업 운영에 관한 특례법**	우정사업의 조직·인사·예산 및 운영에 관한 특례를 규정함으로써 우정사업의 경영 합리화를 도모하여 우정서비스의 품질을 향상시키고 국가경제의 발전에 이바지함을 목적으로 한다. 이 법에는 우정사업에 관한 경영평가, 소포·국제특급 우편요금과 우편수수료 결정, 우정재산의 활용 등에 대한 특례가 규정되어 있다.
6	**우체국 창구업무의 위탁에 관한 법률**	우체국 창구업무의 일부를 일정한 자에게 위탁하여 이용창구를 확대하고, 사업을 효율적으로 운영함으로써 국민편의 증진과 우정사업의 발전에 이바지하는 것을 목적으로 한다.
7	**별정우체국직원법**	국민의 불편을 해소하기 위하여 우체국이 없는 지역에 개인이 설치하는 시설을 별정우체국직원으로 지정하는 데 필요한 절차와 운영에 대한 사항을 담고 있다.

8	등기	우편물의 접수에서부터 받는 사람에게 배달되기까지의 전 취급과정을 특정 접수번호로 기록하는 서비스이다. 따라서 취급과정을 명확하게 추적할 수 있다. 우편법에 의거하여 2kg 이하의 통상우편물과 20kg 이하의 소포우편물에 대한 등기취급을 보편적 우편역무로 정함으로써 국민의 권리를 보다 폭넓게 보장할 수 있는 기반을 조성한다. 등기취급 우편물은 손해배상의 대상이 될 수 있다. 우편물 취급과정 중 망실, 훼손 등의 사고가 일어날 경우 등기우편물과 보험등기우편물의 손해배상액이 다르므로 이용자에게 반드시 사전고지 후 발송인이 선택하도록 한다. 등기취급 품목은 통화, 귀중품, 유가증권, 주관적 가치가 있는 것, 보험취급이 필요한 것, 각종 증명취급이 필요한 것, 대금교환우편물, 국내특급, 특별송달, 민원우편 등이 있다.
9	월요일 배달 일간신문	토요일 발행 조간신문과 금요일 발행 석간신문(주 3회, 5회 발행)을 토요일이 아닌 다음 주 월요일에 배달(월요일이 공휴일인 경우 다음 영업일)하는 일간신문 서비스로, 신문사가 토요일 신문을 월요일 신문과 함께 봉함하여 발송하려 할 때에 봉함을 허용하고 요금은 각각 적용한다.
10	요금별납	동일인이 동시에 우편물의 종류, 중량, 우편요금 등이 동일하나 우편물을 다량으로 발송할 경우에 개개의 우편물에 우표를 첨부하여 요금을 납부하는 대신 우편물 표면에 '요금별납'의 표시만을 하고 요금은 일괄하여 현금(신용카드 결제 등 포함)으로 별도 납부하는 제도이다. 관할 지방우정청장이 지정하는 우체국(취급국포함)에서만 취급이 가능하다. 고객은 우표를 붙이는 수고를 줄일 수 있고, 우체국은 소인 절차의 생략이 가능하여 편리한 제도이다. 우편물을 종별·중량·우편요금 등이 같으며 동일인이 동시에 발송해야 한다. 통상우편물과 소포우편물 모두 접수가 가능하나 10통 이상이 되어야 한다. 동일한 10통 이상의 우편물에 중량이 다른 1통의 우편물이 추가될 경우 별납으로 접수가 가능하다.
12	전자우편 서비스	전자우편은 고객(정부, 지자체, 기업체, 개인 등)이 우편물의 내용문과 발송인·수신인 정보(주소·성명 등)를 전산매체에 저장하여 우체국에 접수하거나 인터넷 우체국을 이용하여 신청하면 내용문 출력과 봉투제작 등 우편물 제작에서 배달까지 전 과정을 우체국이 대신하여 주는 서비스이다. 편지, 안내문, DM우편물을 빠르고 편리하게 보낼 수 있다.
13	인터넷우표	고객이 인터넷우체국을 통하여 우편물에 해당하는 요금을 지불하고 본인의 프린터에서 직접 우표를 출력하여 사용하는 서비스를 말한다. 위조, 변조 방지를 위하여 수위인 주소가 함께 적혀 있어야 한다.

14 **우편물 배달흐름**

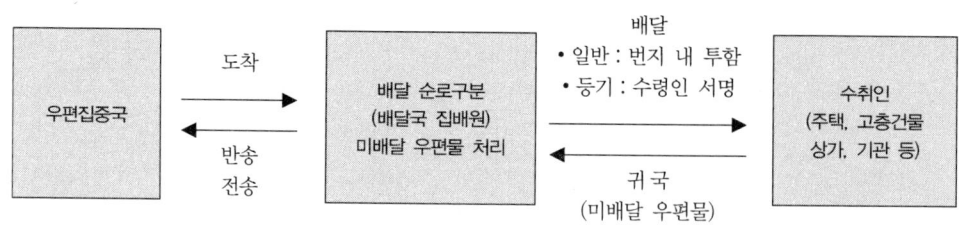

15 **우편물 처리과정**

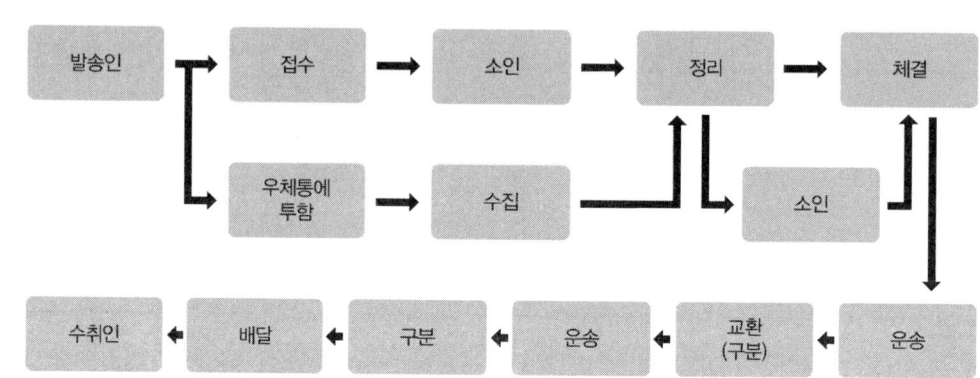

16 **집배**

집배국에서 근무하는 집배원이 우체통에 투입된 우편물을 지정한 시간에 수집하고, 우편물에 표기된 수취인(반송하는 경우에는 발송인)의 주소지로 배달하는 우편서비스를 말한다.

17 **집배코드**

우편물의 구분·운송·배달에 필요한 구분정보를 가독성이 높은 단순한 문자와 숫자로 표기한 것을 말한다. 총 9자리로 도착집중국 2자리, 배달국 3자리, 집배팀 2자리, 집배구 2자리로 구성된다. 도착집중국 2자리와 배달국 3자리는 기본값으로 확정이 되어있으나 집배팀 2자리와 집배구 2자리는 배달국에서 배달환경에 맞게 부여할 수 있게 되어 있으며 탄력적으로 운용이 가능하다. 집배코드의 집배구 부여는 단순히 집배원 당 하나의 집배구를 부여하는 것이 아니며, 배달환경에 따라 1명의 집배원에 여러 개의 집배구를 할당하거나 배달단위별로 부여하는 것도 가능하다.

18	**통관국**	「관세법」 제256조에 따라 관세청장이 지정한 우체국으로서, 세관 공무원이 주재하거나 파견되어 국제우편물의 수출입에 관한 세관검사를 실시하는 우체국. 현재 국제우편물류센터, 부산국제우체국, 인천해상교환우체국 세 곳이 있다.
19	**통상국**	국제우편물의 접수와 배달 업무를 수행하는 일반우체국으로, 국제우편물류센터와 부산국제우체국은 통상국의 업무를 수행하나 인천해상교환우체국은 통상국 업무를 하지 않는다.
20	**HS코드** (Harmonized Commodity Description and Coding System)	수출입 물품에 대해 HS협약에 의해 부여되는 품목분류 코드로, 품목분류는 전 세계에서 거래되는 각종 물품을 세계관세기구(WCO)가 정한 국제통일 상품분류체계(HS)에 의거 하나의 품목번호에 분류하는 것이다. 상품분류체계의 통일을 기하여 국제무역을 원활히 하고 관세율 적용의 일관성을 유지하는 역할을 한다. 6자리까지는 국제적으로 공통으로 사용하는 코드이며, 7자리부터는 각 나라에서 6자리 소호의 범위 내에서 이를 세분화하여 10자리까지 사용한다. 우리나라에서는 10자리까지 사용하며 이를 HSK(HS of Korea)라 지칭(EU는 8, 일본은 9자리 사용)한다.
21	**국가기초구역제도**	① 「도로명주소법」 제2조(정의) : '국가기초구역'이란 도로명주소를 기반으로 국토를 읍·면·동의 면적보다 작게 일정한 경계를 정하여 나눈 구역을 말한다. ② 「도로명주소법」 제19조(도로명주소 등의 효력) : 제18조 제3항(도로명주소의 고지 등)에 따라 고시된 구역번호는 특별한 사유가 없는 한 통계구역, 우편구역, 관할구역 등 다른 법률에 따라 일반에 공표하는 각종 구역의 기본단위로 한다.
22	**안심소포**	고가의 상품 등 등기소포우편물을 대상으로 하며, 손해가 생기면 해당 보험가액을 배상 하여 주는 부가취급제도로, 안심소포는 보험가액 한도 내에서 실 손해액을 배상한다(안심소포가 제한되는 전자 제품은 분실의 경우만 청구·배상 가능).

23	**내용증명**	발송인이 수취인에게 어떤 내용의 문서를 언제 발송하였다는 사실을 우편관서가 공적으로 증명해 주는 우편서비스이다. 내용증명제도는 개인끼리 채권·채무의 이행 등 권리의무의 득실 변경에 관하여 발송 되는 우편물의 문서내용을 후일의 증거로 남길 필요가 있을 경우와 채무자에게 채무의 이행 등을 최고(催告)하기 위하여 주로 이용되는 제도이다. 우편관서는 내용과 발송 사실만을 증명할 뿐, 그 사실만으로 법적 효력이 발생되는 것은 아님에 주의해야 한다.
24	**배달증명**	수취인에게 우편물을 배달하거나 교부한 경우 그 사실을 배달우체국에서 증명하여 발송인에게 통지하는 부가취급 우편 서비스이다. 배달증명은 등기우편물을 발송할 때에 청구하는 발송 때의 배달증명과 등기우편물을 발송한 후에 필요에 따라 사후에 청구하는 발송 후의 배달증명으로 구분할 수 있다.
25	**특별송달**	특별송달은 다른 법령에 따라 「민사소송법」이 정하는 방법으로 송달하여야 하는 서류를 내용으로 하는 등기통상 우편물을 송달하고 그 송달의 사실을 우편송달 통지서로 발송인 에게 알려주는 부가취급 서비스이다.
26	**요금수취인부담**	배달우체국장(계약등기와 등기소포는 접수우체국장)과의 계약을 통해 그 우편요금을 발송인에게 부담시키지 않고 수취인 자신이 부담 하는 제도이다.
27	**우편사서함**	신청인이 우체국장과 계약을 하여 우체국에 설치된 우편함에서 우편물을 직접 찾아가는 서비스이다. 우편물을 다량으로 받는 고객이 우편물을 수시로 찾아갈 수 있으며, 수취인 주거지나 주소변경에 관계없이 이용할 수 있는 장점이 있다.
28	**발착업무**	접수된 우편물을 행선지별로 구분하여 발송하거나, 배달할 우편물을 배달국 집배원별 또는 팀별로 구분하여 넘겨주는 작업을 말하며, 그 처리과정은 분류, 정리, 구분, 발송, 도착 작업으로 구성된다.
29	**국명표**	우편용기의 도착/발송국번호, 용기종류, 서비스종류, 우편물형태 등 해당 운반차(운반대) 나 운송용기 등의 운송에 관한 사항이 기재된 표지이다.

| 30 | 정기운송 | 우편물의 안정적인 운송을 위하여 관할 지방우정청장이 운송구간, 수수국, 수수시각, 차량톤수 등을 우편물 운송방법 지정서에 지정하고 정기운송을 시행한다. |

| 31 | 임시운송 | 우편물의 증감에 따라 정기운송편 이외의 방법으로 운송하는 것으로, 정기운송편에 발송한 후 잔량이 있을 것으로 예상이 되면 정기운송편 증차 또는 거리연장 하는 등 정기편을 변경하여 운송한다. |

| 32 | 특별운송 | 우편물의 일시적인 폭증과 교통의 장애 등 그 밖의 특별한 사정이 있다고 인정되는 경우에는 우편물의 원활한 송달을 위하여 전세차량·선박·항공기 등을 이용하여 운송한다. |

| 33 | 수취인 | 우편물을 받는 사람으로, 우편 송달계약의 수혜자이다. |

| 34 | 수령인 | 우편물 표면에 표시된 주소지에 있는 수취인 또는 그 외의 수취인에 준하는 사람이다. |

| 35 | 미배달 우편물 | 우편물을 배달할 때 수취인 부재, 주소·이사불명, 수취거절 등으로 그날에 배달하지 못하고 재배달, 전송, 반송, 반송불능 등으로 처리되는 우편물이다. |

| 36 | 만국우편연합 (UPU : Universal Postal Union) | 1868년 북부독일연방의 우정청장인 하인리히 본 스테판이 문명국가 사이에 우편연합의 구성을 제안했고, 일반우편연합이 창설되었으며 1878년의 제2차 파리총회에서 만국우편연합이라 개명 되었다. 전 세계 사람들 사이의 통신을 증진하기 위하여 효율적이고 편리한 보편적 우편서비스의 지속적인 발전을 촉진한다. 우리나라는 1897년 제5차 워싱턴 총회에 참석하여 가입신청서 제출하였으며 1900년 1월 1일에 '대한제국' 국호로 정식 가입하였다. 1922년 일본이 '조선'으로 개칭하였으나 1949년 '대한민국' 국호로 회원국 자격 회복하였고, 북한은 1974년 6월 6일에 로잔느 총회에서 가입하였다. |

37	아시아 · 태평양 우편연합(APPU : Asian-Pacific Postal Union)	한국과 필리핀이 공동 제의하여 1961년 1월 23일 마닐라에서 한국, 태국, 대만, 필리핀 4개국이 협약에 서명함으로써 창설하였다. 대만은 UN 및 UPU의 회원 자격이 중국으로 대체됨에 따라 1974년에 이 연합의 회원자격도 중국이 대체한다. 사무국은 태국 방콕에 소재하고 있으며 현재 회원국은 32개국이다. 지역우편연합의 구성을 허용하고 있는 UPU 헌장 제8조에 따라, 지역 내 각 회원국 간의 우편관계를 확장 · 촉진 · 개선하고 우편업무 분야에서 국제협력을 증진하는 것이 목적이다.
38	카할라 우정연합	아시아 · 태평양 연안 지역 내 6개 우정당국(한국, 미국, 일본, 중국, 호주, 홍콩)이 국제특송시장에서의 주도권 확보 및 국제특급우편(EMS) 경쟁력 향상을 목적으로 2002년 6월에 결성하여 회원국을 유럽까지 확대하고 있다. 사무국은 홍콩에 소재하고 있으며, 회원국은 10개국이 가입되어 있다.
39	K-Packet	「국제우편규정」 제3조, 제9조에 따라 과학기술정보통신부장관이 고시한 국제 우편서비스이다. 'K'는 'Korea'를 뜻하며, 중국은 e-Packet, 일본은 e-small packet, 싱가포르는 e-pak, 홍콩은 e-express이다. EMS와 같은 선택적우편서비스이며, 소형물품(2kg 이하)의 해외배송에 적합 한 서비스이다. 'L'로 시작하는 등기번호를 사용하며, 1회 배달 성공률 향상을 위해 수취인 서명 없이 배달(국내우편 준등기와 유사)한다.
40	배달통지	우편물 접수 시 발송인의 청구에 따라 우편물을 수취인에게 배달하고 수취인에게서 수령 확인을 받아 발송인에게 알려주는 제도이며, 국내우편의 배달 증명과 유사한 서비스이다.
41	국제회신우표권	수취인에게 회신요금의 부담을 지우지 아니하고 외국으로부터 회답을 받는 데 편리한 제도이다. 국제회신우표권은 UPU 총회가 개최되는 매 4년마다 총회 개최지명으로 국제회신우표권을 발행하며(4년마다 디자인 변경) 국제회신우표권의 유효기간은 앞면 우측과 뒷면 하단에 표시한다. 만국우편연합 국제사무국에서 발행하며 각 회원국에서 판매하는데, 우리나라에서는 1매당 1,450원에 판매하고 있다. 국제회신우표권 1장은 그 나라에서 외국으로 발송되는 항공보통서장 최저 요금의 우표와 교환한다.

42	국제우편스마트접수	고객이 PC 또는 스마트폰으로 인터넷우체국(또는 우체국 앱)에 발송정보(발송인·수취인 주소, 성명, 통관정보 등)를 사전 입력, 우체국에서는 입력한 발송정보를 포스트넷 시스템과 연계하여 주소기표지를 출력 및 접수한다.
43	행방조사청구제도	발송인이나 수취인의 청구에 따라 국제우편물의 행방을 추적 조사하고 그 결과를 청구자에게 알려주는 제도이다. 조사결과 우편관서에서 취급하던 중 일어난 사고로 판명되고 해당 우편물이 손해배상 대상이 되는 경우에는 발송인이나 수취인의 청구에 따라 손해배상 실시한다. 단순 행방조사는 발송인이 직접 인터넷우체국 등을 통해 쉽게 할 수 있으나, 우편관서에 청구하는 행방조사는 대부분 손해배상문제와 직결되므로 정확하고 신속히 처리가 필요하다.
44	행방조사청구제도	발송인이나 수취인의 청구에 따라 국제우편물의 행방을 추적 조사하고 그 결과를 청구자에게 알려주는 제도이다. 조사결과 우편관서에서 취급하던 중 일어난 사고로 판명되고 해당 우편물이 손해배상 대상이 되는 경우에는 발송인이나 수취인의 청구에 따라 손해배상 실시한다. 단순 행방조사는 발송인이 직접 인터넷우체국 등을 통해 쉽게 할 수 있으나, 우편관서에 청구하는 행방조사는 대부분 손해배상문제와 직결되므로 정확하고 신속히 처리가 필요하다.
45	스마트 우편함	모바일 앱을 사용해 배달원이나 수취인이 대면하지 않고도 보안 걱정 없이 우편물을 관리하는 솔루션이다. 즉 통신이 연동되는 전자식 우편 수취함으로 택배를 포함한 소형소포나 등기우편물 등을 직접적인 대면 접촉 없이 안전하게 주고받을 수 있다. 스마트우편함은 '사물인터넷 장치(OTP생성·인증, 근거리통신), 스마트폰(앱, 근거리통신), 보안인증서버(OTP인증·생성)'를 연계하는 방식입니다. 양방향 OTP 보안인증을 통해 스마트우편함의 스마트 잠금장치를 안전하고 편리하게 원격 제어할 수 있다. 또한, 아파트·오피스텔·빌라·단독주택 등 어떤 형태의 건물이든 적용 설치가 가능하다.
46	전자등기	종이 서류를 대신하는 공인인증 전자문서 송·수신 서비스다. 우체국이 공인된 증명을 해주기 때문에 법적 증거로도 사용 가능하다. 보통은 기업·기관·민원 업무 또는 계약서 등을 주고받을 때 사용되며 전자우편 서비스와는 다르게 처음부터 끝까지 전자로 송·수신된다.

PART 03
우리나라 주소

1. 우리나라 주소체계
2. 우리나라 주소 영문 표기
3. 우리나라 주소 한문 표기

01 우리나라 주소 체계

#도로명 주소 #부여방법 #입체주소 #사물주소

01 도로명 주소

(1) 개념

부여된 도로명, 기초번호, 건물 번호, 상세주소에 의하여 건물의 주소를 표기하는 방식이다. 도로에는 도로명을, 건물에는 도로에 따라 규칙적으로 건물 번호를 부여하여 도로명 + 건물 번호 및 상세주소(동번호·층수·호수)로 표기하는 주소제도이다.

(2) 상세주소

도로명 주소의 건물번호 뒤에 표시되는 동/층/호 정보를 의미한다. 원룸, 다가구주택, 단독주택 중에서 2가구 이상 거주주택, 일반상가, 업무용 빌딩 등을 임대하고 있는 건물에 부과한다.

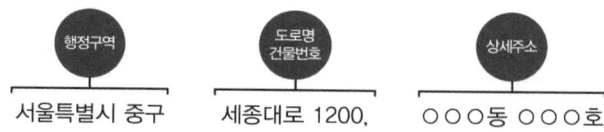

(3) 도로명 주소 도입 이유

① 건물 내에 정확한 위치를 안내하여 우편물이나 택배 등의 전달과 수취가 정확하게 하기 위함이다.

② 응급상황이 발생한 경우 신속하게 대응이 가능하다.

③ 세계적으로 보편화된 도로명 주소를 사용함으로써 국가 경쟁력이 높아진다.

④ 물류비 절감 등 사회·경제적 비용이 줄어든다.

02 지번과 도로명 주소 비교

구분	지번	도로명주소
구성	동, 리 + 지번 → 토지 중심	도로명 + 건물 번호 → 건물 중심
주된 용도	토지관리(토지번호) → 토지표시(재산권보호)	위치이동(건물 번호) → 주소표시(위치안내)

03 도로명 주소 표기방법

지번	→	도로명주소
시/도, 시/군/구, 읍/면	동일	시/도, 시/군/구, 읍/면
동/리 지번	변경	도로명 건물번호
공동주택명 동/층/호	유사	동/층/호

① 시/도 + 시/군/구 + 도로명 + 건물 번호 + 상세주소(동/층/호) + (참고항목)

※ 참고항목 = 법정동, 공동주택 명칭

구분	주소 예시
단독주택	서울특별시 서초구 반포대로 23길 6(서초동)
업무용 빌딩	서울특별시 종로구 세종대로 209, 1403호(세종로)
공동주택	서울특별시 영등포구 여의나루로 5, 505동 1402호(여의도동, 여의도 아파트)

② 도로명은 붙여 쓴다.
   예 국회대로∨62길 (×) → 국회대로62길 (○)

③ 도로명과 건물 번호 사이는 띄어 쓴다.
   예 국회대로62길9 (×) → 국회대로62길∨9 (○)

④ 건물 번호와 동/층/호 사이에는 쉼표(,)를 사용한다.
   예 삭주로 89 201동 101호 (×) → 삭주로 89, 201동 101호 (○)

04 도로명 주소 부여방법

(1) 도로명

도로구간마다 부여한 이름으로 주된 명사에 도로별 구분기준인 대로·로·길을 붙여서 부여한다.

'길'은 '로'보다 좁은 도로를 의미하며, '로'는 2차로에서 7차로까지를 의미한다. '대로'는 8차로 이상의 도로를 의미한다.

(2) 건물번호

도로시작점에서 20m 간격으로 왼쪽은 홀수, 오른쪽은 짝수를 부여한다.

(3) 도로구간 설정

직진성·연속성을 고려하여 서쪽에서 동쪽, 남쪽에서 북쪽 방향으로 설정한다.

(4) 건물 번호 부여

주된 출입구에 인접한 도로의 기초번호 사용을 원칙으로 한다. 이때, 건물 번호 부여 대상은 생활의 근거가 되는 건물이다.

05 도로명 부여방법

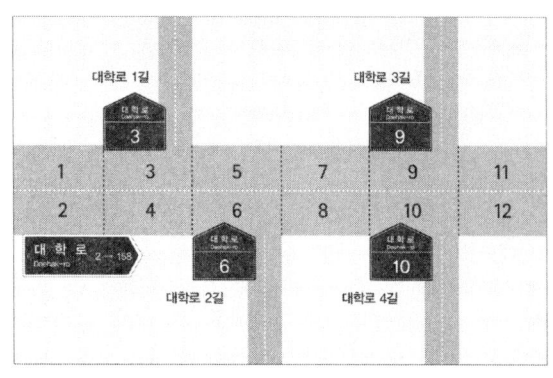

① 일련번호 부여방식

대로/로의 도로명＋일련번호＋길

'대로/로'에서 분기되는 '길'에 분기되는 지점의 일련번호를 이용하여 도로명을 부여한다.

② 기초번호 부여방식

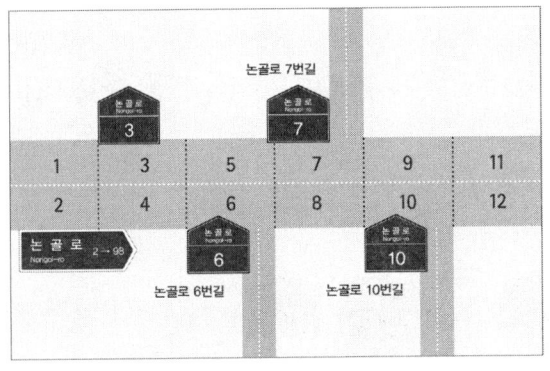

> 대로/로의 도로명＋기초번호＋길

'대로/로'에서 분기되는 '길'에 분기되는 지점의 기초번호를 이용하여 도로명을 부여한다.

③ 그 외 숫자방식

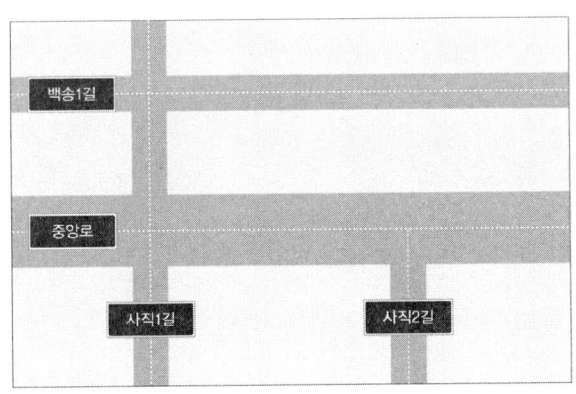

> 사직1길, 사직2길, 백송1길

일정지역의 '로/길'에서 지역특성에 맞는 일련번호를 이용하여 도로명을 부여한다.

④ 추가로 분기되는 경우

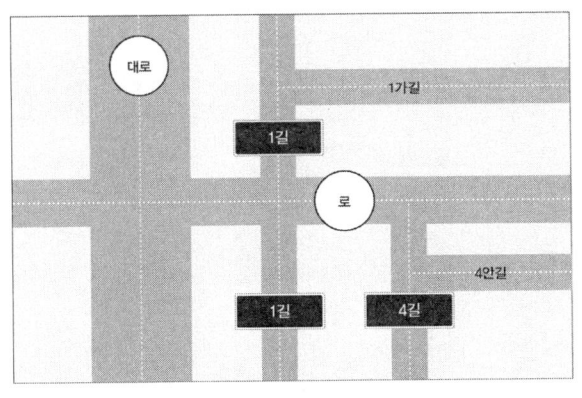

> ○○로3가길, ○○로3나길…

기초번호방식 또는 일련번호방식의 '길'에서 추가로 분기되는 '길'에 가, 나, 다 순으로 추가하여 도로명을 부여한다.

06 건물 번호 부여방법

2개의 도로에 출입구가 접한 경우 큰 도로의 출입구를 기준으로 하여 건물 번호를 부여한다. 단, 건물 소유자 등이 원하는 경우 달리할 수 있다.

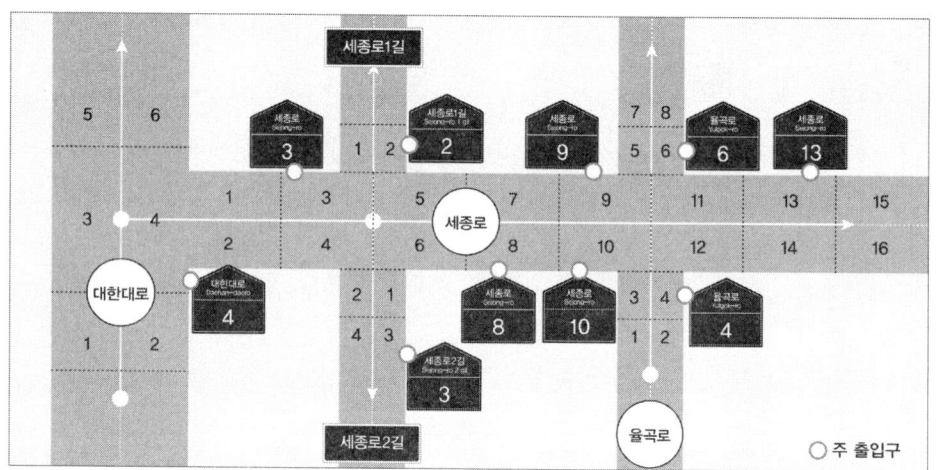

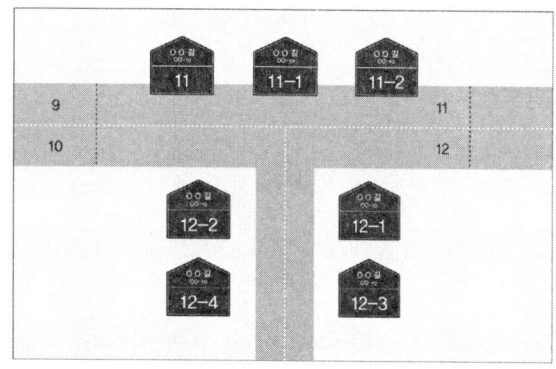

① 부번의 사용
- 하나의 구간에 여러 개의 건물이 있는 경우
- 하나의 구간에 종속구간이 있는 경우

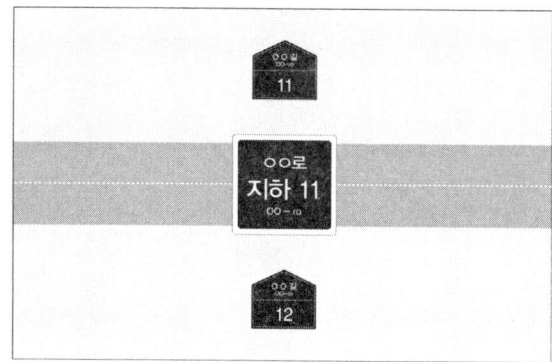

② 지하의 사용
　도로에 위치한 지하상가는 건물 번호 앞에 '지하'를 함께 표기한다.

07 상세주소(동/층/호) 부여방법

상세주소는 도로명주소의 건물 번호 뒤에 표시되는 동/층/호 정보로, 원룸·다가구주택·단독주택 중 2가구 이상 거주주택, 일반상가, 업무용 빌딩 등 임대하고 있는 건물에 부과한다. 건물 내 정확한 위치를 안내할 수 있어 우편물·택배 등의 전달 및 수취가 정확하게 이루어질 수 있으며 응급상황 발생 시에 신속한 대응이 가능하다.

(1) 동 번호

아라비아 숫자를 일련번호로 부여하거나 한글을 이용한다. 주 출입구를 기준으로 시계 반대방향으로 부여하는 것을 권장하고 '→'는 주된 진입방향을 의미한다.

예) 101동, 102동, 103동, … / 가동, 나동, 다동, …

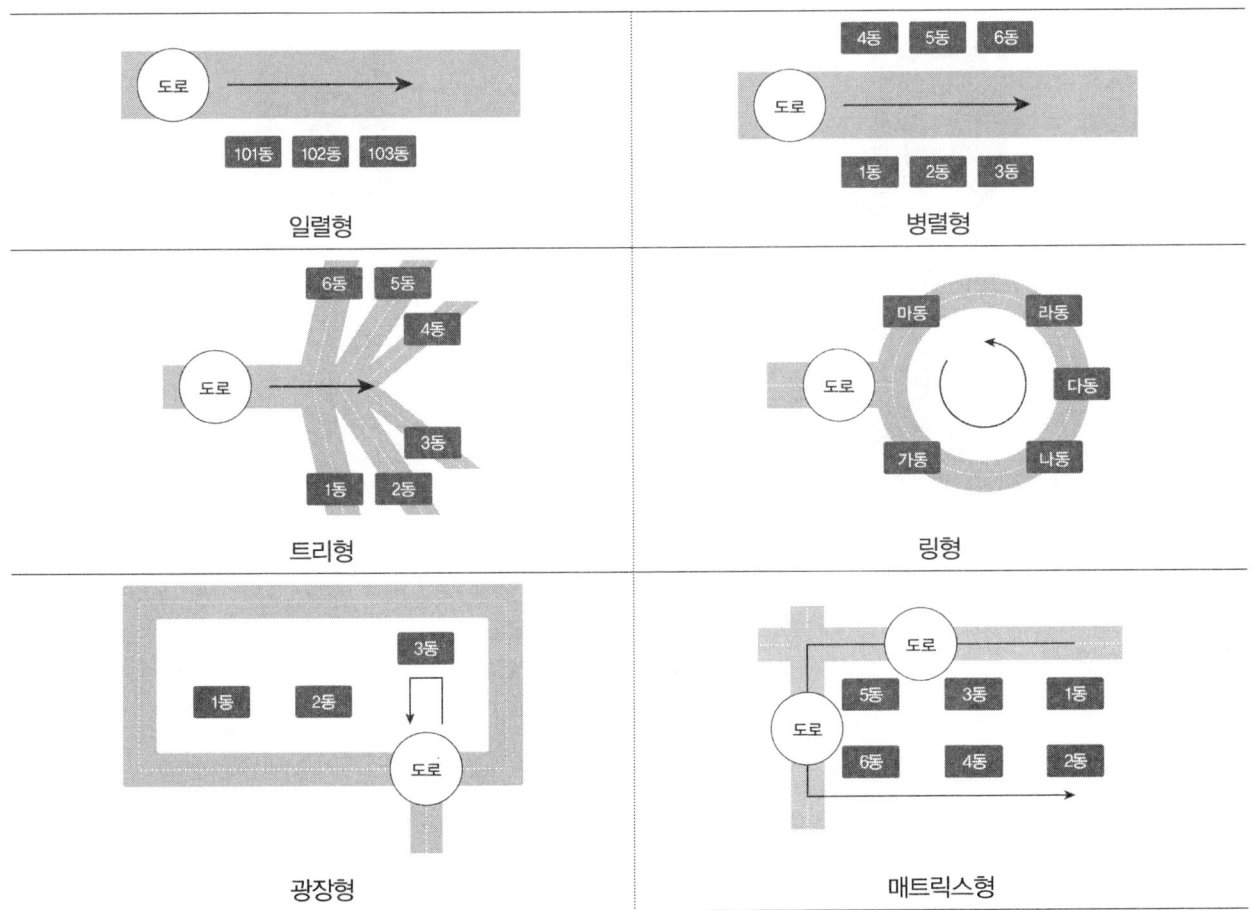

(2) **층수**

지표면을 기준으로 지상은 일련번호, 지하층은 '지하'를 붙여 표기(지하층이 1개인 경우, 지하 1층은 '지하층'으로 표기)한다. 화살표는 주된 진입방향을 의미한다. M은 주층(Main), L은 로비(Lobby), G는 주차장(Garage)을 의미한다.

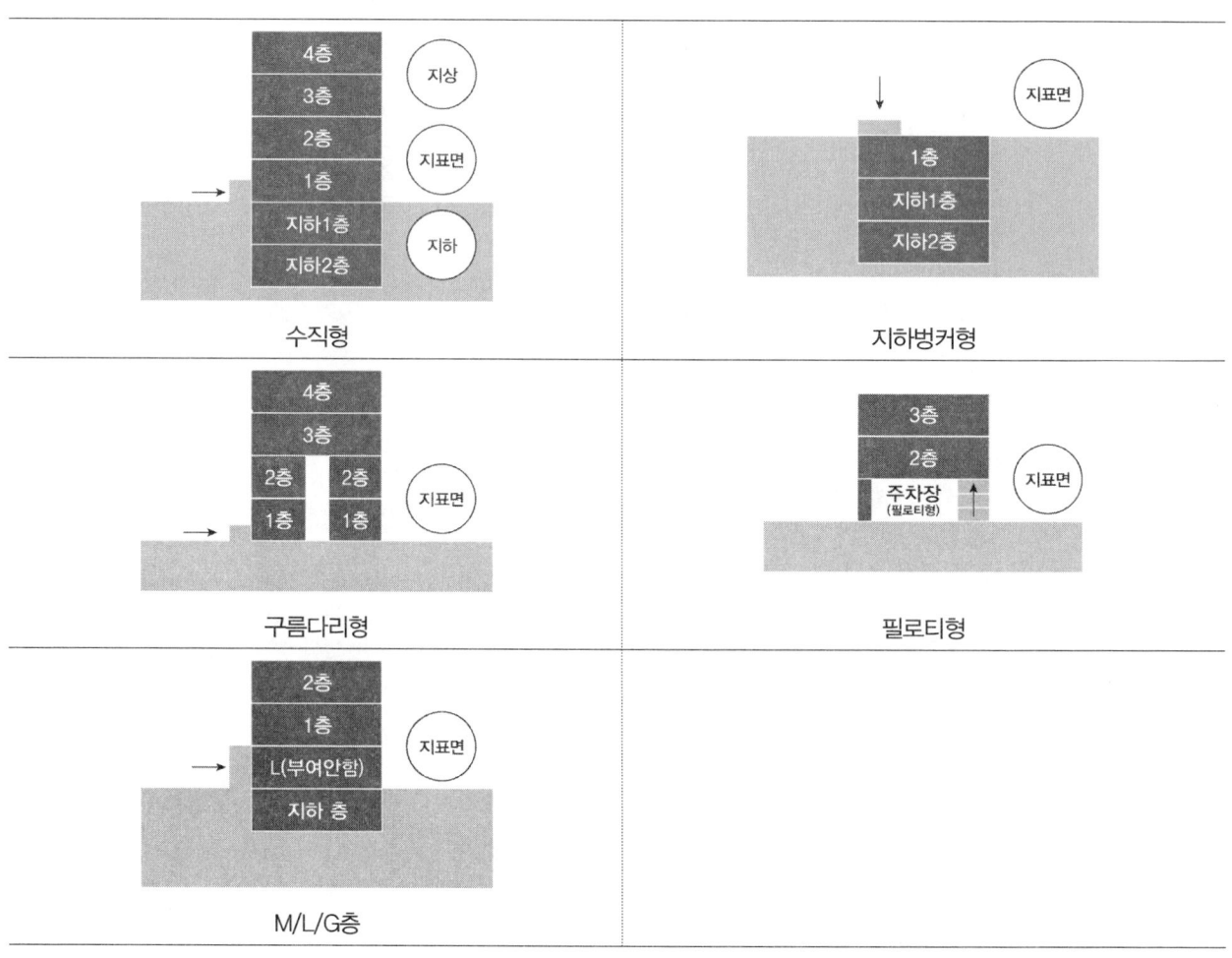

(3) 호수

아라비아 숫자를 순차적으로 사용한다. 주 출입구를 기준으로 시계 반대방향으로 부여하는 것을 권장하며, '-'는 주된 진행방향을 의미한다.

예) 101호, 102호, … / 1호, 2호, … / 지하 1호, 지하 2호, … / 지하 101호, 지하 102호, …

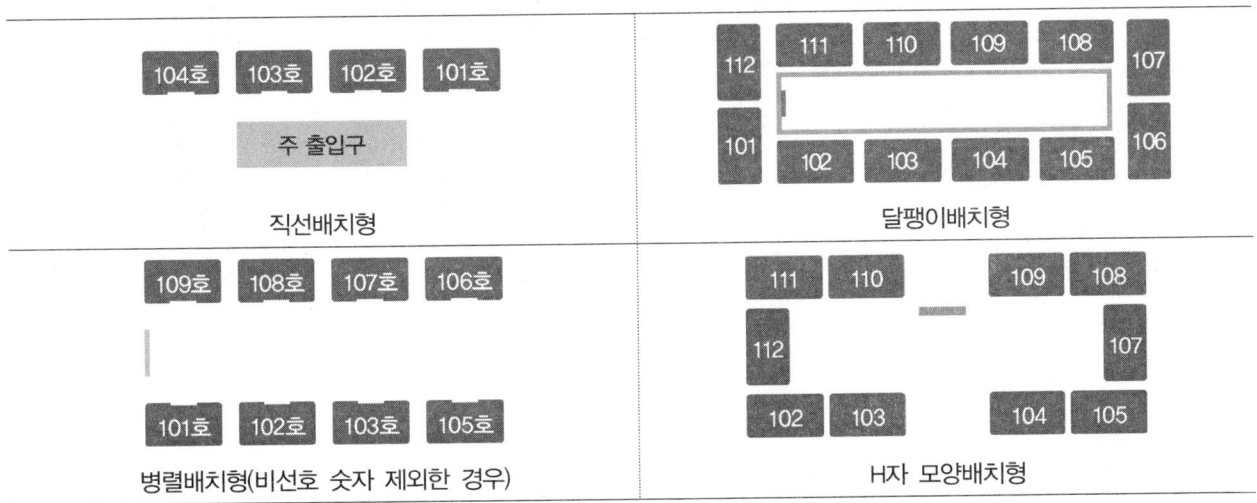

08 주소정보시설 보는 방법

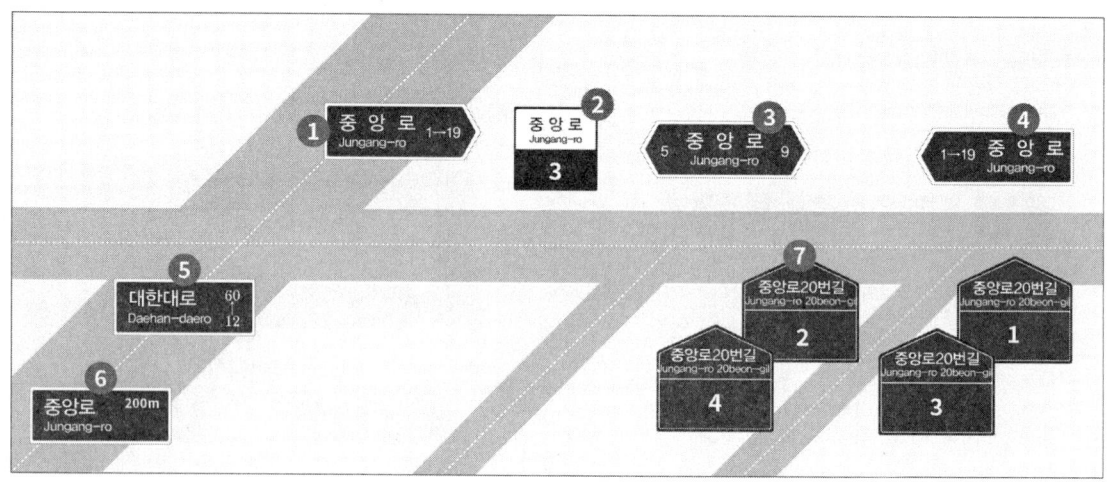

①		한 방향용 도로명판 (시작지점)	도로시작지점 '1'(→) 방향으로 '중앙로 19'까지 있다. 도로명과 기초번호를 안내한다.
②		기초번호판	도로명, 기초번호로 구성된다. 현 위치는 '중앙로 3'이다.
③		양방향용 도로명판 (교차 지점)	교차로에 설치한다. 왼쪽(←)은 '5' 이하, 오른쪽(→)은 '9' 이상의 건물이 있다.
④		한 방향용 도로명판 (끝 지점)	현 위치는 도로 끝 지점 '19'이다. (←) 방향으로 '중앙로 1'까지 있다.
⑤		앞쪽 방향용 도로명판 (진행 방향)	현 위치는 '대한대로'의 12번 지점이다. 도로 끝점은 60번이다.
⑥		예고용 도로명판	현 위치에서 200m 전방에 중앙로가 있다.
⑦		건물번호판	도로명과 건물번호로 구성된다.

(1) 건물번호판

일반용	
세종대로 Sejong-daero 209	중앙로 35 Jungang-ro
관공서용	문화재 – 관광지용
262 중앙로	24 보성길 Boseong-gil

(2) 도로명판

앞쪽 방향용(진행방향)	양방향용(교차지점)
방배로 71↑1 bangbae-ro	54 방배로 58 Bangbae-ro
한 방향용(기점)	한 방향용(종점)
방배로 1→71 Bangbae-ro	1←71 방배로 Bangbae-ro
시작 지점	끝 지점
강남대로 1→699 Gangnam-daero	1←65 대정로23번길 Daejeong-ro 23beon-gil

강남대로	넓은 길, 시작시점을 의미한다.	대정로23번길	'대정로' 시작지점에서부터 약 230m 지점에서 왼쪽으로 분기된 도로임을 의미한다.
1→	현 위치는 도로 시작점 '1'이다.	←65	현 위치는 도로 끝 지점 '65'이다.
1→699	강남대로는 6.99km(= 699 × 10m)이다.	1→65	이 도로는 650m(=65 × 10m)이다.

교차 지점			진행 방향	
	중앙로 92 Jungang-ro 96			사임당로 250 ㅣ Saimdang-ro 92
중앙로	전방 교차 도로는 '중앙로'이다.		사임당로	중간지점을 의미한다.
92	좌측으로 92번 이하에 건물이 위치함을 의미한다.		92 →	현 위치는 도로상의 92번임을 의미한다.
96	우측으로 96번 이상에 건물이 위치함을 의미한다.		92 → 250	남은 거리는 1.5km = (250 − 92) × 10m이다.
기초번호판			예고용 도로명판	
	종로 Jong-ro 2345			종로 200m Jong-ro
종로	도로명		종로	현 위치에서 다음에 나타날 도로는 '종로'임을 의미한다.
2345	기초번호		200m	현 위치로부터 전방 200m에 예고한 도로가 있다.

09 도로명주소로 지도 읽는 방법

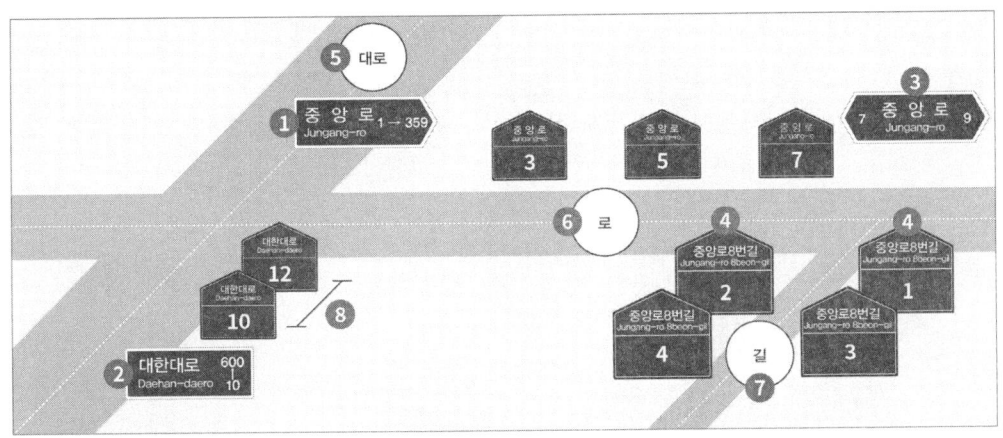

①	중앙로 1→359	현 위치는 '중앙로'의 도로시작지점 '1'부터 (→) 방향으로 '중앙로 359'까지 도로명주소가 부여된다.
②	대한대로 600↑10	현 위치는 '대한대로'의 중간지점 '10'부터 (↑) 방향으로 '대한대로 600'까지 있다.
③	7 중앙로 9	교차로에 설치되며 왼쪽(←)은 '7' 이하 오른쪽은 '9' 이상의 건물들이 있다.
④	중앙로8번길 2 / 중앙로8번길 1	'중앙로'를 기점으로 왼쪽은 홀수, 오른쪽은 짝수이다.
⑤	대로	8차로 이상의 도로이다.
⑥	로	2차로에서 7차로까지의 도로이다.
⑦	길	'로'보다 좁은 도로이다.
⑧	대한대로 12 / 대한대로 10	건물사이 간격은 약 20m라는 의미이다.

10 기타 주소

(1) 입체주소

도로명 부여 대상 도로가 지상도로에서 입체도로(고가도로, 지하도로), 내부도로(건물, 구조물 안 통로)로 확대되었다.

① 정의
  ㉠ 입체도로 : 공중이나 지하에 설치된 도로 및 통로를 의미한다. 고가도로는 공중에 설치된 도로 및 통로이고 지하도로는 지하에 설치된 도로 및 통로이다.
  ㉡ 내부도로 : 건물 또는 구조물 내부에 설치된 도로 및 통로를 의미한다. 건물 내부에 설치된 도로 및 통로 또는 건물이 아닌 구조물 내부에 설치된 도로 및 통로를 의미한다.

구분	종전		개선
도로명 대상 도로	지상도로(지표면)	→	지상도로(지표면)
	-		입체도로(고가도로, 지하도로)
	-		내부도로(건물/구조물 안 통로)

② 입체도로 등의 도로명 부여방법 : 도로명을 부여하는 도로를 지상도로 외에 입체도로와 내부도로로 확대한다. 지상도로의 도로명은 현재와 같이 '대로, 로, 길'을 부여하지만 입체도로와 내부도로는 각각의 도로 유형과 장소를 나타내는 명칭을 포함하여 부여한다.

예 서울특별시 송파구잠실역중앙통로 110

구분	도로명판
고가도로	세종고가도로 1 → 205 Sejeonggogkdoro
지상건물	세종로 Sejeongro 153
지하도로	세종지하도로 1 → 231 Sejeongjihadoro

③ 행정구역 미결정 지역에서의 도로명 표기 방법
  ㉠ 새만금 등 행정구역이 미결정된 지역에서는 도로명주소를 사용할 때 행정구역 명칭을 대신하여 "사업지역 명칭"을 사용한다.
  ㉡ 행정구역이 결정된 이후에는 해당 시/도와 시/군/구의 명칭으로 변경하여 사용한다.
  예 전라북도 새만금지구 새만금중앙대로3을 사용하다가 행정구역이 결정된후에는 전라북도 ㅇㅇ시(군) 새만금중앙대로3으로 전환한다.

④ 도로명판 종류
  ㉠ 한방향용/양방향용/앞쪽방향용/예고용

한방향용		양방향용	
벽면 부착형	천장 부착형	벽면 부착형	천장 부착형
잠실역중앙통로 2→64	잠실역중앙통로 2→64	잠실역중앙통로 7	3 잠실역중앙통로 3←→7

앞쪽방향용		예고용	
벽면 부착형	천장 부착형	벽면 부착형	천장 부착형
잠실역중앙통로 2↑264	잠실역중앙통로 222↑264	잠실역중앙통로 ↘	잠실역중앙통로 내려가는 곳 ↘

터널, 지하도로 등의 기초번호판의 구조	내부도로 기초번호판 구조		
	일반용	둥근 기둥용	각진 기둥용
생거진천로 Saenggeojincheon-ro 778 진천터널(상행) 구조요청 119 / 병화신고 112	잠실역중앙통로 112 긴급구조 위치정보	잠실역 주차장 12	잠실역 주차장 12

건물번호판의 구조		사물주소판의 구조	
벽면 부착형	천장 부착형	벽면 부착형	천장 부착형
잠실역중앙통로 112	잠실역중앙통로 112	잠실역중앙통로 87 공중전화부스	잠실역중앙통로 87 공중전화부스

⑤ **특징** : 새로운 도로명주소법으로 개정되면서 생겨난 주소이다. 재난이나 위급상황에도 신속한 구조·구급 활동이 가능해지며 드론배송, 자율주행자동차, 사물인터넷, 실내 내비게이션, 자율주행로봇 배달 등에 다방면으로 사용되는 기반이 될 것으로 예상된다.

(2) 사물주소

① 정의 : 주소부여가 어려운 곳에 도로명과 기초번호(전신주 등에 표시)를 이용하여 사물에 주소를 부여한 것이다. 안전사고가 발생하면 신속하게 대응하고 내비게이션 등에서 안내체계를 마련하기 위한 것이다.

② 사물주소 표기

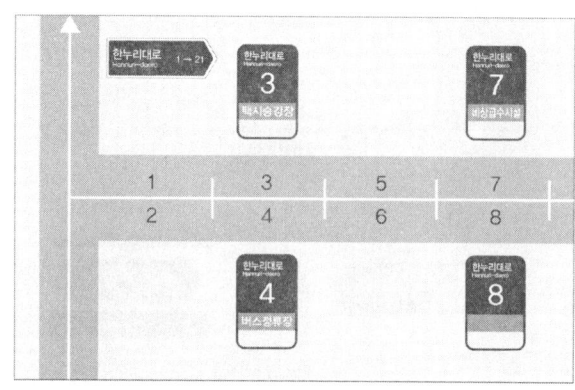 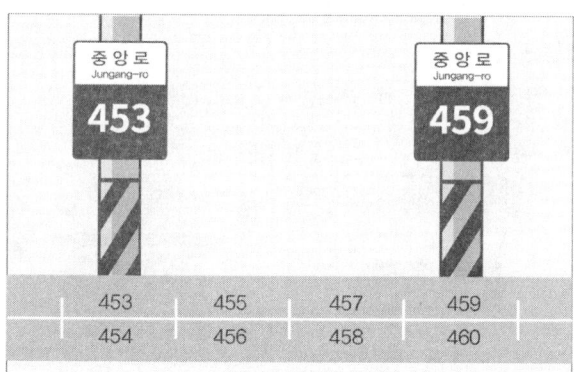

㉠ 시설물(시설 및 장소, 이하 '시설물')이 건물 등의 밖에 있는 경우 : 행정구역명 + 도로명 + 사물번호 + 사물유형명

㉡ 시설물이 건물 등의 안에 있는 경우 : 행정구역명 + 도로명 + 건물번호 + 쉼표(,) + 사물번호 + 사물유형명

④ 사물·공간주소 정보 시설 유형

㉠ 육교승강기 : 도로와 육교 사이에 이동을 위해 설치한 승강기이다. 육교승강기의 형상을 면형으로 표시하여 승강기 출입구가 중심점이다.

㉡ 둔치 주차장 : 하천의 둔치에 설치된 노외 주차장으로 둔치주차장의 주차면과 차량 이동이 가능한 범위를 포함한 경계를 면형으로 표시하여 도로와 연결된 출입구가 중심점이다.

㉢ 지진옥외 대피장소 : 긴급대피 목적으로 만들어진 곳으로 건물의 옹벽 담장 등의 시설을 제외한 대피장소(공터 등)의 경계를 면형으로 표시한다. 출입구가 있다면 도로와 연결된 출입구의 중심점, 출입구가 없이 개방된 경우 다중의 접근이 편리한 통행로가 중심점이다.

㉣ 버스정류장 : 버스정류장의 안내표지 또는 승차대의 중심점을 점형으로 표시하여 버스정류장 안내표지 또는 승차대가 중심점이다.

㉤ 택시승강장 : 택시운송사업용 자동차가 승객을 승하차 시키거나 태우기 위한 곳으로 택시승강장 안내표지나 승차대의 중심점을 점형으로 표시하고 택시승강장 안내표지 또는 승차대가 중심점이다.

㉥ 졸음쉼터 : 졸음운전 사고 예방을 위한 휴식공간이다. 졸음쉼터로 사용되는 주차장 시설 및 가속 감속 차선을 포함하여 면형으로 표시한다. 도로의 실폭에서 졸음쉼터의 가속 감속차선이 사라지는 지점이 중심점이다.

- ⓢ **지진해일긴급대피장소** : 긴급(임시)피난 목적으로 대피하는 장소로 운동장, 주차장, 건물옥상, 도로위 등의 경계를 면형으로 표시한다. 출입구가 도로와 연결된 경우에는 출입구의 중심점, 출입구가 없이 개방된 경우 다중의 접근이 편리한 통행로가 중심점이다.
- ⓞ **소공원** : 소규모 토지를 이용한 공원으로 운동 및 놀이시설이나 휴게시설 등의 부대시설을 포함하여 공원의 경계를 면형으로 표시한다. 출입구가 도로와 연결된 경우 출입구의 중심점, 출입구가 없이 개방된 경우 다중의 접근이 편리한 통행로가 중심점이다.
- ⓩ **어린이공원** : 어린이 보건 및 정서 향상을 위한 공원으로 운동 및 놀이시설이나 휴게시설 등의 부대시설을 포함하여 공원의 경계를 면형으로 표시한다. 출입구가 도로와 연결된 경우 출입구의 중심점이고, 출입구가 없이 개방된 경우 다중의 접근이 편리한 통행로가 중심점이다.
- ⓧ **비상급수시설** : 전쟁, 지진, 풍수해 등의 자연재해로 인한 비상재난 발생시 식수나 생활용수 확보를 위한 시설로 비상급수시설의 중심점을 점형으로 표시한다. 비상급수시설이 중심점이다.
- ㋋ **인명구조함** : 인명구조장비를 보관하는 시설이나 장치로 인명구조함 중심점을 점형으로 표시하고 인명구조함이 중심점이다.
- ㋎ **드론배달점** : 드론의 주소기반 이착륙 지점으로 드론 배달점 설치지점을 점형으로 표시하고 드론배달점이 설치지점이다.

(3) 국가지점번호 및 기초번호

① **국가지점번호**
- ㉠ **의미** : 기후변화로 인한 대형 산불이나 태풍과 같은 재난안전사고에 신속하게 대응하기 위한 것으로 논, 밭, 산악지역 등에서 벌어지는 범죄대처 및 응급 구조용으로 활용된다.
- ㉡ **표기** : 산악 등에는 국가지점번호를 사용하여 모든 공간을 주소로 표시한다. '한글 2글자+숫자 8자리'로 표기한다.

예 라마 2120 0425

② **기초번호** : 도로변 공터에서 도로명과 기초번호로 표시된다.
③ 국가지점번호와 기초번호는 응급상황에 신속한 대응을 위해 위치표시로 활용된다.

02 CHAPTER | 우리나라 주소 영문 표기
#주소영문표기 #표기원칙

01 도로명주소 영문 표기 원칙

작은 단위에서 큰 단위 순으로 표기한다. 참고 항목(법정동, 공동주택명)은 주소의 간결화를 위해 표기하지 않을 수 있으나, 필요할 경우 맨 앞(상세주소 앞)에 괄호로 표기한다.

예 서울특별시 광진구 광나루로507길 78, 101동 102호(광장동, 신도아파트)
  (Gwangjang-Dong, Sindo APT) 101-Dong 102-ho, 78, gwangnaru-ro 507-gil, Gwangjin-gu, Seoul

(1) 행정구역 명칭

'국어의 로마자 표기법'에 따라 전체를 로마자로 표기하되 특별시와 광역시의 경우는 행정구역단위(-si) 생략이 가능하다.

예 서울특별시 강남구 강남대로10길 109 → 109, Gangnam-daero 10-gil, Gangnam-gu, Seoul

(2) 도로명

로마자로 표기하며 도로의 구분 기준인 '대로, 로, 길(번길)'은 '-daero, -ro, -gil(beon-gil)'로 표기한다. 필요에 따라 영어식 표기(Blvd. St. Rd. 등) 병기가 가능하다.

예 경기도 양주시 시민로5번길 18 → 18, Simin-ro 5beon-gil, Yangju-si, Gyeonggi-do

(3) 상세주소

'동', '층', '호'는 로마자 표기를 원칙으로 한다.

예 대구광역시 수성구 달구벌대로323번길 56, 705동 1104호
  • 705-dong 1104-ho, 56, Dalgubeol-daero 323beon-gil, Suseong-gu, Daegu
  • 705-1104, 56, Dalgubeol-daero 323beon-gil, Suseong-gu, Daegu

국어의 로마자 표기법

① 모음

ㅏ	ㅓ	ㅗ	ㅜ	ㅡ	ㅣ	ㅐ	ㅔ	ㅚ	ㅟ
a	eo	o	u	eu	i	ae	e	oe	wi

ㅑ	ㅕ	ㅛ	ㅠ	ㅒ	ㅖ	ㅘ	ㅙ	ㅝ	ㅞ	ㅢ
ya	yeo	yo	yu	yae	ye	wa	wae	wo	we	ui

② 자음

ㄱ	ㄲ	ㅋ		ㄷ	ㄸ	ㅌ
g, k	kk	k		d, t	tt	t

ㅂ	ㅃ	ㅍ		ㅈ	ㅉ	ㅊ
b, p	pp	p		j	jj	ch

ㅅ	ㅆ	ㅎ		ㄴ	ㅁ	ㅇ	ㄹ
s	ss	h		n	m	ng	r, l

- 'ㄱ, ㄷ, ㅂ'은 모음 앞에서는 'g, d, b'로, 자음 앞이나 어말에서는 'k, t, p'로 적는다.
- 'ㄹ'은 모음 앞에서는 'r'로, 자음 앞이나 어말에서는 'l'로 적는다. 단, 'ㄹㄹ'은 'll'로 적는다.

③ '도, 시, 군, 구, 읍, 면, 리, 동'의 행정 구역 단위와 '가'는 각각 'do, si, gun, gu, eup, myeon, ri, dong, ga'로 적고, 그 앞에는 붙임표(-)를 넣는다. 붙임표(-) 앞뒤에서 일어나는 음운 변화는 표기에 반영하지 않는다.

충청북도	Chungcheongbuk-do	삼죽면	Samjuk-myeon
의정부시	Uijeongbu-si	당산동	Dangsan-dong
도봉구	Dobong-gu	종로 2가	Jongno 2(i)-ga

- '시, 군, 읍'의 행정 구역 단위는 생략할 수 있다.

청주시	Cheongju	함평군	Hampyeong	순창읍	Sunchang

④ 자연 지물명, 문화재명, 인공 축조물명은 붙임표(-) 없이 붙여 쓴다.

남산	Namsan	불국사	Bulguksa	종묘	Jongmyo

02 주소 영문 표기

(1) 서울특별시 → Seoul

지역명	영문 표기
강남구	Gangnam-gu
강동구	Gangdong-gu
강북구	Gangbuk-gu
강서구	Gangseo-gu
관악구	Gwanak-gu
광진구	Gwangjin-gu
구로구	Guro-gu
금천구	Geumcheon-gu
노원구	Nowon-gu
도봉구	Dobong-gu
동대문구	Dongdaemun-gu
동작구	Dongjak-gu
마포구	Mapo-gu
서대문구	Seodaemun-gu
서초구	Seocho-gu
성동구	Seongdong-gu
성북구	Seongbuk-gu
송파구	Songpa-gu
양천구	Yangcheon-gu
영등포구	Yeongdeungpo-gu
용산구	Yongsan-gu
은평구	Eunpyeong-gu
종로구	Jongno-gu
중구	Jung-gu
중랑구	Jungnang-gu

(2) 부산광역시 → Busan

지역명	영문 표기
강서구	Gangseo-gu
금정구	Geumjeong-gu
남구	Nam-gu
동구	Dong-gu
동래구	Dongnae-gu
부산진구	Busanjin-gu
북구	Buk-gu
사상구	Sasang-gu
사하구	Saha-gu
서구	Seo-gu
수영구	Suyeong-gu
연제구	Yeonje-gu
영도구	Yeongdo-gu
중구	Jung-gu
해운대구	Haeundae-gu
기장군	Gijang-gun

(3) 광주광역시 → Gwangju

지역명	영문 표기
광산구	Gwangsan-gu
남구	Nam-gu
동구	Dong-gu
북구	Buk-gu
서구	Seo-gu

(4) 대구광역시 → Daegu

지역명	영문 표기
남구	Nam-gu
달서구	Dalseo-gu
동구	Dong-gu
북구	Buk-gu
서구	Seo-gu
수성구	Suseong-gu
중구	Jung-gu
달성군	Dalseong-gun
군위군	Gunwi-gun

(5) 인천광역시 → Incheon

지역명	영문 표기
계양구	Gyeyang-gu
미추홀구	Michuhol-gu
남동구	Namdong-gu
동구	Dong-gu
부평구	Bupyeong-gu
서구	Seo-gu
연수구	Yeonsu-gu
중구	Jung-gu
강화군	Ganghwa-gun
옹진군	Ongjin-gun

(6) 세종특별자치시 → Sejong

지역명	영문 표기
세종시	Sejong-si

(7) 대전광역시 → Daejeon

지역명	영문 표기
대덕구	Daedeok-gu
동구	Dong-gu
서구	Seo-gu
유성구	Yuseong-gu
중구	Jung-gu

(8) 울산광역시 → Ulsan

지역명	영문 표기
남구	Nam-gu
동구	Dong-gu
북구	Buk-gu
중구	Jung-gu
울주군	Ulju-gun

(9) 충청남도 → Chungcheongnam-do

지역명	영문 표기
계룡시	Gyeryong-si
공주시	Gongju-si
논산시	Nonsan-si
당진시	Dangjin-si
보령시	Boryeong-si
서산시	Seosan-si
아산시	Asan-si
천안시	Cheonan-si
금산군	Geumsan-gun
부여군	Buyeo-gun
서천군	Seocheon-gun
예산군	Yesan-gun
청양군	Cheongyang-gun
태안군	Taean-gun
홍성군	Hongseong-gun

⑽ 강원특별자치도 → Gangwon-do

지역명	영문 표기
강릉시	Gangneung-si
동해시	Donghae-si
삼척시	Samcheok-si
속초시	Sokcho-si
원주시	Wonju-si
춘천시	Chuncheon-si
태백시	Taebaek-si
고성군	Goseong-gun
양구군	Yanggu-gun
정선군	Jeongseon-gun
철원군	Cheorwon-gun
평창군	Pyeongchang-gun
홍천군	Hongcheon-gun
화천군	Hwacheon-gun
횡성군	Hoengseong-gun
양양군	Yangyang-gun
영월군	Yeongwol-gun
인제군	Inje-gun

⑾ 경기도 → Gyeonggi-do

지역명	영문 표기
고양시	Goyang-si
과천시	Gwacheon-si
광명시	Gwangmyeong-si
광주시	Gwangju-si
구리시	Guri-si
군포시	Gunpo-si
김포시	Gimpo-si
남양주시	Namyangju-si
동두천시	Dongducheon-si
부천시	Bucheon-si
수원시	Suwon-si
성남시	Seongnam-si
시흥시	Siheung-si
안산시	Ansan-si
안성시	Anseong-si
안양시	Anyang-si
양주시	Yangju-si
여주시	Yeoju-si
오산시	Osan-si
용인시	Yongin-si
의왕시	Uiwang-si
의정부시	Uijeongbu-si
이천시	Icheon-si
파주시	Paju-si
평택시	Pyeongtaek-si
포천시	Pocheon-si
하남시	Hanam-si
화성시	Hwaseong-si
가평군	Gapyeong-gun
양평군	Yangpyeong-gun
연천군	Yeoncheon-gun

⑿ 경상남도 → Gyeongsangnam-do

지역명	영문 표기
거제시	Geoje-si
김해시	Gimhae-si
밀양시	Miryang-si
사천시	Sacheon-si
양산시	Yangsan-si
진주시	Jinju-si
창원시	Changwon-si
통영시	Tongyeong-si
거창군	Geochang-gun
고성군	Goseong-gun
남해군	Namhae-gun
산청군	Sancheong-gun
의령군	Uiryeong-gun
창녕군	Changnyeong-gun
하동군	Hadong-gun
함안군	Haman-gun
함양군	Hamyang-gun
합천군	Hapcheon-gun

⒀ 제주특별자치도 → Jeju-do

지역명	영문 표기
서귀포시	Seogwipo-si
제주시	Jeju-si

⒁ 경상북도 → Gyeongsangbuk-do

지역명	영문 표기
경산시	Gyeongsan-si
경주시	Gyeongju-si
구미시	Gumi-si
김천시	Gimcheon-si
문경시	Mungyeong-si
상주시	Sangju-si
안동시	Andong-si
영주시	Yeongju-si
영천시	Yeongcheon-si
포항시	Pohang-si
고령군	Goryeong-gun
봉화군	Bonghwa-gun
성주군	Seongju-gun
영양군	Yeongyang-gun
예천군	Yecheon-gun
울릉군	Ulleung-gun
울진군	Uljin-gun
의성군	Uiseong-gun
청도군	Cheongdo-gun
청송군	Cheongsong-gun
칠곡군	Chilgok-gun
영덕군	Yeongdeok-gun

(15) 전라남도 → Jeollanam-do

지역명	영문 표기
광양시	Gwangyang-si
나주시	Naju-si
목포시	Mokpo-si
순천시	Suncheon-si
여수시	Yeosu-si
강진군	Gangjin-gun
고흥군	Goheung-gun
곡성군	Gokseong-gun
구례군	Gurye-gun
담양군	Damyang-gun
무안군	Muan-gun
보성군	Boseong-gun
신안군	Sinan-gun
영광군	Yeonggwang-gun
영암군	Yeongam-gun
완도군	Wando-gun
장성군	Jangseong-gun
장흥군	Jangheung-gun
진도군	Jindo-gun
함평군	Hampyeong-gun
해남군	Haenam-gun
화순군	Hwasun-gun

(16) 전북특별자치도 → Jeonbuk-do

지역명	영문 표기
군산시	Gunsan-si
김제시	Gimje-si
남원시	Namwon-si
익산시	Iksan-si
전주시	Jeonju-si
정읍시	Jeongeup-si
고창군	Gochang-gun
무주군	Muju-gun
부안군	Buan-gun
순창군	Sunchang-gun
완주군	Wanju-gun
임실군	Imsil-gun
장수군	Jangsu-gun
진안군	Jinan-gun

(17) 충청북도 → Chungcheongbuk-do

지역명	영문 표기
제천시	Jecheon-si
청주시	Cheongju-si
충주시	Chungju-si
괴산군	Goesan-gun
단양군	Danyang-gun
보은군	Boeun-gun
영동군	Yeongdong-gun
옥천군	Okcheon-gun
음성군	Eumseong-gun
증편군	Jeungpyeong-gun
진천군	Jincheon-gun

03 우리나라 주소 한문 표기

#주소한문표기 #표기원칙

(1) 서울특별시 → 서울特別市

지역명	한문 표기
강남구	江南區
강동구	江東區
강북구	江北區
강서구	江西區
관악구	冠岳區
광진구	廣津區
구로구	九老區
금천구	衿川區
노원구	蘆原區
도봉구	道峰區
동대문구	東大門區
동작구	銅雀區
마포구	麻浦區
서대문구	西大門區
서초구	瑞草區
성동구	城東區
성북구	城北區
송파구	松坡區
양천구	陽川區
영등포구	永登浦區
용산구	龍山區
은평구	恩平區
종로구	鍾路區
중구	中區
중랑구	中浪區

(2) 인천광역시 → 仁川廣域市

지역명	한문 표기
강화군	江華郡
계양구	桂陽區
남동구	南洞區
동구	東區
미추홀구	彌鄒忽區 (南區 → 남구)
부평구	富平區
서구	西區
연수구	延壽區
옹진군	甕津郡
중구	中區

(3) 대구광역시 → 大邱廣域市

지역명	한문 표기
남구	南區
달서구	達西區
달성군	達城郡
동구	東區
북구	北區
서구	西區
수성구	壽城區
중구	中區
군위군	軍威郡

(4) 부산광역시 → 釜山廣域市

지역명	한문 표기
강서구	江西區
금정구	金井區
기장군	機張郡
남구	南區
동구	東區
동래구	東萊區
부산진구	釜山鎭區
북구	北區
사상구	沙上區
사하구	沙下區
서구	西區
수영구	水營區
연제구	蓮堤區
영도구	影島區
중구	中區
해운대구	海雲臺區

(5) 광주광역시 → 光州廣域市

지역명	한문 표기
광산구	光山區
남구	南區
동구	東區
북구	北區
서구	西區

(6) 대전광역시 → 大田廣域市

지역명	한문 표기
대덕구	大德區
동구	東區
서구	西區
유성구	儒城區
중구	中區

(7) 울산광역시 → 蔚山廣域市

지역명	한문 표기
남구	南區
동구	東區
북구	北區
울주군	蔚州郡
중구	中區

(8) 경기도 → 京畿道

지역명	한문 표기
가평군	加平郡
고양시 덕양구	高陽市 德陽區
고양시 일산동구	高陽市 一山東區
고양시 일산서구	高陽市 一山西區
과천시	果川市
광명시	光明市
광주시	廣州市
구리시	九里市
군포시	軍浦市
김포시	金浦市
남양주시	南楊州市
동두천시	東豆川市
부천시 소사구	富川市 素砂區
부천시 오정구	富川市 梧亭區
부천시 원미구	富川市 遠美區
성남시 분당구	城南市 盆唐區
성남시 수정구	城南市 壽井區
성남시 중원구	城南市 中院區
수원시 권선구	水原市 勸善區
수원시 영통구	水原市 靈通區
수원시 장안구	水原市 長安區
수원시 팔달구	水原市 八達區
시흥시	始興市
안산시 단원구	安山市 檀園區
안산시 상록구	安山市 常綠區
안성시	安城市
안양시 동안구	安養市 東安區

지역명	한문 표기
안양시 만안구	安養市 萬安區
양주시	楊州市
양평군	楊平郡
여주시	驪州市
연천군	漣川郡
오산시	烏山市
용인시 기흥구	龍仁市 器興區
용인시 수지구	龍仁市 水枝區
용인시 처인구	龍仁市 處仁區
의왕시	義王市
의정부시	議政府市
이천시	利川市
파주시	坡州市
평택시	平澤市
포천시	抱川市
하남시	河南市
화성시	華城市

(9) 강원특별자치도 → 江原特別自治道

지역명	한문 표기
강릉시	江陵市
고성군	高城郡
동해시	東海市
삼척시	三陟市
속초시	束草市
양구군	楊口郡
양양군	襄陽郡
영월군	寧越郡
원주시	原州市
인제군	麟蹄郡
정선군	旌善郡
철원군	鐵原郡
춘천시	春川市
태백시	太白市
평창군	平昌郡
홍천군	洪川郡
화천군	華川郡
횡성군	橫城郡

(10) 경상남도 → 慶尙南道

지역명	한문 표기
거제시	巨濟市
거창군	居昌郡
고성군	固城郡
김해시	金海市
남해군	南海郡
밀양시	密陽市
사천시	泗川市
산청군	山淸郡
양산시	梁山市
의령군	宜寧郡
진주시	晉州市
창녕군	昌寧郡
창원시 마산합포구	昌原市 馬山合浦區
창원시 마산회원구	昌原市 馬山會原區
창원시 성산구	昌原市 城山區
창원시 의창구	昌原市 義昌區
창원시 진해구	昌原市 鎭海區
통영시	統營市
하동군	河東郡
함안군	咸安郡
함양군	咸陽郡
합천군	陝川郡

⑾ **전북특별자치도** → 全北特別自治道

지역명	한문 표기
고창군	高敞郡
군산시	群山市
김제시	金堤市
남원시	南原市
무주군	茂朱郡
부안군	扶安郡
순창군	淳昌郡
완주군	完州郡
익산시	益山市
임실군	任實郡
장수군	長水郡
전주시 덕진구	全州市 德津區
전주시 완산구	全州市 完山區
정읍시	井邑市
진안군	鎭安郡

⑿ **경상북도** → 慶尙北道

지역명	한문 표기
경산시	慶山市
경주시	慶州市
고령군	高靈郡
구미시	龜尾市
김천시	金泉市
문경시	聞慶市
봉화군	奉化郡
상주시	尙州市
성주군	星州郡
안동시	安東市
영덕군	盈德郡
영양군	英陽郡
영주시	榮州市
영천시	永川市
예천군	醴泉郡
울릉군	鬱陵郡
울진군	蔚珍郡
의성군	義城郡
청도군	淸道郡
청송군	靑松郡
칠곡군	漆谷郡
포항시 남구	浦項市 南區
포항시 북구	浦項市 北區

⒀ 전라남도 → 全羅南道

지역명	한문 표기
강진군	康津郡
고흥군	高興郡
곡성군	谷城郡
광양시	光陽市
구례군	求禮郡
나주시	羅州市
담양군	潭陽郡
목포시	木浦市
무안군	務安郡
보성군	寶城郡
순천시	順天市
신안군	新安郡
여수시	麗水市
영광군	靈光郡
영암군	靈巖郡
완도군	莞島郡
장성군	長城郡
장흥군	長興郡
진도군	珍島郡
함평군	咸平郡
해남군	海南郡
화순군	和順郡

⒁ 충청남도 → 忠淸南道

지역명	한문 표기
계룡시	鷄龍市
공주시	公州市
금산군	錦山郡
논산시	論山市
당진시	唐津市
보령시	保寧市
부여군	扶餘郡
서산시	瑞山市
서천군	舒川郡
아산시	牙山市
예산군	禮山郡
천안시 동남구	天安市 東南區
천안시 서북구	天安市 西北區
청양군	靑陽郡
태안군	泰安郡
홍성군	洪城郡

(15) **충청북도** → 忠淸北道

지역명	한문 표기
괴산군	槐山郡
단양군	丹陽郡
보은군	報恩郡
영동군	永同郡
옥천군	沃川郡
음성군	陰城郡
제천시	堤川市
증편군	曾坪郡
진천군	鎭川郡
청주시 상당구	淸州市 上黨區
청주시 서원구	淸州市 西原區
청주시 청원구	淸州市 淸原區
청주시 흥덕구	淸州市 興德區
충주시	忠州市

(16) **세종특별자치시** → 世宗特別自治市

(17) **제주특별자치도** → 濟州特別自治道

지역명	한문 표기
서귀포시	西歸浦市
제주시	濟州市

Study Tip
면접합격팁

자신감을 갖고 답변하자!
무엇이든 자신감을 가지고 대답해야 한다. 내용이 다소 미흡하더라도 군 조직의 특성상 기죽지 않고 자신의 의사를 정확히 밝히는 것이 중요하며 답변을 논리 있게 풀어가는 것도 중요하다.

당황하지 말고 자연스럽게 말하자!
예상하지 못한 질문에 당황했을 경우 침착하게 생각을 정리할 필요가 있다. 이때, 면접관에게 자연스럽게 말하는 것이 중요하며 편안한 마음으로 대화하듯이 임하는 것이 좋다.

지원 분야에 대해 100% 파악하자!
지원하는 분야에 대한 깊이 있는 질문을 받을 수 있으므로 철저한 준비를 한다. 만약 답을 모르는 경우 모른다고 인정하고 '더 공부하겠습니다', '찾아보겠습니다' 등의 답변을 하는 것이 좋다.

기출문제를 많이 보고 예상답변을 준비하자!
면접에서는 어떤 질문을 받게 될지 모르기 때문에 다양한 상황을 예상하는 것이 중요하다. 따라서 최신 면접 경향을 알아보고 기출문제를 많이 접해보는 것이 좋다.

자신을 돌아보고 '나라는 사람을 인지하는 시간을 갖자!
면접 시 제출한 자기소개서와 신원진술서의 내용을 바탕으로 나 자신에 대해 공부하는 것이 중요하다. 자신의 능력이 무엇인지, 왜 뽑아야하는지, 포부 등에 큰 틀을 잡고 준비한다.

정치, 문화, 사회, 경제 등 최근 이슈에 대해 관심을 가지고 공부하자!
지원 분야에 대한 면접 공부도 중요하지만 최근 사회, 경제 이슈 등에 대한 질문을 받을 수 있다. 당황하지 않기 위해서는 기본적으로 최근 이슈에 대한 공부가 필요하다.

PART 04 집배원 면접

1. 면접 준비
2. 평정요소별 기출 면접
3. 면접 예상 질문

01 면접 준비

#면접 대비 #면접 주의사항 #면접 요령

CHAPTER

01 복장 및 헤어스타일

(1) 남성

① 복장

- 정장 : 무채색 계열의 단색이 적당하며, 상의와 하의에 구김이 있는지 확인하도록 한다.
- 셔츠 : 흰색이 가장 무난하며, 자신의 피부색에 맞추어 선택하는 것이 좋다.
- 넥타이 : 자신의 체형을 고려한 색과 무늬를 선택하도록 한다. 이때 넥타이 길이는 서 있을 때 벨트를 살짝 덮는 정도가 좋다.
- 구두 및 양말 : 구두는 정장보다 짙은 색을 신으며 갈색과 검은색이 적당하다. 먼지가 묻어있지 않은지 굽이 너무 닳아있지 않은지 살피도록 한다. 양말은 되도록 검정색이나 정장과 같은 색이나 구두와 정장의 중간색이 적절하다. 흰색 양말과 목이 짧은 양말은 삼가도록 한다.
- 악세사리 : 시계만 착용하는 것이 가장 무난하며, 넥타이 핀은 하지 않는 것이 좋다.

② 헤어스타일

- 단정한 모습을 위하여 젤이나 헤어스프레이 등을 이용하는 것이 좋다.
- 이마가 드러나는 편이 좋다. 이때, 눈썹과 수염도 신경 써서 다듬어야 한다.
- 염색은 되도록 하지 않는 편이 좋으며 염색모나 탈색모일 경우 어두운 색으로 덮도록 한다.

(2) 여성

① 복장

- 정장 : 단정한 느낌을 주는 투피스 정장이 좋으며, 화려한 무늬는 피하도록 한다. 색상은 베이지색이나 무채색이 무난하다. 광택이 나는 소재는 피하는 것이 좋다.
- 구두 및 스타킹 : 핸드백, 구두, 스타킹은 전체적으로 같은 계열로 준비하는 것이 좋으며 구두는 3~5cm 높이가 적당하다. 이때 샌들이나 뒤가 트인 구두는 피하도록 한다. 스타킹은 화려한 색이나 무늬가 있는 것은 삼가고, 혹시 모를 상황에 대비하여 여분의 스타킹을 준비하는 것도 좋다.
- 악세사리 : 화려하지 않은 작은 귀걸이가 좋다.
- 화장 : 진한 화장보다 자연스럽고 밝은 이미지의 화장이 좋다.

② 헤어스타일

- 자연스러우면서 단정한 머리를 위해서는 3 ~ 4주 전에 손질하는 것이 좋다.
- 짧은 머리는 귀 뒤로 넘기고 긴 머리는 묶는 것이 단정하고 깔끔한 인상을 준다.
- 앞머리가 있는 경우에는 흘러내리지 않도록 고정시키도록 한다.
- 강한 웨이브나 밝은 계열의 염색은 삼가도록 한다.
- 화려한 헤어 액세서리는 피하도록 한다.

02 면접시험 응시자 유의사항

① 입실시간을 엄수한다.
② 응시표와 신분증(주민등록증, 운전면허증, 여권 중 1), 사전문진표를 반드시 지참하여야 한다.
③ 면접시험 시작 이후에는 면접장 입장이 불가하다.
④ 면접시험 진행 중에는 외부인과 접촉을 금지하며 종류 후 대기 중인 응시자와의 접촉도 금지한다.
⑤ 면접 대기실 입실 후부터 퇴실까지 휴대전화와 전자통신기기 사용을 금지한다.
⑥ 외부출입 및 흡연을 금한다.

03 면접 주의사항

(1) 면접 시 주의사항

① 첫인상

- 면접 시작 5초 안에 첫인상이 결정될 수 있다.
- 면접위원과 눈을 맞추고 적절한 반응을 보이며 자신감과 의지, 재능을 나타내보자.

② 입실에서 착석까지

- 순서가 호명되면 대답을 또렷하게 하고 입실한다.
- 문을 여닫을 때에는 소리가 나지 않게 조심하며 공손한 자세로 인사한다.
- 본인 성명과 수험번호를 말하고 면접위원 지시에 따라 착석한다.
- 의자 안쪽으로 깊숙이 착석한 후 무릎 위에 양손을 가지런히 올린다.

③ 난해한 질문에 대한 답변요령

- 단답형의 경우 답을 간단명료하게 하고 이유를 설명한다.
- 개방형의 경우 평소 충분히 생각하지 못한 내용이더라도 반드시 답변하는 것이 좋다.
- 답변이 바로 떠오르지 않을 경우 '잠시 생각을 정리할 시간을 주시겠습니까?'라고 요청해보자.

④ 답변하는 태도

긴장하면 자신감이 떨어져 목소리가 위축되고 얼버무리게 되며 혼란에 빠져 논리적 허점이 발생할 수 있다. 따라서 자신감을 가진 긍정적이고 확신에 찬 어조로 대답하자.

⑤ 자신에 대한 고찰

- 자신에 대한 파악이 어려울 경우 주변 사람들의 도움을 받아 자신의 성격을 평가하고 기억해서 면접 준비에 참고한다.
- 장단점에 대해 물어보는 질문은 기본적이며 단점을 먼저 말하고 장점을 말하는 것이 좋다.

⑥ 정직함

거짓말은 응시자의 마음을 불안하게 만들며 면접에 집중하지 못할 수 있다.

⑦ 지원동기 및 가치관

- 면접에서 가장 먼저 물어보는 질문 중 하나이다.
- 누구나 할 수 있는 답변보다 자신이 생각하는 집배원의 이미지와 어떻게 일을 하고 싶은지 직업가치관을 더해서 밝히며 적극적이고 진취적인 사람의 모습을 보이자.

⑧ 답변 요령

- 면접위원 질문에 바로 대답하는 것이 좋지만 국어책 읽듯이 외운 답은 면접위원 기억에 남지 않는다.
- 적절한 톤의 음성으로 또박또박 또렷하게 말해야 한다.
- 실수가 있을 경우 머리를 만지거나 옷 끝을 만지는 등의 불필요한 행동은 절대 하지 말아야 한다.

(2) **면접 후 주의사항**

① 마무리

- 모든 일은 마무리가 가장 중요하다.
- 면접위원이 마무리 인사를 하면 '감사합니다' 정중하게 인사 한 후 자리에서 일어나 다시 한 번 인사하는 것이 좋다.

② 퇴실

- 면접에 만족스럽지 못하여 문을 확 열거나 화를 내며 나가지 않는다.
- 퇴실 후 복도에서 대기 중인 다른 응시자들과 면접에 대한 이야기를 하거나 질문을 알려주어서는 안 된다.

04 면접 성공 KEY POINT

① 답변은 결론부터 이야기하고 부연설명은 그 다음 구체적으로 조리 있게 말하여야 한다.

② 올바른 경어를 사용한다. 유행어는 피하고, 특히 존경어와 겸양어는 혼동하기 쉬우므로 조심하여야 한다.

③ 질문의 요지를 이해하고 '예, 아니오'로 명확하게 하여야 한다. 명확한 답변은 진행을 부드럽게 한다.

④ 최후의 순간까지 최선을 다하여야 한다. 대답을 잘못했다고 할지라도 포기하지 말고 최선을 다하는 모습으로 임하면 상황을 역전시킬 수 있다.

⑤ 일관성 있는 답변을 하여야 한다. 답변의 내용이 서류 또는 이전 단계의 시험의 결과와 일치해야 한다.

⑥ 잘못된 버릇은 고쳐야 한다. 상대를 불쾌하게 만드는 의사전달이나 너무 큰 목소리나 빠른 말투, 불안정한 시선, 자신도 모르는 버릇 등에 주의하며 자신을 점검하도록 한다.

⑦ 지원분야를 100% 파악해야 한다. 지원분야와 업무에 대한 생각을 정리면 답변에 많은 도움이 된다.

⑧ 실전과 같은 연습으로 감각을 익혀야 한다. 빈출 면접질문과 최근 시사, 집배원 관련 질문과 인성 관련 질문 등을 연습하도록 한다.

⑨ 단답형의 답변보다는 사례 중심의 구체적인 이야기가 좋다.

⑩ 면접장에 들어오는 태도, 인사하는 법, 앉는 자세, 밝은 미소와 표정도 점수에 반영됨을 기억한다.

⑪ 근로조건에 대한 이야기를 풀어나갈 준비를 해야 한다. 애매한 대답이나 근무환경이 고려되지 않은 답변은 최종관문에서 면접위원을 고민하게 만들 수 있다.

⑫ 자기소개를 할 때에는 짧은 단어나 문장으로 자신을 명확하게 표현할 수 있어야 한다.

02 평정요소별 기출 면접

#계리직 #우정9급 #상시계약 집배원 #별정우체국직원 #우체국 소포원 #우정실무원 #예시 답변

CHAPTER

01 소통 · 공감

고객의 고객 및 동료와의 원활한 소통 능력, 감정조절, 공감적 태도, 갈등 상황에서의 대처법과 관계 유지 능력을 평가할 수 있는 질문이 출제됩니다. 따라서 상대방의 입장을 이해하고 배려하며, 갈등을 원만하게 해결하려는 태도를 중심으로 답변해야 합니다. 고객 민원이나 동료와의 오해가 있었던 상황에서 공감과 소통으로 어떻게 해결했는지, 행동과 판단 과정을 전달하는 것이 효과적입니다.

2023 우정9급

Q 동료가 힘들어 보여도 아무 말 없이 지나치는 게 나을 때도 있지 않은가요?

예시 답변 　때로는 말보다 침묵의 배려가 더 필요한 순간도 있다고 생각합니다. 그럴 땐 조용히 커피 한 잔을 놓고 온다든지, 도움이 필요하면 말해달라는 정도로만 말하고 기다려주는 편입니다. 소통은 꼭 말을 많이 한다고 좋은 게 아니라, 상황에 맞는 간접적인 공감도 중요하다고 생각합니다.

면접TIP 　공감 능력을 비언어적 행동이나 배려로도 표현할 수 있다는 시선이 아주 창의적이면서도 성숙하게 느껴질 수 있습니다.

2021 계리직

Q 한 마디 말없이 퇴사한 동료가 있다면, 그 상황을 어떻게 받아들일 것인가요?

예시 답변 　처음엔 당황할 수밖에 없을 것 같지만, 그 결정 뒤에는 말 못 할 사정이나 고민이 있었을 거라고 생각할 것 같습니다. 한 사람이 그런 결정을 하기까지 얼마나 힘들었을지, 동료로서 미처 챙기지 못한 부분이 있었던 건 아닌지 돌아보게 될 것 같습니다. 물론 업무 공백이 생기면 힘들겠지만, 그보다는 앞으로 팀원들의 이상 징후나 무언의 신호를 더 살피는 계기로 삼겠습니다.

면접TIP 　이해력과 내면의 시선이 얼마나 깊은가를 가늠할 수 있는 질문입니다. 퇴사한 사람의 심리를 상상해보고, 내가 무엇을 놓쳤을 수 있었는가, 다음에는 어떤 조직원이 되면 좋을까를 연결시키면 좋은 인상을 줄 수 있습니다.

2023 우정9급
Q 조직에서 나와 성격이 너무 다른 사람과 협업해야 할 때, 어떻게 관계를 풀어나갈 것인가요?

예시 답변 누구나 일하면서 성향이 다른 사람을 마주칠 수 있다고 생각합니다. 저는 그럴 때, 상대의 성격을 바꾸려 하기보다 그 사람이 어떤 방식으로 일하면 편한지를 먼저 관찰하려고 합니다. 예를 들어 제가 빠르게 진행하는 걸 좋아하는 스타일이고, 상대가 꼼꼼하게 확인하며 천천히 일하는 스타일이라면, 제가 속도를 조금 조절하면서 대신 일정에 여유를 둔다든지, 중간 점검 일정을 미리 잡아서 서로 불안하지 않게 만드는 식으로 조율할 것 같습니다. 관점이 다르다는 건 때로 불편하지만, 오히려 서로의 단점을 보완할 수 있는 기회라고 생각합니다. 그래서 어떻게 맞추느냐보다는 어떻게 조화를 만들 수 있을지를 고민하며 유연하게 협업하려고 합니다.

면접TIP 이 질문을 통해 진짜로 보고 싶은 건 관찰력, 유연성, 조직 내 온도조절 능력입니다. 구체적인 사례형 조율 방식을 예시로 제시해야 설득력이 생깁니다. 갈등은 발생할 수 있고(현실 인식) → 상대의 성향을 바꾸려 하지 않고(성숙한 자세) → 내가 조절하거나 보완해보는 구체적 시도(실천력) → 서로 보완관계로 보는 시각 (긍정적인 조직 인식)을 나타낸다면 좋은 답변이 됩니다.

2022 우정9급
Q 리더십을 발휘한 경험에 대해서 말해보십시오.

예시 답변 대학 시절 조별 과제에서 조장을 맡은 적이 있습니다. 처음엔 역할 분담이 제대로 이뤄지지 않아, 특정 구성원에게 일이 몰리고 다른 사람은 소외되는 상황이 생겼습니다. 저는 그 상황을 그냥 넘기지 않고, 모든 조원에게 개별적으로 연락해 어려움이나 의견을 먼저 경청했습니다. 특히 발표를 맡은 조원이 말수가 적고 발표에 부담을 느끼고 있다는 걸 알게 되었고, 조원들과 논의해 발표 내용을 쉽게 정리한 요약본을 함께 만들고, 발표 리허설도 도와주며 부담을 줄여주었습니다. 또, 타 조원과 협의해 일정 조정을 통해 과제 부담을 균등하게 조정했습니다. 그 결과 조원 간 신뢰가 높아졌고, 과제는 높은 평가를 받을 수 있었습니다. 이 경험을 통해 리더십은 명령이 아니라 경청과 공감, 그리고 조율을 통해 함께 나아가는 과정임을 배웠습니다. 앞으로도 업무에서 동료들과 소통하고, 갈등이 생길 때는 열린 태도로 다가가 조율하는 협력적 구성원이 되겠습니다.

면접TIP 일방적인 지시형 리더가 아닌, 팀원들의 의견을 경청하고, 조율하며 함께 이끈 경험을 언급하며 감정적으로 공감하고, 구성원의 어려움도 배려한 리더였다는 느낌을 주면 좋습니다.

2022 우정9급

Q 같은 민원인이 반복적으로 똑같은 민원을 제기한다면 어떻게 대응할 것인지 말해보십시오.

예시 답변 　반복적인 민원은 단순한 불만이 아니라, 이해 부족이나 불신, 또는 감정적인 피로가 누적된 상태일 수 있다고 생각합니다. '이미 안내해드린 내용입니다'라고 끝내지 않고, 이전에 어떤 방식으로 응대했는지 기록을 확인하고, 혹시 표현이 어렵거나 정보가 복잡해서 이해가 어려웠던 부분은 없었는지 살펴본 뒤, 보다 쉽게 풀어 설명드리거나, 필요한 경우 시각 자료나 예시를 활용해 재안내하겠습니다. 또한 이런 경우, 응대한 내용을 명확히 기록으로 남겨서 조직 내부에서도 일관되게 대응할 수 있도록 하겠습니다. 무엇보다 민원인이 '또 왔다고 무시당한다'는 느낌을 받지 않도록, 매번 정중하고 같은 태도로 응대하는 것이 중요하다고 생각합니다.

면접TIP 　핵심은 '또 왔다'가 아니라 '왜 또 왔나?'입니다. 이 질문에서 위험한 답변은 단절형 대응입니다. 면접관은 일부러 반복 민원 질문을 던져요. 공무원 조직에서 중요한 건 기록과 일관성입니다. 응대한 내용을 정리해서 조직 내부에서도 동일한 대응을 하도록 하겠다는 말은 책임감과 시스템 이해 둘 다 어필할 수 있습니다. 또한 불필요한 민원이라고 표현하는 건 적절하지 않습니다. 민원인이 반복해서 연락하는 건, 그만큼 납득이 되지 않았다는 신호일 수 있다는 접근이 좋습니다.

2021 우정9급

Q 선배 집배원의 반복적으로 게으른 모습을 보이고, 대화나 상사의 개입에도 개선되지 않는다면 어떻게 할 것인가요?

예시 답변 　조직은 결국 한 사람의 행동이 모두에게 영향을 주기 때문에, 반복적인 태만이 계속된다면 동료로서도 무거운 책임감을 느낄 것 같습니다. 처음엔 저도 사적으로 조심스럽게 대화를 시도해 보겠지만, 이미 대화와 상사의 개입이 여러 차례 있었는데도 개선이 없다면 그땐 업무에 영향을 주는 조직적 문제로 판단하고 절차에 따라 보고할 필요가 있다고 생각합니다. 다만 그 과정에서 원칙과 기준에 따른 문제 제기라는 점을 분명히 하고 싶습니다. 누군가를 고발하기 위해서가 아니라, 함께 일하는 동료들이 공정하게 책임을 나누는 환경이 되기를 바라는 마음에서 행동할 것입니다.

면접TIP 　상사가 개입했음에도 바뀌지 않았다는 건 단순 민원 수준이 아니라, 직무 해태에 가깝다. 따라서 '어쩔 수 없으니 참는다', '내가 더 하겠다' 이런 답변은 오히려 책임 회피처럼 보일 수 있다. 공정성과 시스템에 대한 신뢰를 강조하며 '조직적 절차에 따라 보고하겠다'고 말하는 게 적절하다.

2022 우정9급

Q 고객이 말도 안 되는 주장을 할 때도 '공감'할 수 있습니까?

예시 답변 공감이라는 게 꼭 그 주장에 동의하는 걸 의미하지는 않다고 생각합니다. 예를 들어 고객이 불합리한 요구를 하시더라도, 그 말 속에 담긴 '불편했던 감정'이나 '기대와 다른 상황에 대한 실망감'은 이해할 수 있습니다. 저는 그 주장 전체가 아니라, 그 감정을 공감하려고 노력할 겁니다. 그리고 고객이 납득할 수 있는 방식으로 원칙을 설명하겠습니다.

면접TIP 이 질문의 함정은 동의와 공감을 헷갈리게 만든다는 것입니다. 단순히 '네, 공감할 수 있습니다'라고 대답하면 '무조건 고객 편만 드는 사람인가?'하는 인상을 줄 수 있습니다. 따라서 공감은 주장에 동의하는 것이 아니라, 그 감정에 대해 이해하고 반응하는 것이라고 선을 그어야 합니다. 이 선긋기가 답변의 핵심입니다 특히 현실적으로 감정을 다루는 태도가 중요합니다. 즉, 감정은 수용하되, 회사의 원칙은 지켜야 하는 이중 구조가 있어야 민원 대응이 센스 있다고 느낄 수 있습니다.

2024 계리직

Q 우편물 배송을 잘 완료했는데, 손해배상이 되지 않는 우편물이 파손되었다고 민원이 발생했다면 어떻게 할 것인가요?

예시 답변 먼저 고객께서 불편을 겪으신 것에 대해 진심으로 사과드리고, 불편하셨을 상황에 공감하는 태도로 대응하겠습니다. 그 다음엔 해당 우편물의 접수 방식(등기, 일반우편 등)을 확인해, 보상 대상 여부와 규정에 따라 가능한 범위 내에서 안내드리겠습니다. 단, 고객이 규정을 이해하지 못해 억울함을 느끼시는 경우도 많기 때문에, 단순히 보상이 안 된다고 끊기보다, 왜 그런 규정이 있는지, 어떤 방식으로 접수하면 다음엔 더 안전한지 구체적으로 설명드리며 감정적 납득까지 유도하겠습니다. 또한 유사 민원이 반복되지 않도록, 내부적으로도 접수 당시 물품 파손 가능성에 대해 충분히 고지되었는지 점검하겠습니다.

면접TIP 이 질문에서 실수하는 대표적인 답변은 '규정상 보상 대상이 아닙니다', 또는 '고객 감정을 위로합니다'입니다. 답변 시 '감정 공감 → 규정 설명 → 감정적 납득 유도 → 내부 점검 병행'으로 연결한다면 신뢰할 수 있는 답변이 됩니다. 특히 감정은 수용하되, 절차는 설명하고 납득시키는 것이 가장 실무적인 대응입니다.

2020 계리직

Q 본인이 틀렸다는 걸 알면서도 끝까지 주장을 고수하는 동료가 있다면 어떻게 할 것인가요?

예시 답변   경험상 '왜 그 생각을 고집하게 되었는가'를 알면, 문제 해결이 쉬워지는 경우가 많다고 느꼈습니다. 공개적으로 반박하기보다는, 조용히 이야기하면서 '이 방향이 더 나은 이유'를 논리적으로 설명드리고, 결정은 그분이 직접 내릴 수 있도록 유도할 것 같습니다. 무조건 틀렸다고 하면 방어적으로 나오기 때문에, 저는 설득보다는 스스로 납득하게 하는 환경을 만드는 게 더 좋은 소통 방식이라고 생각합니다.

면접TIP   공무원 조직의 보수적인 인간관계 속에서 설득을 어떻게 풀어낼 수 있는가를 보는 질문입니다. 고집이 센 사람은 어디에나 있기 때문에, 정면돌파보단 심리적 우회가 설득력이 있습니다. 핵심 키워드는 '공개적 지적 NO → 조용한 대화, 결정권은 상대에게 넘김'입니다. 이런 태도는 갈등 회피가 아니라 갈등 관리로 해석됩니다.

2020 계리직

Q 고객에게 체크카드를 발급하는데 실수로 서류 하나를 누락하여 고객이 재방문하였을 때 대처 방법을 말해보십시오.

예시 답변   먼저 불편을 드린 점에 대해 진심으로 사과드리고, 재방문 시 기다리는 시간이 최소화되도록 우선적으로 업무를 처리해드릴 것입니다. 또한, 향후 같은 실수가 반복되지 않도록 체크리스트를 만들어 확인 단계를 강화하고, 동료들과 해당 내용을 공유해 조직 전체의 실수를 예방하겠습니다. 실수는 누구나 할 수 있지만, 그에 대한 책임 있는 태도와 사후 조치가 더욱 중요하다고 생각합니다.

면접TIP   사과만으로 끝내지 말고, 어떻게 개선할 것인지 구체적인 재발 방지책을 제시하는 것이 좋습니다. 조직 전체 차원에서 문제를 해결하려는 태도를 보여주면 더 높은 평가를 받을 수 있습니다.

2010 계리직   2010 우정9급

Q 화가 난 고객이 무조건 상급자를 부르라며 우체국 업무를 마비시킨다면, 어떻게 대처할 것인가요?

예시 답변   고객의 격한 감정에 맞대응하지 않고, 차분히 대응하며 고객의 요구와 상황을 파악하겠습니다. 상급자를 바로 모시기보다는, 먼저 어떤 부분이 불편하셨는지 파악하고, 제가 설명 가능한 부분은 정중히 안내드리겠습니다. 고객의 계속되는 항의로 업무가 방해되는 상황이라면 다른 고객의 불편도 고려하여 분리 응대 공간을 마련해 상황을 안정시키겠습니다. 이후 필요시 상급자와 공유하겠습니다. 고객 대응은 단지 그 한 분만의 문제가 아니라 전체 서비스 흐름과 직결된다는 점을 항상 염두에 두고 있습니다.

면접TIP   위기 상황에서 침착함과 현장 판단력을 얼마나 갖추고 있는지를 보려는 질문입니다. 감정 수용과 상황 판단, 조직 보호의 3단계 흐름으로 말하면 신뢰를 줄 수 있습니다.

2024 계리직

Q 같이 일하기 힘들었던 동료를 말해보십시오.

예시 답변　의사소통을 거의 하지 않는 분이 계셨는데, 처음에는 업무 전달이나 협업 과정에서 답답함을 느끼기도 했고, 때로는 제안이나 피드백을 드리는 것도 조심스러웠습니다. 하지만 어느 순간 저도 그분의 스타일을 이해하려 노력해야 한다는 생각이 들었습니다. 그래서 간단한 인사나 개인적인 관심사부터 천천히 접근했고, 직접적인 지시보다 부탁의 형식으로 대화를 시도했습니다. 그렇게 몇 주가 지나고 나서야 조금씩 협업이 원활해졌고, 중요한 프로젝트를 함께 마무리할 수 있었습니다. 그 경험을 통해 '불편한 사람'으로 단정 짓기보다, 서로 다른 점을 인정하고 먼저 다가서는 용기가 중요하다는 걸 배웠습니다.

면접TIP　이 질문은 누가 나빴는지를 말하는 게 아니라, 어려운 관계 속에서도 조직의 흐름을 해치지 않고 협업할 수 있는 사람인지를 보는 항목이에요. 특히 공직 조직에서는 다양한 성향의 사람들과 일해야 하므로, 조화력, 감정 조절력, 상대 존중 태도를 어떻게 실천했는지를 분명히 보여주는 게 중요해요. 무엇보다, 갈등을 통해 나 스스로가 성장했다는 메시지까지 연결되면 매우 긍정적인 평가를 받을 수 있어요.

2023 우정9급

Q 갈등이 일어날 수 있는 조직 문화에서 상호 간 원만한 관계를 유지할 수 있는 방법을 말해보십시오.

예시 답변　갈등은 다양한 성향의 사람들이 함께 일하는 조직에서는 피할 수 없는 요소라고 생각합니다. 저는 이런 상황에서 가장 중요한 것은 서로의 차이를 인정하고, 감정을 쌓아두기보다는 빠르게 대화로 풀어가는 자세라고 생각합니다. 평소에도 동료와 열린 자세로 대화하며 사소한 일에도 고마움을 표현하거나 인사를 나누는 등 긍정적인 관계 형성을 위해 노력합니다. 만약 오해가 생기더라도 감정을 가라앉힌 후 차분히 대화를 시도하고, 필요하다면 중재자의 도움을 받아 원만하게 해결하려 합니다. 결국 조직은 사람 사이의 신뢰로 운영된다고 생각하기 때문에, 저부터 그런 분위기를 만들고 싶습니다.

면접TIP　갈등이 생겼을 때의 태도뿐만 아니라 평소 관계를 관리하는 능력도 함께 가늠할 수 있습니다. 답변 시 갈등 예방 노력과 갈등 발생 시 대처법, 본인의 평소 소통 스타일이 균형 있게 들어가면 설득력을 높일 수 있습니다.

2024 · 2020 계리직 2022 · 2020 우정9급 2022 별정우체국직원
Q 악성 민원인에게 어떻게 대처할 것인가요?

예시 답변 악성 민원 상황에서는 고객의 요구와 태도에 휘둘리기보다는, 상황을 신속하게 판단하고 감정적으로 흔들리지 않는 것이 중요하다고 생각합니다. 우선 고객의 말을 차분히 듣되, 불합리한 요구나 폭언이 있을 경우에는 단호하게 선을 긋고 정중하게 제재 의사를 밝혀야 합니다. 동시에 고객의 불만 원인을 파악하여 가능한 선에서 해결 방법을 제시하고, 업무 방해가 지속되면 상급자나 관련 부서에 즉시 상황을 공유하여 조직 전체의 운영에 차질이 없도록 조치하겠습니다. 고객 응대는 친절함과 단호함이 균형을 이루어야 한다고 생각합니다.

면접TIP 이 질문은 긴급 상황에서 감정과 상황을 동시에 통제할 수 있는 능력을 보기 위함입니다. 고객의 감정을 무작정 수용하는 게 아니라, 상황 판단과 적절한 선 긋기, 조직 보호 조치까지 단계적으로 설명하면 전문성이 느껴집니다. 또한 민원인 응대는 상황형 면접질문에서 매년 물어보는 질문입니다. 민원인 응대 질문은 변형되어 강력하게 항의하는 민원인에게 어떻게 응대할 것인지, 민원인과의 갈등해결 등 다방면으로 출제가 되므로 덕목에 맞춰서 답변 방향을 잡는 것이 좋습니다.

2021 우정9급
Q 두 명 이상 함께 일을 해 본 경험이 있습니까?

예시 답변 과거 아르바이트 경험 중 팀 단위로 재고 정리를 해야 했던 적이 있습니다. 초반에는 서로의 방식이 달라 시행착오도 있었지만, 역할을 명확히 나누고 중간 점검을 하면서 점점 호흡이 맞아졌습니다. 특히 시간 안에 정확하게 일을 마쳐야 했기 때문에, 각자의 강점을 살려 분업하고 문제가 생겼을 때는 서로 도와주는 분위기를 만들기 위해 노력했습니다. 그 경험을 통해 혼자 일하는 것보다 소통과 협업의 중요성을 크게 느꼈고, 지금도 어떤 상황이든 팀워크를 우선으로 생각하며 일하고 있습니다.

면접TIP 단순한 협업 여부보다 조율 과정과 본인의 태도를 보기 위한 질문이에요. 협업이 처음엔 어려웠지만 노력해서 잘 풀어냈다는 흐름으로 설명하고, 본인의 역할과 배운 점을 강조하면 좋은 답변이 됩니다.

2020 계리직
Q 신입직원인 나의 아이디어를 과장이 반려할 경우 어떻게 대처할 것인가?

예시 답변   아이디어가 반려되면 먼저 그 이유를 겸손하게 여쭤보고, 업무 흐름상 어떤 점에서 어려움이 있었는지 배우려고 노력할 것입니다. 가능하다면 내용을 수정하거나, 더 구체화해서 다시 제안해 볼 수도 있을 것입니다. 다만 조직에는 전체 일정이나 우선순위가 있으니, 제 아이디어가 반영되지 않더라도 이를 개인적인 감정으로 받아들이기보다는 전체 흐름을 이해하고 그 안에서 배울 점을 찾는 것이 신입으로서의 올바른 태도라고 생각합니다.

면접TIP   조직 내 갈등에 대한 태도를 보는 질문입니다. '기분 나빠서 포기'는 절대 금지. 겸손한 태도로 이유를 묻고, 보완하거나 상황을 이해하고 수용할 줄 아는 유연성을 보여주는 것이 포인트입니다.

2020 우정9급
Q 직장 내 직장동료들과의 관계에서 가장 중요한 점이 무엇인지 말해보십시오.

예시 답변   직장 동료와의 관계에서 가장 중요한 것은 신뢰라고 생각합니다. 업무는 혼자만의 힘으로는 완성되기 어려운 만큼, 서로의 역할을 존중하고 약속을 지키는 것이 신뢰를 쌓는 첫걸음이라 봅니다. 저는 사소한 부분일지라도 약속은 반드시 지키려 노력하고, 동료가 어려운 상황일 땐 적극적으로 도우며 서로 힘이 되는 관계를 만들고자 합니다. 좋은 분위기에서 일하는 조직은 자연스럽게 성과도 따라온다고 생각하기에, 먼저 다가가는 태도를 잊지 않겠습니다.

면접TIP   단순한 덕목 나열이 아니라, 자신이 어떻게 그 가치를 실천하는지를 구체적으로 보여주는 게 중요해요. '신뢰', '존중'같은 키워드를 중심으로 평소 행동 습관이나 태도를 함께 언급하면 설득력이 훨씬 높아집니다.

2010 계리직 2010 우정9급
Q 동료들과 어울리기 위해 억지로라도 회식에 참여할 수 있습니까?

예시 답변   평소에는 조용한 편이지만, 조직 생활에서는 동료와의 관계도 중요한 업무의 연장이라고 생각하기 때문에 가급적 회식에도 참여하려고 합니다. 억지로 분위기를 맞추기보다는, 제 성격에 맞게 조용히 분위기를 즐기고, 대화를 통해 서로를 이해하는 기회로 삼고자 합니다. 회식 자리가 강요처럼 느껴지지 않고, 자연스럽게 어울릴 수 있는 분위기를 만들기 위해 저도 긍정적인 태도로 노력하고 있습니다.

면접TIP   조직 적응 의지가 있는지를 보여주는 게 핵심이에요. 소극적인 성향이라도 "적극적으로 어울리려는 태도"를 언급하면 긍정적 평가를 받을 수 있습니다.

2024 계리직

Q 기억에 남는 동료를 말해보십시오.

예시 답변: 맡은 업무 외에도 항상 주변 사람들을 도와주고, 바쁜 시간에도 여유를 잃지 않고 배려하는 태도가 인상 깊었던 동료가 있습니다. 특히 업무 마감일이 촉박한 상황에서 제가 미처 챙기지 못한 서류가 있었는데, 그분이 먼저 알아차리고 도와주셔서 실수를 막을 수 있었던 일이 기억에 남습니다. 단순히 좋은 동료를 넘어서, 제가 어떤 동료가 되어야 할지를 몸소 보여주신 분이었습니다. 그 경험 덕분에 저도 '나만 잘하면 된다'는 태도에서 벗어나 주변을 살피는 시야를 갖게 되었습니다.

면접TIP: '왜 기억에 남는지'보다 '그 경험이 나에게 어떤 영향을 줬는지'를 중심으로 말하는 것이 좋아요. 구체적인 사건과 그 안에서 느낀점, 변화된 태도를 함께 설명하는 것이 포인트입니다. 조직 내에서 좋은 영향을 주고받는 사람이 되고자 하는 태도, 그리고 관계 속에서 성장할 줄 아는 사람임을 부각시키면 좋은 평가를 받을 수 있습니다.

2019 별정우체국직원

Q 지역사회라 고객들이 정해져 있어 유대관계 형성이 중요합니다. 어떻게 유대관계를 형성할 것인가요?

예시 답변: 반복적으로 마주치는 고객들과는 단순한 서비스 제공을 넘어 관계 형성이 중요하다고 생각합니다. 저는 평소 인사나 작은 안부로 고객과 소통하며, 이름이나 자주 찾는 서비스 등을 기억해두려 노력합니다. 또, 특별한 날에 짧은 덕담을 건네거나 필요한 안내를 먼저 드리며 고객이 신뢰할 수 있는 사람이라는 인식을 심어드리고자 합니다. 이런 작은 노력이 결국 우체국과 지역사회 간 신뢰를 높이는 데 도움이 된다고 생각합니다.

면접TIP: 유대관계는 정이 많아서가 아닙니다. 고객 맞춤형 응대와 작은 배려의 누적을 중심으로 설명하세요. 작은 실천들로 신뢰를 쌓아가는 방식을 구체적으로 말하면 답변 신뢰도를 높일 수 있습니다.

2016 상시계약 집배원

Q 어려움에 처했을 때 본인 스스로 해결하는 타입인가요? 아니면 주위의 도움을 받는 타입인가요?

예시 답변: 평소에는 문제를 먼저 스스로 해결해보려고 노력하는 편입니다. 혼자서 판단하고 정리해보는 과정에서 스스로 성장할 수 있다고 믿기 때문입니다. 다만, 객관적인 시선이 필요하거나 조직 전체에 영향을 주는 일이라면 혼자 결정하기보다는 동료나 선배의 조언을 구하며 더 나은 방향으로 해결하려고 노력합니다. 상황에 맞게 판단하고, 혼자 감당하지 말고 소통하며 해결하는 것이 조직에서 더 책임 있는 태도라고 생각합니다.

면접TIP: 혼자서 다 하겠다고 하면 독단적으로 보일 수 있고, 반대로 무조건 도움을 받는다고 하면 의존적으로 보일 수 있어요. 따라서 '기본적으로 스스로 해결하려고 노력하지만, 필요할 땐 주저하지 않고 협조를 구한다'는 균형 잡힌 태도를 보여주는 게 좋습니다.

2015 · 2010 상시계약 집배원

Q 본인이 생각할 때 직장생활에서 가장 중요하다고 생각하는 것은 무엇입니까?

예시 답변   직장생활에서 가장 중요한 요소는 소통과 협업이라고 생각합니다. 각자의 업무가 다르더라도, 서로 이해하고 정보를 공유하며 협력해야 조직 전체가 효율적으로 운영된다고 믿습니다. 특히 우체국과 같은 공공기관에서는 고객을 상대하는 과정에서 동료와의 협력은 물론, 갈등 상황에서도 원활한 소통을 통해 해결해나가는 태도가 중요하다고 생각합니다. 평소에도 사람들 간의 의견 차이를 조율하고 조화롭게 협력하는 것을 중요하게 여겨왔기 때문에, 조직생활에서도 이 부분을 가장 우선에 두고 일할 계획입니다.

면접TIP   조직 내에서의 태도와 관계 형성 방식, 업무에 대한 책임감을 확인하기 위한 질문입니다. 성실함, 소통, 협업 등 핵심 키워드를 선택하고, 이를 직무에 어떻게 적용할 수 있는지를 연결하는 방식으로 구성하도록 하며 이때 개인의 성격이나 경험과 연결되면 설득력이 높아집니다.

2024 계리직

Q 같이 일하는 선배가 신입인 나에게 일을 떠넘기고 있고, 상사는 이를 알지만 내가 이해하고 도와줬으면 하는 마음으로 묵시적으로 용인한 상황에서 어떻게 대처할 것인가요?

예시 답변   처음에는 선배가 바쁘신 줄 알고 기꺼이 도왔지만, 반복적으로 업무가 과중되다고 느낀다면 조심스럽게 대화를 시도하겠습니다. 업무에 대한 분담 기준이나 제 입장을 솔직하게 말씀드리고, 더 효율적으로 협업할 수 있는 방법을 제안하겠습니다. 상사 역시 이를 알고 계시다면, 제가 부담을 느끼고 있다는 점을 정중하게 전달드려 조직 내 원활한 소통이 이루어질 수 있도록 하겠습니다. 중요한 건 감정적인 반응이 아니라, 관계를 해치지 않으면서도 업무의 공정성과 원칙을 지키는 자세라고 생각합니다.

면접TIP   이 질문은 상황 판단력, 관계 조율력, 자기 보호 태도를 종합적으로 평가할 수 있습니다. '참는다 vs 반발한다'가 아니라, 현실적인 협의 → 상황 전달 → 공정한 해결 의지라는 단계로 대응 흐름을 잡아주세요.

02 헌신 · 열정

직무에 대한 이해와 준비 정도, 반복적이고 체력 소모가 큰 업무에 대한 인내심과 책임감을 평가합니다. 면접에서는 왜 이 직무를 선택했는지, 얼마나 꾸준히 준비해왔는지, 그리고 힘들고 지치는 상황 속에서도 어떻게 동기를 유지하고 끝까지 해냈는지를 묻는 질문이 나올 수 있습니다. 답변할 때는 단순한 열의 표현보다는 실제 준비 과정, 체력 관리, 업무 이해 노력 등 구체적인 행동을 중심으로 말하면 설득력이 높아집니다.

ALL
Q 간단한 자기소개와 지원동기를 말해보십시오.

예시 답변 안녕하십니까. 저는 맡은 일은 끝까지 책임지고, 한 번 시작하면 꾸준히 이어가는 성실함이 강점인 지원자 OOO입니다. 저는 평소 우편 · 물류 서비스가 사회 곳곳을 연결하는 중요한 공공 인프라라는 점에 관심이 많았고, 특히 우체국이 단순한 배송을 넘어 서민과 밀접한 생활 기반 역할을 한다는 점에서 매력을 느꼈습니다. 성실함과 체력은 물론, 고객과 소통하는 데에 있어서도 따뜻한 태도를 유지할 수 있는 제가 우체국 집배원 직무에 적합하다고 생각하여 지원하게 되었습니다.

면접TIP 개인의 도덕성을 평가하는 동시에 그 사람이 무엇을 중요하게 여기는지를 알 수 있는 질문입니다. 거짓말 중에 선의의 거짓말 등은 사례를 들어 이야기하는 것이 좋습니다. 하지만 아무리 좋은 거짓말이라도 상습적이라는 인상을 남기지 않도록 주의하여야 합니다.

2021 · 2014 우정9급 2018 · 2017 우체국 소포원 2016 · 2015 · 2014 상시계약 집배원 2014 별정우체국직원
Q 합격 후 포부를 말해보십시오.

예시 답변 합격하게 된다면 가장 먼저 현장에 빠르게 적응하고, 업무 하나하나를 꼼꼼하게 배우는 데 집중하겠습니다. 특히 선배 집배원들의 노하우를 잘 듣고 기록하며, 업무 흐름도 이해해 팀워크를 해치지 않도록 노력하겠습니다. 중장기적으로는 고객들이 믿을 수 있는 집배원이 되는 것이 목표입니다. 하루하루의 업무가 단순 반복이 아니라, 누군가에게 중요한 소식과 물건을 전달하는 일이라는 책임감을 잊지 않고, 항상 같은 시간과 같은 자세로 배달을 이어나가는 집배원이 되겠습니다.

면접TIP 그저 '열심히 하겠습니다'로 흐리지 말고, 초기 적응계획과 중장기 성장계획을 나눠 구체적으로 말하면 인상 깊은 답변이 됩니다. 공공기관인 만큼 책임감과 지속가능성 강조하는 것도 좋습니다.

2022 우정실무원 2016 우정9급 2010 상시계약 집배원
Q 우체국과 관련된 업무를 해본 경험이 있습니까?

예시 답변 1 직접 우체국에서 근무한 경험은 없지만, 평소에도 택배, 우편, 금융 업무를 이용하면서 집배원 분들의 체계적인 업무 처리와 친절한 응대에 관심이 생겼습니다. 이후 집배원 직무에 대해 더 알아보며 실제 배달 경로 계획, 고객 응대, 계절별 근무환경까지 학습하고 체력 관리도 꾸준히 해왔습니다. 특히 물류 흐름을 이해하고, 반복된 경로 속에서도 실수를 줄이는 주의력과 집중력이 필요하다는 점에서 저와 잘 맞는다고 느꼈습니다.

예시 답변 2 네, 저는 작년에 ○○ 우체국에서 단기 아르바이트를 하며 물류 분류와 접수 보조 업무를 한 경험이 있습니다. 하루에 처리해야 하는 물량이 많다 보니 단순 반복이라 생각하기 쉽지만, 매 건마다 정확성과 속도를 모두 지켜야 한다는 책임감을 크게 느꼈고요, 특히 고객이 직접 보내는 물품을 다루는 만큼 실수가 생기면 곧바로 민원이 연결된다는 걸 체감했습니다. 또, 무더운 날씨에도 택배를 받으러 오시는 고객들에게 친절하게 응대하려고 노력했고, 실제로 고객 한 분이 "말 한마디에 기분 좋아졌다"며 고맙다고 하셨던 일이 기억에 남습니다. 그때 경험을 통해 집배원 업무는 체력뿐만 아니라 반복 속에서도 꼼꼼함과 사람에 대한 책임감이 필요한 일이라는 걸 알게 되었고, 그 이후로 더 확신을 갖고 준비해왔습니다.

면접TIP 단순한 경험 유무보다 경험을 통해 뭘 느꼈고, 그게 지금의 지원에 어떻게 연결됐는가를 보기 때문에, '이런 상황에서 이런 역할을 했고, 그 과정에서 ○○를 배워서 지금 이 직무에 지원하게 되었습니다' 이렇게 이야기 흐름이 있는 구조로 말해주면 좋아요. 특히 고객 응대, 정시 배송, 책임감, 반복적인 업무 처리 같은 직무 연관 키워드는 꼭 자연스럽게 녹여주세요. 경험이 없는 경우, 관련된 유사한 경험을 언급하고 직무를 이해하고 준비한 태도를 강조하는 것이 좋습니다.

2024 계리직
Q 공직에 오면 이것만은 자신 있다고 할 수 있는 점이 있습니까?

예시 답변 정확성과 책임감만큼은 자신 있습니다. 계리직 업무는 수치 하나의 오차, 설명 한 마디의 실수도 민원으로 이어질 수 있고, 하루에 수십 명의 고객과 마주하면서도 단 한 사람에게도 소홀함 없이 응대해야 하는 자리라고 알고 있습니다. 저는 정확한 처리만큼이나 고객이 안심하고 창구를 나설 수 있도록 만드는 태도를 중요하게 생각합니다. 제가 맡은 자리에서 정확하고 친절하게 일 처리하는 것이 공직자로서의 기본이자 헌신의 시작이라고 믿고, 눈에 띄지 않아도 국민의 신뢰를 다룬다는 사명감으로 일하겠습니다.

면접TIP 강점 자랑이 아니라 공직을 왜 감당할 수 있는지, 어떤 기준으로 일할 건지를 보여줄 수 있는 답변이어야 합니다. 실무자와 공직자 마인드를 함께 담고 있는 답변으로 신뢰를 높일 수 있습니다.

2020 우정9급

Q 자신이 이 업무에 적합하다고 생각하는 이유에 대해 말해보십시오.

예시 답변   저는 맡은 일에 끝까지 책임을 다하는 성격이고, 꼼꼼하고 체계적으로 일처리하는 습관이 있습니다. 또한 꾸준히 운동을 해오면서 체력도 유지하고 있어, 야외 업무에도 무리가 없습니다. 무엇보다 사람을 대할 때 공손하고 예의 있게 행동하려는 태도가 몸에 배어 있어, 시민을 자주 직접 응대하는 집배원 업무에 적합하다고 생각합니다.

면접TIP   이 질문은 스스로를 직무에 연결 짓는 능력을 보기 때문에 단순히 '열심히 하겠습니다'가 아니라 '이런 성격·습관·준비가 집배원 업무와 잘 맞습니다'로 구체화해야 합니다. 특히 책임감, 체력, 정확성, 소통능력 중 두 가지 이상을 짚어주는 것이 좋습니다.

2023 별정우체국직원

Q 집배원으로 일을 하게 될 경우 모두가 꺼려하는 업무가 있을 경우 어떻게 할 것인가요?

예시 답변   공공기관의 업무는 공정하고 효율적으로 운영되어야 하기 때문에, 저는 우선 업무 분배 기준을 이해하고, 그 원칙을 존중하겠습니다. 만약 모두가 꺼려하는 업무라도 제가 할 수 있는 상황이라면, 조직의 원활한 운영을 위해 적극적으로 맡겠습니다. 다만 혼자 무리하게 감당하기보다는 동료들과 상의하고, 필요한 경우 도움을 요청하거나 나누어 처리할 수 있도록 조율하는 방식도 고민하겠습니다. 꺼려지는 업무에도 책임감을 갖고 임하는 자세는 결국 조직 전체의 신뢰를 쌓는 일이라 생각하며, 그런 성실함으로 팀에 보탬이 되고 싶습니다.

면접TIP   공정한 기준을 존중하면서도 조직을 위해 자발적인 태도를 보일 수 있는가를 가늠하는 질문입니다. 제일 좋은 답변 방식은 원칙을 우선 존중하는 태도, 필요하다면 조직을 위해 내가 먼저 하겠다는 태도, 혼자 짊어지기보단 협의하고 조율하려는 세 가지 자세를 보여주는 것입니다. 영웅처럼 '제가 다 하겠습니다!'는 현실성 떨어지고, '공정하게만 하겠습니다'라고 하면 너무 딱딱해 보일 수 있어요. 책임감과 조직배려, 현실감 있는 균형 잡힌 태도를 중심으로 답변하세요.

2022 우정9급

Q 집배원이 되려는 이유는 무엇인가요?

예시 답변   저는 책임감 있는 일을 꾸준히 해나가는 것을 어려워하지 않고, 누군가에게 도움이 되는 일을 할 때 큰 보람을 느껴왔습니다. 집배원 업무는 하루하루가 반복되는 일처럼 보일 수 있지만, 실제로는 사람들과 지역을 연결하고, 시간을 지켜야 하는 중요한 공공 서비스라고 생각합니다. 그런 점에서 저처럼 성실함과 꾸준함을 강점으로 가진 사람에게 꼭 맞는 직무라고 느껴서 지원하게 되었습니다.

면접TIP   집배원 직무의 특수성을 이해하고 있다는 걸 보여주는 게 중요해요. 예를 들어 '체력, 반복 업무 속의 책임감'같은 키워드를 자연스럽게 넣고 본인의 성격과 가치관, 경험과 잘 맞는다고 연결하면 좋아요.

2023 · 2022 우정9급 2017 우체국 소포원 2012 상시계약 집배원
Q 집배원이 된다면 어떠한 마음가짐으로 일할 것입니까?

예시 답변   저는 집배원이 단순히 물건을 전달하는 사람이 아니라, 국민들이 믿고 기다리는 소식을 책임지고 전하는 공공인력이라고 생각합니다. 그래서 단순 반복이나 체력 소모에만 집중하기보다는 매일 같은 태도로, 정해진 시간에 정확하고 친절하게 배달하는 게 중요하다고 생각합니다. 그런 꾸준함과 신뢰를 주는 집배원이 되기 위해 항상 초심을 유지하면서 성실한 자세로 임하겠습니다.

면접TIP   '성실하겠다'만 말하면 아쉬워요. 공무원으로서의 책임감과 고객 신뢰를 받는 존재라는 인식을 같이 보여주는 게 중요해요. 특히 집배원이 단순 배달자가 아니라 국민의 정보를 다루는 공직자라는 걸 의식하고 있는 태도를 담으면 좋습니다.

2024 별정우체국직원 2022 · 2021 · 2020 우정9급 2017 우체국 소포원
Q 오토바이 운전 경력을 말해보십시오.

예시 답변   저는 2종 소형 면허를 모두 보유하고 있고, 실제 도심에서 오토바이를 운전한 경험도 2년 정도 있습니다. 야간이나 비 오는 날에도 운전한 경험이 있습니다. 물론, 교차로나 이면도로에서는 항상 서행하고, 교통법규를 철저히 지키는 습관을 갖고 있습니다. 집배원 업무는 단순 운전이 아니라 안전하고 정확하게 배달하는 게 핵심이라고 생각하기 때문에, 앞으로도 안전 운전을 최우선 원칙으로 삼아 일하겠습니다.

면접TIP   단순히 '운전해봤습니다' 말고 실제 도로 경험과 안전 의식을 보여주는 게 핵심이에요. '운전은 할 줄 아는데 불안정하다'는 인상을 피하기 위해 안정적으로 또, 지속적으로 해왔다는 점 그리고 안전 운전 원칙도 같이 언급하도록 합니다.

2015 상시계약 집배원
Q 본인의 목표는 무엇인가요? 구체적으로 말해보십시오.

예시 답변   우선은 빠르게 현장에 적응하여, 배달 업무를 실수 없이 처리할 수 있는 안정적인 업무 역량을 갖추는 것이 1차 목표입니다. 중장기적으로는 배달 지역에 대한 숙련도를 높이고, 고객의 신뢰를 받을 수 있는 집배원이 되는 것을 목표로 하고 있습니다. 단순히 일만 수행하는 것이 아니라, 조직과 지역사회에 기여할 수 있는 구성원으로 성장하고 싶습니다.

면접TIP   장래희망이 아닌, 직무 지속성과 책임감을 평가하기 위한 질문입니다. '공직자로서 어떤 자세로 근무하고 싶은가'를 구체적인 행동과 목표로 제시해야 하며, 단기 · 중기 · 장기 목표를 구분하거나, 현장 중심의 실질적 목표를 중심으로 제시하면 좋다.

2021 우정9급
Q 나이가 어린 편인데, 굳이 집배원을 하는 이유는 무엇입니까?

예시 답변 어린 나이에 지원한 만큼, 책임감 있게 오랫동안 일할 수 있는 직업을 신중히 고민해왔습니다. 단순히 안정적인 일자리를 원해서가 아니라, 반복적인 업무 속에서도 성실함과 체력, 고객에 대한 책임감을 발휘할 수 있는 점이 저와 잘 맞는다고 판단했습니다. 특히 집배원은 국민과 가장 가까이에서 신뢰를 받는 공직자라고 생각하며, 이를 실천해나갈 수 있는 일이라고 생각했기에 지원하게 되었습니다.

면접TIP '어리니까 금방 그만두는 거 아니야?'라는 우려가 깔린 질문이에요. 그러므로, '단순한 생계나 취업이 아니라, 이 직무에 대해 고민하고 준비한 흔적이 있다', '체력·환경 모두 감안하고 지원한 거다'를 확실하게 보여줘야 합니다. '오래 하고 싶은 이유'를 살짝 덧붙이면 더 좋아요.

2022 우정9급 2020 계리직
Q 현재 자기계발을 하고 있는 것이 있습니까?

예시 답변 네, 저는 집배원의 기본이 되는 체력과 지역 파악 능력 강화를 위해 규칙적인 운동을 실천하고 있으며, 최근에는 지도 앱을 활용해 실제 지역 배달 동선을 파악하고 있는 중입니다. 또한, 우편제도나 관련 제도를 이해하기 위해 우정사업본부 블로그나 공공기관 자료를 찾아보며 우편행정에 대한 기본 이해도 높이고 있습니다. 단순히 체력을 키우는 것이 아니라, 실질적인 업무 수행을 위한 준비를 하고자 꾸준히 노력하고 있으며, 앞으로도 이런 자기계발을 멈추지 않고 현장에서 바로 활용할 수 있도록 하겠습니다.

면접TIP 면접관이 알고 싶은 것은 단순한 공부 유무가 아니라 '직무에 대한 진정성 있는 준비를 해왔는가?', '지속적으로 발전하려는 열정이 있는가?', '그 자기계발이 직무와 어떻게 연결되는가?' 즉, 공부를 어떤 태도로 임하고 있는지를 판단합니다. 그러므로 답변 시 직무와 연결하여 동기와 계획 중심으로 실제 사례를 넣어 답변하세요. 진정성과 꾸준함도 강조하면 장기적 성장과 연결된 노력이 더욱 좋게 보입니다.

2014 별정우체국직원 2014 우정9급

Q 평소에 하고 싶었던 일은 무엇이었는지 말해보십시오.

예시 답변   사람들과 직접 부딪치며 도움을 줄 수 있는 일을 해보고 싶다는 생각을 오래 했습니다. 그래서 서비스업이나 공공 서비스에 꾸준히 관심을 가져왔고, 그중에서도 우체국은 국민과 가장 가까운 공공기관이라는 점에서 매력을 느꼈습니다. 반복된 업무 속에서도 책임감을 갖고 일하며, 현장에 꾸준히 기여하는 집배원이라는 직업이 제 가치관과 잘 맞는다고 생각해 지원하게 되었습니다.

면접TIP   직무 선택의 진정성과, 개인의 가치관을 가늠할 수 있는 질문입니다. 단순한 취미나 꿈이 아니라, 현재의 지원 직무와 관련되거나 연결되는 부분을 포함하는 것이 좋습니다. 또한 집배원이나 공공기관과 연결되지 않더라도, 성실함·책임감·사람과의 관계 등 관련된 가치로 자연스럽게 답변하면 됩니다.

2020 계리직

Q 우체국에서 일하면서 필요한 역량을 말해보십시오.

예시 답변   우체국 업무에는 다양한 역량이 요구되지만, 그중에서도 정확성과 책임감, 그리고 체력이 가장 중요하다고 생각합니다. 수많은 우편물과 금융 업무를 다루는 만큼 실수가 없어야 하며, 고객의 중요한 물품과 정보를 책임지고 전달하는 일인 만큼 높은 책임의식이 필요하다고 생각합니다. 또한 배달 업무는 일정한 시간 내에 반복되는 업무를 소화해야 하기 때문에 꾸준한 체력 관리와 시간 약속을 지키는 습관도 필수적입니다. 저는 반복된 루틴 속에서도 실수를 줄이기 위해 노력하고, 맡은 일은 끝까지 책임지고자 하는 성격이기 때문에 이러한 업무에 적합하다고 생각합니다.

면접TIP   이 질문은 직무 이해도와 자기분석을 동시에 확인하는 질문입니다. 추상적인 키워드만 나열하는 것이 아니라, 집배원 또는 우체국 업무의 특성을 기반으로 실질적 역량을 설명해야 합니다. 체력, 정확성, 책임감, 시간 엄수, 고객응대 등을 키워드로 설정한 후, 본인의 강점과 연결할 수 있으면 좋습니다.

2017 우체국 소포원 2017 상시계약 집배원
Q 집배원은 일은 힘든데 잘 할 수 있다고 생각합니까?

예시 답변 네, 집배원 업무가 쉽지 않다는 점은 잘 알고 있습니다. 장시간 외부에서 이동하고, 무거운 물품을 들거나 악천후 속에서도 일해야 하는 상황도 많기 때문에 체력뿐만 아니라 꾸준한 자기관리와 책임감이 필요한 직무라고 생각합니다. 저도 처음엔 부담감이 있었지만, 지원을 결심한 이후로 꾸준히 체력 관리와 생활 습관을 조절해왔고, 특히 한 번 정해진 일은 끝까지 해내는 끈기와 조용하게 책임을 다하는 성격을 가지고 있어 힘든 일이더라도 잘 해낼 수 있다고 생각합니다. 어려움이 있더라도 자부심을 갖고 일하고 싶습니다.

면접TIP 먼저 집배원 업무가 결코 쉬운 일이 아니라는 점을 솔직히 인정하는 것이 좋습니다. 그다음, '하지만 저는 ~한 준비와 태도를 갖추고 있고, 그 점에서 잘할 수 있다고 생각합니다.' 이렇게 겸손함, 자신감, 근거가 균형 있게 담겨야 합니다.

2020 우정9급 2017 상시계약 집배원
Q 최근에 접한 기사는 무엇입니까?

예시 답변 최근에 접한 기사는 '1인 가구 고령층 증가에 따른 우편물 대면 전달의 중요성'에 대한 기사였습니다. 기사에서는 등기우편이나 택배를 통해 유일하게 외부인과 접촉하는 고령층이 많아지면서, 집배원이 '마지막 사회적 연결자'가 되는 사례가 늘고 있다는 내용이었습니다. 단순한 우편 전달을 넘어서, 위급한 상황을 발견하거나 정기적으로 안부를 확인하는 역할까지 하고 있다는 점이 인상 깊었고, 저도 이웃을 살피는 따뜻한 시선을 유지해야겠다고 느꼈습니다. 앞으로도 이런 사회 이슈에 꾸준히 관심을 가지고, 실제 현장에서 더 책임감 있는 행동으로 이어가겠습니다.

면접TIP 면접관이 알고 싶은 건 '시사·사회 문제에 관심이 있는가?', '그 관심이 직무 태도와 연결되는가?', '기사를 읽고 어떤 관점과 태도를 가졌는가?' 즉, 이슈를 어떻게 바라보는지, 무엇을 느끼고 어떤 실천으로 이어갈 것인지 가늠하는 질문입니다. 너무 오래된 기사 말고 1~2주 이내의 기사로 준비하는 게 좋아요. 기사 제목 그대로 말해도 되지만, 주제만 자연스럽게 요약해서 말해도 좋습니다.

2020 우정9급 2012 상시계약 집배원
Q 최근 읽은 책은 무엇입니까?

예시 답변 헤밍웨이의 「노인과 바다」를 최근에 다시 읽었습니다. 주인공 산티아고가 아무도 알아주지 않는 싸움을 묵묵히 이어가는 모습이 인상 깊었는데, 결과보다 과정을 존중하고, 끝까지 포기하지 않는 자세가 공직자에게도 꼭 필요한 태도라고 느꼈습니다. 집배원의 업무도 체력과 끈기를 요하지만, 무엇보다 조용히 자신의 자리에서 책임을 다하는 자세가 중요하다고 생각합니다. 저는 그런 태도를 지켜가며, 시민과 신뢰를 쌓는 집배원이 되고 싶습니다.

면접TIP 지적 성장에 대한 태도, 자기계발과 학습에 대한 꾸준한 자세, 특히 최근에 읽은 책을 통해 얼마나 스스로를 채우는 사람인지, 그 책을 어떻게 해석하고 받아들였는지를 보려는 질문입니다. 인상 깊은 내용이나 생각을 언급하고 직무와 연결하여 가치관을 드러내면 좋습니다.

2020 우정9급
Q 업무를 배울 때 멘토에게 어떤 것을 배우고 싶습니까?

예시 답변 멘토로부터 단순한 절차나 규정뿐만 아니라, 현장에서만 얻을 수 있는 실질적인 노하우와 응대 방식을 배우고 싶습니다. 예를 들어 고객 민원 대응 시 유연하게 대처하는 법이나, 우편물 분류나 경로 설정 과정에서의 주의사항 등 경험을 기반으로 한 조언을 듣고 싶습니다. 업무 초기에 실수가 없도록 항상 경청하고 메모하며, 멘토의 피드백을 성실하게 반영하는 태도로 배우겠습니다.

면접TIP 업무 적응 태도와 협업 자세를 평가하려는 질문이므로 기술적인 업무지식 외에 조직문화 적응, 고객응대, 상황대처법 등 실무 노하우를 배우고 싶다는 방향이 좋습니다. 겸손하고 적극적인 태도를 함께 보여주는 것이 중요합니다.

2012 상시계약 집배원
Q 더 좋은 조건의 직장이 나타난다면 이직을 할 생각이 있습니까?

예시 답변 저는 조건만을 보고 직장을 선택하지는 않습니다. 오히려 안정적인 조직에서, 책임감을 가지고 오래 일할 수 있는 직장을 찾고 있었고 그 점에서 공공서비스를 수행하는 집배원 업무가 저와 잘 맞는다고 느꼈습니다. 생활에 꼭 필요한 서비스를 제공하는 일에 자부심을 느낍니다. 저는 한 번 맡은 일을 끝까지 책임지고 수행하는 성격이고, 조직과 함께 성장하는 사람이고 싶기 때문에, 단순히 조건이 더 좋다고 해서 이직을 쉽게 결정하지는 않을 것입니다.

면접TIP 단칼에 '아니요'보다는 가치를 기준으로 판단한다는 식으로 접근하는 게 설득력 있어요. 공직을 선택한 이유를 강조하고 책임감 있는 태도로 마무리하면 좋습니다. '무조건 안 합니다!'보다는 '공직의 안정성과 가치에 공감해 왔고, 책임감 있는 근무를 원한다'는 방향으로 진정성을 어필하세요.

2020 우정9급 2019·2016 별정우체국직원 2012 상시계약 집배원
Q 평소 체력관리는 어떻게 하고 있습니까?

예시 답변 평소에 규칙적인 체력 관리를 중요하게 생각하고 있습니다. 일주일에 3~4회는 실내 자전거를 타거나, 러닝을 하고 있습니다. 또 간단한 근력 운동이나 스트레칭도 하루 10분 이상 꾸준히 하고 있습니다. 집배원 업무는 장시간 야외 활동이 많은 직무이기 때문에, 평소에 체력을 유지하는 습관이 있어야 한다고 생각하고, 앞으로도 직무에 차질이 없도록 꾸준히 자기관리에 힘쓰겠습니다.

면접TIP 지속적인 자기관리 태도, 업무 준비도, 책임감 있는 생활습관을 갖추고 있는지 물어보는 질문입니다. 그냥 '운동하고 있습니다'보다는, 일관된 습관으로 보이는 표현이 좋아요. 건강관리, 직무수행 대비 등 목적이 있어야 하며, 구체적인 운동 루틴 언급하면 좋습니다. '요즘은 조금 쉬고 있지만…' 이런 말은 절대 금물. '꾸준함 + 직무 대비 자세' 이 두 가지를 명확하게 어필하는 게 핵심이에요.

2016 우정9급
Q 오늘 면접을 위해 본인이 준비한 것은 무엇이 있습니까?

예시 답변 오늘 면접을 위해 직무에 대한 정보와 우체국 관련 이슈를 먼저 정리하고, 예상 질문에 대한 답변을 작성하며 제 경험과 성향이 이 직무에 어떻게 맞는지 스스로 점검해 보았습니다. 또 자세나 말투, 표정 등 비언어적인 요소도 신경 쓰며 연습했습니다. 전날 미리 면접장에 와보기도 하고 컨디션 관리를 위해 일찍 잠자리에 들었습니다. 집배원으로서 가장 기본이 되는 체력과 책임감도 준비 과정에서 다시 다잡는 계기가 되었습니다.

면접TIP 준비 내용을 묻는 동시에, 면접에 임하는 태도, 직무에 대한 진심을 볼 수 있습니다. '예상 질문을 봤어요'보다, 조직 분석, 자기 성찰, 체력, 예절 등 실전 전반을 준비했다는 태도가 드러나면 좋습니다.

2023 별정우체국직원
Q 우편 고객센터 전화번호는 무엇인가요?

예시 답변 국번 없이 1588-1300입니다. 우편 고객센터는 국·내외 우편업무 전반의 고객응대뿐만 아니라 VOC, 국제우편물 행방조사 IMIC 등 우편고객센터 업무 영역을 확대하여 우편서비스의 종합 민원센터 역할을 수행하고 있습니다.

면접TIP 고객 중심의 응대 태도와 실무 대응력을 평가하기 위한 질문입니다. 전화번호 자체보다 '고객이 어떤 문제로 전화번호를 물어보는지 파악하고, 필요한 경우 직접 안내하거나 확인하여 응대할 수 있는가'가 핵심입니다. 우체국은 대민서비스 기관이므로, 정확한 정보 제공과 태도 모두 중요하게 평가되고 있습니다.

2023 우정9급
Q 복지 등기 서비스에 관하여 아는 대로 말해보십시오.

예시 답변: 복지 사각지대 해소를 위한 우체국의 사회안전망으로, 위기가정의 비극적 사고나 고독사 등 유사 사례를 미연에 방지하기 위해 지자체 복지서비스와 연계하여 취약계층을 지원하는 서비스입니다. 지자체에서 발송한 복지사업 안내 정보를 담은 등기우편물을 복지 사각지대 의심 가구에 배달하며 생활·건강·안전 상태 등을 파악한 뒤 다시 지자체에 전달합니다. 위 정보를 기반으로 지자체는 검토 후 위기가구 방문, 상담 및 맞춤형 복지서비스를 연계·제공합니다.

면접TIP: 복지 등기 서비스의 공익적 목적을 짚어주는 것이 좋습니다.

2022 우정실무원 2017 우체국 소포원
Q 택배 규격에 대해 말해보십시오.

예시 답변: 최대 허용 사이즈는 가로·세로·높이의 합이 160cm 이하이며 무게는 30kg 이하여야 합니다. 이를 초과하면 별도 운임이 적용되거나 접수가 불가할 수 있습니다. 따라서 접수 전 반드시 규격 확인이 필요하며, 규정에 맞는 포장도 중요합니다.

면접TIP: 실제 택배 접수나 분류 업무 시 기본적인 규격 이해가 되어 있는지를 확인하기 위한 질문으로, 기본형(중량, 세변 합 기준)만 기억하면 충분하며, 간단히 숫자로 외워두면 좋습니다.

2023 우정9급
Q 등기 우편의 종류에 대하여 아는 대로 말해보십시오.

예시 답변: 일반등기는 우편물이 접수된 후 수취인에게 전달될 때까지의 모든 과정을 기록하며, 익일특급은 다음 날 배송을 보장하는 등기입니다. 준등기는 일반적인 등기우편보다 저렴하고, 발송과 도착 확인이 가능하지만 중간 경로를 추적할 수는 없습니다. 빠른등기는 일반등기보다 빠르게 배송됩니다. 등기우편은 우편물의 중요성과 시급성에 따라 다양한 형태로 이용할 수 있습니다.

면접TIP: 주요 등기우편의 종류와 특징을 간단하게 열거하면 좋습니다.

2023 우정9급

Q 이륜차가 출발하기 전 점검해야 할 요소는 무엇인가요?

예시 답변   출발 전에는 타이어 공기압과 마모 상태, 제동장치, 연료량, 전조등과 방향지시등의 점등 여부, 후사경 상태 등을 점검해야 합니다. 또한 브레이크, 클러치, 가속 페달의 작동 상태도 출발 전 확인해야 하며, 비나 눈이 오는 날에는 타이어 접지력과 배수상태도 함께 살펴야 안전하게 운행할 수 있습니다.

면접TIP   안전의식과 더불어 기본 정비 능력이 있는지 가늠할 수 있는 질문입니다. 시동 전 점검과 작동 확인 흐름으로 답변해보세요.

2024 · 2023 우정9급

Q 서신독점권이 무엇인지 아는 대로 말해보십시오.

예시 답변   서신독점권이란 국가기관인 우체국에서만 서신을 취급할 수 있도록 법으로 보장한 제도를 말합니다. 「우편법」에 근거하여 우체국이 전국에 걸쳐 모든 국민에게 공평하고 적정한 요금으로 보편적 우편서비스를 안정적으로 제공하기 위해서입니다.

면접TIP   공무원 또는 공공기관의 법적 권한에 대한 이해도를 평가할 수 있는 질문입니다. 우체국이 유일하게 수행 가능한 우편 업무의 범위에 대한 개념을 설명하고, 독점하는 목적까지 짚어주면 더 좋은 답변이 됩니다.

2023 우정9급

Q 교차로에서 우회전하는 법에 대하여 설명해보십시오.

예시 답변   교차로 진입 전 차량 신호가 적색이라면 완전히 정차합니다. 보행자 신호가 녹색일 경우 보행자가 모두 건널 때까지 정차하며 교차로에서 좌회전, 직진 차량을 확인합니다. 차량 신호가 녹색이더라도 보행자가 있는 경우에는 우회전을 하지 말고 기다려야 합니다. 보행자가 없더라도 서행하며 주변 교통 상황도 함께 고려하는 안전 운전이 중요합니다.

면접TIP   교차로 우회전은 교통법규 이해도와 안전 의식을 확인하려는 질문으로 보행자 보호와 정지선 준수, 주행 중 상황 인지까지 포함해야 합니다. 특히 우회전 신호가 따로 없을 경우 보행자 보호 의무가 있다는 점은 반드시 언급해야 합니다.

2022 우정9급
Q 우편물 송달 순서에 대해 말해보십시오.

예시 답변
우편물의 송달은 크게 '우편물 접수 → 발송 → 지역 우체국 도착 → 배달' 순으로 진행됩니다. 먼저 접수된 우편물은 우편집중국으로 모인 후, 각 지역별로 분류되어 해당 지역 우체국으로 이송됩니다. 이후 지역 집배원이 배달 구역에 따라 송달 준비를 하고, 최종적으로 수취인에게 전달됩니다.

면접TIP
실제 집배업무의 기초적인 흐름 이해를 평가하려는 질문으로, 간단하게 집중국 → 지역 우체국 → 배달망 → 수취인 흐름을 요약하면 충분합니다.

2023 별정우체국직원 2022 우정9급 2015·2014 상시계약 집배원 2012 계리직
Q EMS가 무엇인지 아는 대로 설명해보십시오.

예시 답변
EMS는 'Express Mail Service'의 약자로 급한 편지, 서류나 소포 등을 가장 빠르고 안전하게 외국으로 배달해 주는 국제특급우편입니다. 우정사업본부가 외국의 공신력 있는 우편당국과 체결한 특별협정에 따라 취급합니다. 전 세계 100여 개국 이상과 연결되며, 서울에서 오전에 부칠 경우 도착 국가에서 통관검사를 거칠 필요가 없는 우편물(서류)이라면 도쿄, 홍콩, 싱가폴 등 가까운 곳은 2~3일, 기타 국가는 3~5일 이내에 배달됩니다.

면접TIP
국제우편 서비스의 기본 개념과 실무 구조를 이해하고 있는지를 평가하기 위한 질문입니다. 기본 용어에 대한 이해도, 서비스의 주요 특징, 기타 우편과의 차이점 등을 통해 지원자가 실제 고객 문의나 실무 상황에 즉시 대응할 수 있는 준비가 되어 있는지를 확인하려는 목적이 있습니다.

2020 계리직
Q 나만의 우표에 대하여 설명해보시오.

예시 답변
나만의 우표는 고객이 원하는 이미지를 활용해 자신만의 우표를 제작할 수 있는 서비스입니다. 기념일, 단체 행사, 기업 홍보 등 다양한 용도로 활용되며, 우체국의 문화적·서비스 기능 및 홍보에도 긍정적인 영향을 주는 서비스라고 생각합니다.

면접TIP
나만의 우표는 실무에서 고객이 자주 문의하는 서비스 중 하나입니다. 상품·기념·홍보용 우편물 제작 가능성을 언급하면 좋습니다.

2020 우정9급 2015 · 2014 상시계약 집배원
Q 내용증명이 무엇인지 설명해보십시오.

예시 답변   발송인이 수취인에게 어떤 내용의 문서를 언제 발송하였다는 사실을 우편관서가 공적으로 증명해주는 우편 서비스입니다. 내용증명제도는 개인 상호 간에 있어서 채권·채무의 이행 등 권리의무의 득실 변경에 관하여 발송되는 우편물의 문서내용을 후일의 증거로 남길 필요가 있을 경우와 채무자에게 채무의 이행 등을 최고하기 위하여 주로 이용되는 제도입니다. 우편관서에서는 문서내용과 발송사실만을 증명해 줄 뿐이고 내용증명을 발송하였다는 사실만으로 법적 효력이 발생되는 것은 아닙니다. 내용증명 우편물은 등기통상으로 취급되어 배달기록을 남기고 있으며 언제 배달하였다는 것을 증명하는 '배달증명' 우편물로 발송하면 안전합니다.

면접TIP   우편업무의 실질적 기능과 법적 효력을 이해하고 있는지를 평가할 수 있는 질문입니다. 단순히 '문서 내용 증명'이라는 개념을 넘어서 언제 사용되며, 어떤 특징이 있는지를 구체적으로 알고 있는가를 평가하고자 하는 의도가 담겨 있습니다. 우체국 창구나 고객 응대 시 정확하고 책임감 있게 설명할 수 있어야 하므로, 용도를 정확하게 설명하는 것이 중요합니다.

2023 계리직
Q 우체국 4대 공적역할을 말해보십시오.

예시 답변   지자체가 위기 징후, 독거 가구 등을 대상으로 복지 관련 안내문을 등기우편물로 발송하여 집배원이 방문 및 생활실태를 파악하고 지차체로 회신하는 복지등기 우편서비스, 도서지역 주민에게 가스안전 정보가 담긴 등기우편물을 배달하면서 한국가스안전공사에서 필요한 기초점검정보를 수집하여 전달하는 가스안전 우편서비스, 폐의약품을 회수하는 폐의약품 회수 사업, 일용·임시직 건설근로자가 퇴직할 때 받을 수 있도록 건설근로자 퇴직공제금 신청 지원이 있습니다. 우체국은 국민과 가장 가까운 거리에서 공공서비스를 실현하는 생활 속의 국가 기관이라고 생각합니다. 저 역시, 국민이 믿고 먼저 찾을 수 있는 '안심의 얼굴'이 되겠다는 각오로 임하고 싶습니다.

면접TIP   지식 전달을 넘어서, 내가 그 역할 안에서 어떤 마음가짐으로 일하겠다는 답변을 하면 기관의 정체성을 이해하고 있다는 강한 인상을 남길 수 있습니다.

2022 우정실무원

Q 우정실무원이 공무직인 것을 알고 있습니까? 우정실무원에 대해 설명해보십시오.

예시 답변   우정실무원은 우정사업본부 소속의 공무직(무기계약직) 직원으로, 우편물 분류, 접수·발송 보조, 창구 업무 보조, 배달 지원 등 실무 중심의 업무를 담당합니다. 조직 내에서 공무원과 협업하며, 우체국의 운영에 필수적인 현장 인력으로서 중요한 역할을 수행하고 있습니다. 특히 고객과 직접 접촉하는 업무가 많기 때문에, 친절한 태도와 정확한 업무처리가 필수적입니다.

면접TIP   지원한 직무의 명칭, 신분, 역할에 대해 구체적으로 인식하고 있으며, 공무원이 아님에도 불구하고 책임감 있게 일하려는 자세를 갖추었는지를 파악하는 것이 면접 질문의 목적입니다. 직무 명칭과 조직 내 위치를 막연하게 알고 있지 않고, 정확히 설명할 수 있어야 평가에서 좋은 인상을 줄 수 있습니다.

2020 우정9급

Q 차량사고 시 조치사항에 대해 말해보십시오.

예시 답변   사고가 발생한 경우에는 우선 부상자의 생명과 안전을 가장 우선에 두고 즉시 구조 요청을 합니다. 119나 112에 신고하여 응급조치와 경찰 출동을 요청하고, 2차 사고가 발생하지 않도록 현장을 안전하게 정리합니다. 이후 사고 경위를 정확히 파악해 관할 우체국이나 담당자에게 즉시 보고하고, 사고 경위서나 필요 서류를 작성하여 제출합니다. 공공기관 소속으로서 사고 후 조치는 책임감 있는 태도와 정확한 절차 이행이 중요하다고 생각합니다.

면접TIP   집배원 직무 특성상 오토바이·차량 운행 중 사고가 발생할 수 있다는 점을 전제로, 사고 발생 시 침착하고 책임감 있게 대응할 수 있는가를 평가하기 위한 질문입니다. '부상자 보호 → 신고 → 현장 보존 → 상급자 보고' 등 실무적인 단계별 대처 능력과 공공 조직의 일원으로서의 책임감을 함께 확인할 수 있습니다.

2020 우정9급

Q 우체국 관할과 소속에 대해 말해보십시오.

예시 답변   우체국은 과학기술정보통신부 소속의 우정사업본부 산하 조직입니다. 우정사업본부는 전국 우체국의 운영을 총괄하며, 그 아래 지역별 우정청과 관할 우체국들이 배치되어 있습니다. 따라서 우체국에서 근무하게 되면 국가기관의 일원으로서 국민에게 안정적이고 책임 있는 공공 서비스를 제공하는 역할을 수행하게 됩니다.

면접TIP   우체국이 과학기술정보통신부 소속의 우정사업본부 산하 기관이라는 점을 정확히 알고 있는지, 본인이 공공조직의 일원이라는 인식이 있는지도 함께 평가하는 질문입니다. 그러므로, '어느 부처 소속인지 → 어떤 조직 구조로 운영되는지 → 자신이 어떤 위치에서 일하게 되는지'를 흐름 있게 설명하는 것이 좋습니다.

2022 · 2020 우정9급 2020 계리직
Q 우체국에서 진행하고 있는 사업에 대해서 알고 있는 것을 말해보십시오.

예시 답변
우체국은 우체국 예금, 우체국 보험 등 금융 사업, EMS와 국제우편 등 국제물류 사업, 그리고 소포 접수, 등기, 내용증명 등의 민원 서비스까지 다양한 사업을 운영하고 있습니다. 최근에는 우편물류 자동화와 모바일 앱을 통한 디지털 서비스 강화도 추진하고 있는 것으로 알고 있습니다. 이러한 다양한 사업을 이해하고, 고객에게 정확하게 안내하는 것도 현장 직원으로서 중요한 역할이라고 생각합니다.

면접TIP
금융·보험·디지털서비스 등 다양한 사업 분야에 대해 알고 있는지를 통해 실제 업무 이해도와 관심도를 종합적으로 평가하기 위한 질문입니다. 대표적인 사업들을 간략하게 언급하면 됩니다.

2022 · 2020 우정9급
Q 교통사고 12대 중과실에 대해서 설명해보십시오.

예시 답변
교통사고처리특례법에 규정되어 있는 것입니다. 신호위반, 중앙선 침범, 제한속도보다 20km를 초과하여 과속, 앞지르기 방법이나 끼어들기 금지 위반, 철길건널목 통과 방법 위반, 횡단보도 보행자 보호의무 위반, 무면허 운전, 음주운전, 보도침범, 승객추락 방지의무 위반, 어린이보호구역 안전운전의무 위반, 화물고정조치 위반 등이 있습니다. 이러한 위반은 모두 사고 발생 시 민형사상 책임이 무겁고, 공공기관 근무자에게는 더욱 엄격한 기준이 적용됩니다. 따라서 저는 평소에도 교통법규를 철저히 지키며, 사고 없는 안전한 업무 수행을 가장 우선적인 책임으로 인식하고 있습니다.

면접TIP
항목 전체를 암기하지 못했더라도, 대표적인 항목(신호위반, 음주운전, 무면허 등)은 반드시 언급하는 것이 좋습니다. 마지막에는 공공조직 일원으로서의 안전 의식과 책임감으로 마무리하는 것이 바람직합니다.

2020 우정9급 2019 별정우체국직원
Q 지번주소에서 도로명주소로 바뀐 이유가 무엇인지 말해보십시오.

예시 답변
토지 중심의 지번주소는 도로 기준의 명확한 위치 파악이 어렵고 혼동이 많았습니다. 이에 건물의 위치를 도로와 건물번호 중심으로 표시하는 도로명주소 체계가 도입되었습니다. 도로명주소는 길 찾기와 물류 배달의 효율성을 높이고, 국민의 생활 편의와 행정 업무의 정확성 향상을 위해 시행된 제도입니다.

면접TIP
행정 시스템의 변화 배경과 목적을 이해하고 있는지를 평가하려는 질문으로, 지번주소는 토지 중심의 주소 체계였고, 도로명주소는 이동성과 생활 중심이라는 점을 인식하면 됩니다.

2022 · 2020 우정9급

Q 등기를 분실할 경우 손상보상액에 대해서 말해보십시오.

예시 답변
배상범위 및 금액은 망실·훼손 시 50만 원 범위 내 실제 손해액입니다. 단, 보험취급한 경우 신고가액(300만 원) 범위 내 실제 손해액이며, 송달기준보다 2일 이상 지연 배달 시 소포요금 및 수수료를 배상합니다. 청구권 소멸 시효는 우편물을 발송한 날부터 1년 이내입니다. 우편물의 보내는 분 또는 받는 분의 잘못으로 인한 손해, 물품의 성질·결함 또는 불가항력으로 인해 발생한 손해와 받는 분 부재, 수취거절 등 고객의 사정, 설·추석 및 천재지변 등 불가항력으로 인하여 배달이 지연된 경우는 손해배상에서 제외됩니다.

면접TIP
등기는 일반 우편과 달리 우체국이 책임지고 배달을 보장하는 유가 서비스이기 때문에, 분실·손상 시 손해배상이 어떻게 이뤄지는지를 알아야 합니다.

2021 우정9급

Q 집배원 10대 안전수칙에 대해 말해보십시오.

예시 답변
집배원 10대 안전수칙에는 교통법규 철저히 준수하기, 안전모 착용 및 턱 끈 알맞게 조이기, 안전거리 확보하여 운전하기, 양보·방어·서행 운전하기, 전방 주시 등 운전에 집중하기, 음주운전 및 난폭운전 하지 않기, 운전 중 전화통화 하지 않기, 교차로에서 급출발 하지 않기, 매일 이륜차 정비하기, 이륜차 불법 개조하지 않기입니다. 이 중에서도 기본적인 보호 장구 착용과 속도 조절, 사고 예방을 위한 점검 습관이 특히 중요하다고 생각합니다. 항상 우체국의 안전매뉴얼을 숙지하고 실천하는 태도로 임하겠습니다.

면접TIP
사고 발생 시 본인뿐만 아니라 조직 전체에 영향을 미치므로, 기초적인 안전 수칙을 숙지하고 실천하려는 태도를 강조하는 것이 중요합니다. 10가지 모두 외우지 못해도 헬멧 착용, 안전거리 확보, 서행 운전 등 대표적인 4~5가지만 언급하면서 이 외에도 안전 매뉴얼을 철저히 숙지하겠다는 식으로 마무리하면 좋다.

2020 우정9급

Q 등기 재배달 횟수에 대해 말해보십시오.

예시 답변
2025년부터 등기우편은 1회 배달이 원칙이며, 부재중일 경우 우체국에서 4일 동안 보관됩니다. 수취인 희망 시 보관기간 내 희망일에 1회에 한하여 재배달이 가능합니다. 정해진 절차를 숙지하고 정확하게 대응하는 것이 중요하다고 생각합니다.

면접TIP
우체국 등기통상 우편물 배달처리 기준 변경안을 숙지하고 있는지 확인할 수 있는 질문입니다. 실무 시 고객 요청에 따라 정해진 절차로 신속히 재배달하겠다는 의지를 함께 보여주세요.

2021 우정9급

Q 우체국 대표 전화번호 3개를 말해보십시오.

예시 답변   1588-1300은 우체국 대표 콜센터로, 우편과 금융 서비스를 통합 안내합니다. 1588-1900은 우체국 예금 번호, 1599-0100은 우체국 보험관련 고객센터 전화번호입니다.

면접TIP   실제 현장에서 고객 응대를 제대로 할 수 있는 준비가 되어 있는지 확인하는 질문입니다. 단순 암기 여부보다는 각 대표번호가 어떤 용도로 쓰이는지를 알고 있는지가 핵심입니다. 외우는 것에 집중하기보다 우편, 금융, 보험 중심의 구분을 기억하면 실전 대응에 도움이 됩니다. 모르면 '확인 후 정확하게 안내하겠다'는 답변도 좋습니다.

2020 계리직

Q 민간보험과 우체국 보험의 차이를 말해보십시오.

예시 답변   우체국 보험은 민간 보험과 달리 비영리 원칙에 기반한 공공보험 서비스입니다. 국민 복지를 위해 설계되었으며, 고령층·서민층을 위한 단순하고 저렴한 보험 상품이 중심입니다. 반면 민간 보험은 이윤 창출이 목적이라 상대적으로 상품이 다양하지만 복잡하고 수수료가 높을 수 있습니다. 우체국 보험은 전국 어디서든 접근성이 뛰어나고, 신뢰도 높은 공공서비스라는 점에서 차별성이 있습니다.

면접TIP   고객 민원에서 자주 나오는 질문이기도 해서, 공공기관이 제공하는 보험 서비스로서의 차별성을 설명하는 게 중요합니다. '우체국 보험은 비영리 공공성이 중심'이라는 키워드 포함하여, 운영 목적과 수익구조의 차이 위주로 설명하면 깔끔한 답변이 됩니다.

2023 별정우체국직원

Q 우체국 보험의 특징을 말해보십시오.

예시 답변   우체국 보험은 정부가 운영하는 서민형 공영 보험입니다. 주요 특징으로는 첫째, 국가가 운영하므로 안전하고 안정성이 높습니다. 둘째, 저렴한 보험료와 간단한 절차로 누구나 쉽게 가입할 수 있습니다. 셋째, 재해·질병·노후 등 다양한 생활 위험을 보장하는 맞춤형 상품을 제공합니다. 저는 이러한 우체국 보험의 사회적 가치를 알고, 고객에게 보다 나은 보장을 안내하는 업무에 충실하겠습니다.

면접TIP   특징을 나열할 때 중구난방으로 들리지 않도록 순서를 정하여 언급해야 합니다. 단순히 외운 내용처럼 들리지 않게, 내 의지를 함께 덧붙이면 더욱 신뢰할 수 있는 답변이 됩니다.

2024 · 2019 별정우체국직원 2016 · 2015 · 2014 · 2012 · 2011 상시계약 집배원 2010 계리직
Q 우체국이 하는 일을 말해보십시오.

예시 답변 우체국은 우편물 수집 · 배달을 중심으로, 금융업무(예금, 송금)와 보험 업무까지 수행하는 종합 생활 서비스 기관입니다. 최근에는 국제특송, 전자상거래 연계 물류사업 등도 함께 운영하고 있으며, 공공기관으로서 복지 · 행정서비스를 제공하는 등 국민 생활을 편리하게 하고 지역사회와 연결하는 가교 역할을 하고 있습니다.

면접TIP 크게, '우편 + 금융 + 보험' 3축 중심으로 말하면서 사회적 약자를 위한 복지 · 행정서비스를 제공하는 공공서비스 역할을 함께 언급하도록 합니다.

2019 · 2014 별정우체국직원 2015 · 2012 상시계약 집배원 2014 우정9급
Q 집배원이 하는 일을 간략히 말해보십시오.

예시 답변 집배원은 정해진 구역 안에서 우편물, 등기, 택배 등을 정확하고 안전하게 배달하는 업무를 수행합니다. 출근 후 배달물 분류부터 시작해, 일정한 시간 내에 전달하며, 고객 요청 시 재배달이나 민원 응대까지 담당합니다. 반복적인 일처럼 보이지만, 정확성과 책임감이 매우 중요한 업무입니다.

면접TIP 직무를 정확히 알고 지원했는지 확인하는 기본 중의 기본 질문입니다. 우편물, 등기, 택배의 배달 등 유형을 언급하고 업무의 특성 강조한 후 '책임감과 체력이 중요한 직무'라고 마무리해주면 완성도가 높은 답변이 됩니다.

2022 우정실무원
Q 우체국의 우표 가격에 대해 알고 있습니까?

예시 답변 국내 일반 우편물을 보낼 때 사용하는 일반 우표 기본요금은 430원입니다. 이는 25g 이하의 일반 우편 기준으로, 무게가 초과되면 추가 요금이 발생합니다. 우표 가격은 우편물의 종류와 크기, 무게에 따라 달라질 수 있어, 접수 시 정확한 요금 확인을 통해 안내하는 것이 중요합니다.

면접TIP 실제로 고객이 가장 자주 물어보는 정보 중 하나입니다. 답변 시 등기, 소포 요금과 헷갈리지 않도록 주의하며 요금은 중량 · 지역에 따라 다르므로 확인 후 정확히 안내하겠다고 마무리해도 좋습니다.

2020 우정9급 2017 우체국 소포원
Q 대리수취인 제도에 대해 설명해보십시오.

예시 답변 대리수취인 제도는 수취인 본인이 부재 중일 때, 정해진 범위의 가족이나 위임자가 대신 우편물을 수령할 수 있도록 하는 제도입니다. 보통 직계존·비속, 배우자, 법정대리인, 위임장 지참자가 해당되며, 신분증 확인이 필수입니다. 단, 법원 서류 등 본인 수령 원칙이 적용되는 우편물은 예외이며, 이 경우에는 반드시 본인 확인 후 전달해야 합니다.

면접TIP 법적 효력이 있는 문서나 소송 서류의 전달에 관련되므로 착오 없는 업무처리를 위한 제도 이해가 중요합니다. 핵심은 '직계가족, 배우자, 위임받은 자'이며, 대리수령 가능 여부는 민감할 수 있어, 신분증 확인이 필수라는 것을 언급해야 합니다. 법적 분쟁이 있는 서류는 원칙적으로 본인 수령임도 덧붙이면 전문성 높은 답변이 됩니다.

2015 상시계약 집배원
Q 우체국과 우편집중국의 차이점에 대해 설명해보십시오.

예시 답변 우체국은 고객을 직접 응대하고 우편물의 접수·배달을 담당하는 현장 창구기관이고, 우편집중국은 전국에서 수집된 우편물을 지역별로 분류하고 연결하는 물류 거점입니다. 즉, 우체국은 고객과의 접점 역할, 집중국은 물류 흐름의 중심 역할을 수행하며 서로 협력합니다.

면접TIP 우편물의 흐름과 조직 간 역할 차이를 알고 있는지를 확인하기 위한 질문으로, 집중국은 물류 중심, 우체국은 배달·접수 창구라는 점 또는 고객 접점 유무로도 구분하는 것이 좋습니다.

2015 상시계약 집배원
Q 별정우체국직원 집배원과 상시계약 집배원이 어떻게 다른지 설명해보십시오.

예시 답변 별정우체국직원 집배원은 민간 위탁 형태의 별정우체국직원에서 자체 고용한 인력이고, 상시계약 집배원은 우정사업본부에서 직접 고용한 비정규 인력입니다. 별정우체국직원은 조직 운영 자체가 위탁 기반이라 고용 주체가 다르고, 상시계약 집배원은 일정 계약 기간 동안 우정청 소속 집배 업무를 지원하는 인력입니다.

면접TIP 고용 주체, 소속, 업무 구조에서 차이가 있음을 구분할 수 있어야 합니다. 두 집배원 모두 정규직이 아니며, 조직 체계나 관리 주체로 정리하여 답변할 수 있습니다.

2015 상시계약 집배원
Q 다음에 제시하는 영어를 읽고 해석해보십시오.

P.O. Box, 110/14, Geomsan-dong, Paju-si, Gyeonggi-do, Korea

예시 답변 P.O. Box, 110 슬래시 14, 검산동, 파주시, 경기도, 코리아라고 읽습니다. 여기서 'P.O. Box'는 사서함 주소를 의미하며, 전체 주소는 대한민국 경기도 파주시 검산동 110번지 14호의 사서함으로 배송되는 우편물이라는 의미입니다.

면접TIP 영문 주소 형식에 대한 이해도와 국제우편 처리 시의 실무 대응 능력을 평가하기 위한 질문으로, 영어 주소는 보통 작은 단위 → 큰 단위 순으로 표기되므로, 도시·구·동·번지 순으로 한국식 주소로 재해석하고 발음은 자연스럽게, 뜻은 한글로 조리 있게 풀어 말하는 게 포인트입니다.

2021 우정9급
Q Small Packet 읽어보십시오.

예시 답변 스몰 패킷입니다.

면접TIP 실제 국제우편에 사용되는 용어를 보고 읽을 수 있는가를 확인할 수 있는 실무형 질문입니다. 특히 'Small Packet'은 국제소형포장물로 분류되며, 집배원이 자주 접하게 되는 항목이기 때문에 외우고 읽는 연습이 필요합니다.

2019 별정우체국직원
Q 다음 영어의 뜻을 말해보십시오.

Unknown, Insufficient, Unclaimed, Refused, Gone away

예시 답변 차례로 수취인 불명, 주소 불명, 교부청구 없음, 수취거절, 이사입니다.

2019 별정우체국직원
Q 다음 한자를 읽어 보십시오.

郵遞局, 隣近, 到着, 革新, 江原道 束草市 永郎洞

예시 답변 차례로 우체국, 인근, 도착, 혁신, 강원도 속초시 영랑동입니다.

면접TIP 실무 중 자주 접하게 되는 한자어를 읽을 수 있는지를 확인할 수 있는 실무형 질문입니다. 면접 전 자주 나오는 한자어는 미리 익혀두며, 모르더라도 끝까지 읽으려는 자세를 보이는 것이 좋습니다.

2015 상시계약 집배원
Q 다음에 제시하는 한자성어를 읽어보십시오.

日就月將, 登記郵便

예시 답변   차례로 일취월장, 등기우편입니다.

2019 별정우체국직원
Q 다음 한자를 읽어 보십시오.

磨斧作針

예시 답변   마부작침입니다.

2015 상시계약 집배원
Q 다음에 제시하는 한자성어를 읽어보십시오.

道聽塗說, 尾生之信

예시 답변   도청도설, 미생지신입니다.

2023 계리직
Q 우리나라 최초의 우표와 우편의 시작을 말해보십시오.

예시 답변   우리나라는 1884년 11월 18일 우정총국이 업무를 시작함으로써 우리나라 최초의 우표가 탄생하였는데, 이때 발행된 우표는 문위우표입니다. 당시 화폐 단위가 문(文)이었기 때문에 후에 수집가들에 의해 붙여진 이름입니다. 또한 우정총국이 개설되어 근대적 우편제도를 최초로 도입하였는데, 갑신정변으로 인한 업무 중단 이후 1895년에 업무를 재개하고 이후 정비되어 오늘날까지 이어져오고 있습니다.

면접TIP   숫자와 연도는 흐리지 말고 확실하게 언급하도록 합니다. 최초의 우표에 대해 설명을 덧붙이자면, 문위우표는 5문, 10문, 25문, 50문, 100문 5종으로 일본 정부(일본 대장성 인쇄국)에 의뢰, 제작하여 우정총국 개시와 함께 판매될 예정이었으나 우정총국 개시일까지 5문과 10문만 도착하고 나머지 25문, 50문, 100문은 도착되지 않아 미발행에 그쳤습니다. 문위우표 5문과 10문은 우정업무를 처음 시작한 서울(한성)과 인천(제물포) 사이에 오고 간 우편물에만 사용되었습니다.

2023 계리직
Q 우정사업의 비전을 말해보십시오.

예시 답변 우정사업의 비전으로는 우정디지털 플랫폼 구축, 우편사업의 수익구조 개선, 온세상을 연결하는 공적가치, 안전하고 활기찬 조직문화 조성, 금융사업의 안정적 성장이 있습니다. 이 비전이 말뿐이 아니라 현장에서 실현되는 모습을 만들기 위해 늘 국민의 입장에서 응대하고, 창구에서 신뢰를 쌓는 일부터 성실히 실천하겠습니다.

면접TIP 비전을 그냥 외우기보단 내가 어떻게 실현할 것인지를 연결하여 답변하면 더욱 좋습니다.

2023 계리직
Q 우체국 금융과 사금융의 차이점을 말해보십시오.

예시 답변 우체국 금융은 국가가 운영하는 공공금융으로, 국민의 금융 접근성 향상과 복지를 지원하는 역할을 합니다. 예금 및 보험의 안정성이 높습니다. 반면, 사금융은 민간 금융기관이나 개인이 운영하며, 영리 목적이 중심입니다. 대출 금리나 조건이 우체국 금융에 비해 다양하고 높을 수 있으며, 대출 중심의 상품이 많은 편입니다. 저는 우체국 금융의 공적 역할과 신뢰성을 충분히 이해하고, 국민의 이익을 최우선으로 생각하며 일하겠습니다.

면접TIP 우체국 금융은 '공적 역할, 안전성, 신뢰성'이 가장 중요한 키워드입니다. 사금융과 비교할 때도 국민에게 안정적인 금융서비스를 제공한다는 것을 강조하면 좋습니다.

2020 상시계약 집배원
Q 만약 우체국의 발전을 위해 지금 당장은 성과가 보이지 않더라도 해야 할 일이 있다면, 어떤 태도로 임할 것인가요?

예시 답변 성과가 금방 보이지 않더라도, 조직이 필요로 하는 일이라면 저는 꾸준히 맡은 바를 충실히 수행하겠습니다. 우체국은 국민의 생활과 연결된 공공서비스를 제공하는 만큼, 단기적인 성과보다 장기적인 신뢰와 만족도가 중요하다고 생각합니다. 특히 저 같은 신입 직원이 맡은 업무도, 언젠가는 조직의 기반이 되는 역할을 한다고 믿습니다. 그래서 저는 성과가 잘 드러나지 않더라도 이 일은 누군가는 반드시 해야 할 일이라는 책임감을 갖고, 최선을 다해 꾸준히 임하겠습니다.

면접TIP 숨은 의미는, 성과가 보이지 않더라도 헌신할 수 있겠냐는 것입니다. 따라서 답변 시 '일단 열심히 하겠습니다'보다는 단기적인 성과보다는 조직의 장기적 가치와 국민 신뢰를 강조하면 좋습니다. 구체적인 태도를 표현하고, 만일 덧붙일 사례가 있다면 아주 짧게 1~2문장으로 정리하면 좋습니다.

03 창의·혁신

주어진 업무를 단순히 반복하는 데 그치지 않고, 비효율을 개선하거나 문제 상황에서 새로운 해결 방안을 고민할 수 있는 태도를 평가합니다. 특별히 기술적인 발명이나 아이디어가 아니어도 괜찮습니다. 평소 업무 중에 '더 나은 방법은 없을까?' 고민한 적이 있었는지, 작은 개선을 시도해본 경험이 있는지를 중심으로 말하면 좋습니다. 결국 중요한 건 능동적으로 문제를 인식하고 해결하려는 자세입니다.

2023 우정9급

Q 우체국과 타 지자체의 협업으로 실현 가능한 사업이 있다면 말해보십시오.

예시 답변   현재 지자체와 협력하여, 지자체 복지서비스와 연계하여 취약계층을 지원하는 서비스가 시행되고 있는 걸 알고 있습니다. 저는 이 사업이 굉장히 의미 있다고 생각하는데, 여기에 '이동 불편층 맞춤형 민원 지원 서비스'를 추가로 제안하고 싶습니다. 예를 들어, 민원 서류를 직접 발급하러 가기 어려운 고령자나 장애인을 대상으로, 우체국 창구에서 민원 서류 신청 대행 접수를 받거나, 우편 배달 중 수거·접수를 병행하는 방식으로 행정 접근성을 높이는 방안입니다. 이는 지역 밀착형 생활행정 플랫폼으로서의 우체국 역할을 넓히는 데 기여할 수 있다고 생각합니다.

면접TIP   협업 대상을 선정하고 목적과 구체적인 아이디어를 제시합니다. 꼭 완전히 새로운 아이디어를 고안하지 않아도 기존에 시행되고 있는 사업에 더 나은 방향을 고민하고 있다는 태도를 보여주면 좋습니다.

2023·2020 우정9급 2019 별정우체국직원 2017 우체국 소포원 2011 상시계약 집배원

Q 우체국에서 불편했었거나 개선했으면 하는 점, 이를 해결할 방안이 무엇인지 말해보십시오.

예시 답변   개인적으로 개선하면 좋겠다고 느낀 점은 디지털 기기나 앱 이용에 어려움을 겪는 고령층 고객들에 대한 배려 부족이었습니다. 무인 우편창구나 모바일 서비스가 늘어나면서, 직원의 도움 없이는 서비스를 이용하기 어려운 경우를 자주 목격했는데요. 단기적으로는 기기 옆에 쉬운 설명판이나 음성 안내 기능을 추가하는 방식으로 접근성을 높일 수 있고, 장기적으로는 지자체와 연계해 '고령층을 위한 우체국 서비스 체험 교육'을 정기적으로 운영하는 것도 하나의 해결방안이 될 수 있다고 생각합니다. 공공기관으로서 누구나 쉽게 이용할 수 있는 환경을 만드는 것이 가장 기본적인 책임이라고 생각합니다.

면접TIP   이 질문은 지원자가 실제 이용자 관점에서 우체국을 얼마나 경험해봤는지, 그리고 문제를 인식하고 개선 방향을 스스로 고민할 줄 아는 사람인지를 보려는 의도가 있습니다. 따라서 불편한 점을 말할 때는 단순 불만이 아니라, 공공서비스로서의 개선 필요성이라는 시선에서 접근하는 것이 좋습니다. 본인이 겪은 경험이나 자주 관찰한 사례를 하나 떠올리고, 단순 문제 제기로 끝내지 않고, 실현 가능한 개선방안을 간단하게 제안하여 마무리합니다.

2023 별정우체국직원

Q 집배원에게 필요한 것이 있다면 3가지 정도 말해보십시오.

예시 답변
집배원에게 필요한 자질로는 기본적인 체력, 책임감, 그리고 창의적인 문제 해결 능력이 있다고 생각합니다. 체력과 책임감은 기본적으로 모든 업무의 바탕이 되는 요소이고, 창의력은 현장 상황에 맞게 유연하게 대처하는 데 꼭 필요한 능력입니다. 예를 들어 배달 구역의 특성을 파악해 동선을 새롭게 조정하거나, 날씨와 민원인의 상황에 맞춰 설명 방식이나 전달 방법을 바꾸는 등 작은 일 같아 보여도 업무 효율이나 고객 만족도에 크게 영향을 줄 수 있는 부분이 많습니다. 저는 주어진 일에 그치지 않고, 늘 더 나은 방법을 고민하는 자세를 갖춘 집배원이 되겠습니다.

면접TIP
먼저 체력이나 책임감 같은 기본적인 자질 하나 정도는 짚어주고, 바로 이어서 '창의력'이나 '문제 해결력' 같은 역량을 언급하여 '단순히 주어진 업무를 하는 것에서 한 발 더 나아가, 불편을 개선하거나, 효율적인 방식을 고민하는 태도'로 연결하면 좋습니다.

2022 우정9급

Q 창의력을 발휘했던 경험에 대해서 말해보십시오.

예시 답변
학교에서 팀 과제를 할 때, 의견이 잘 모이지 않아 발표 방향이 계속 엇갈리는 상황이 있었습니다. 그때 팀원들의 생각을 포스트잇으로 시각화해서, 공통 키워드를 먼저 정리해보자고 제안했습니다. 이렇게 시각적으로 정리하니 각자의 의견을 정리하기 쉬워졌고, 결국 모두가 만족하는 방향으로 발표를 구성할 수 있었습니다. 당시 경험을 통해, 서로의 생각을 조율할 수 있는 작은 방법 하나가 전체 결과를 바꿀 수 있다는 걸 배웠습니다.

면접TIP
창의력이라는 말이 거창하게 느껴질 수 있지만, 일상의 작은 개선, 효율화, 문제 해결도 충분히 창의적인 사례입니다. 중요한 건 기존 방식을 바꾸고, 더 나은 결과를 만든 경험이 있다는 점을 보여주는 것입니다.

2016 별정우체국직원

Q 본인의 전공과 관련하여 우체국에서 할 수 있는 일은 무엇이라고 생각합니까?

예시 답변
저는 전공 수업을 통해 논리적으로 정보를 정리하고, 상대방에게 명확하게 전달하는 연습을 많이 해왔습니다. 이러한 경험은 우편물 분류나 고객 응대 과정에서의 소통 능력, 또는 정확한 전달이 중요한 우정 업무에 충분히 활용될 수 있다고 생각합니다.

면접TIP
이 질문은 전공을 딱 집배원 업무와 연결 짓기 어려운 경우도 많기 때문에, 전공 자체보다 전공을 통해 기른 역량이나 태도를 우체국 업무와 연결시키는 것이 좋습니다. 어떤 전공이든 우체국의 공공서비스에 기여할 수 있다는 시각으로 접근하세요.

2020 우정9급

Q 우체국에 대해 평소에 하고 싶었던 이야기가 있습니까?

예시 답변   우체국은 늘 조용하고 질서 있는 분위기여서, 어르신이나 복잡한 민원을 가진 분들도 편하게 이용할 수 있었던 기억이 많습니다. 다만 최근에는 무인 기기나 앱 사용이 많아지면서, 디지털 환경에 익숙하지 않은 분들에게는 약간의 장벽이 있을 수 있다고 느꼈습니다. 향후에는 고령층이나 외국인 이용자를 위한 간단한 그림 안내서나 음성 서비스가 함께 제공되면 더 좋을 것 같다는 생각을 했습니다.

면접TIP   단순 칭찬보다는, '이용자로서 느꼈던 점과 개선 또는 감동 사례 및 공공기관으로서 기대' 이런 흐름이 좋습니다. 이야기 흐름에 따라 부정적인 말보다는 건설적인 시선으로 답변하는 것이 자연스럽습니다.

2020 우정9급

Q 우체국의 최근 미래 산업, 자율주행차과 관련하여 어떻게 생각합니까?

예시 답변   자율주행차 도입은 장거리 배송이나 위험 구간의 업무 효율을 높이는 데 긍정적인 역할을 할 수 있으나, 모든 우편 업무가 기계로 대체되기는 어렵다고 생각합니다. 특히 집배원은 단순한 배달을 넘어서 민원 대응과 현장 상황 판단, 때로는 시민과의 소통까지 담당하는 역할이 많기 때문에, 기술과 사람이 함께 협력하는 방향으로 발전하는 것이 바람직하다고 생각합니다.

면접TIP   기술 변화에 대한 인식과 적응 의지를 보려는 질문이에요. 자율주행이 기존 업무를 대체할 것이라는 불안감 대신, 보완적 역할, 효율성 향상, 고객 중심 서비스 강화 관점으로 접근하는 게 좋습니다. 기술은 도구일 뿐, 사람의 역할은 더 중요해진다는 흐름이면 설득력을 더 높일 수 있습니다.

2020 계리직

Q 우체국이 타 금융기관과의 경쟁에서 수익성을 올릴 수 있는 방법을 말해보시오.

예시 답변   타 금융기관과의 경쟁에서 수익성을 높이기 위해서는 우체국만의 전국망과 신뢰도, 고령층 접근성을 강점으로 활용하면 좋을 것 같습니다. 예를 들어, 시니어 고객을 위한 맞춤형 금융상품이나, 연금 수령 관리, 공과금 자동이체 등 공공기관과 연계한 생활 밀착형 서비스를 강화하면 단순 상품 판매가 아니라 고객의 삶과 연결된 서비스로 신뢰를 쌓을 수 있다고 생각합니다. 동시에 디지털 금융교육이나 모바일 UX 개선을 통해 젊은 층까지 고객 저변을 넓히는 전략도 함께 추진할 수 있다고 생각합니다.

면접TIP   수익성 향상 아이디어를 얼마나 공공성과 균형 있게 제시할 수 있는가를 볼 수 있는 질문입니다. 예를 들어 공공기관 특성을 유지하면서도 고객 니즈 파악, 유휴자산 활용, 디지털 전환을 키워드로 삼으면 자연스러운 답변을 할 수 있습니다.

2020 계리직
Q 우정사업본부 홈페이지를 보고 느낀 점과 개선할 점을 말해보시오.

예시 답변 　우정사업본부 홈페이지는 전체적으로 정보가 잘 정리되어 있고, 주요 서비스에 바로 접근할 수 있다는 점에서 실용성이 높다고 느꼈습니다. 다만 방문자 입장에서 가장 필요한 정보가 무엇인지에 따라 중요 정보의 우선순위를 조금 더 명확히 조정하면 더 직관적인 사이트가 될 수 있을 것 같습니다. 예를 들어, 금융, 우편, 보험 등 각 영역이 한눈에 구분되긴 하지만, 세부 메뉴가 다소 많고 비슷한 이름의 항목이 반복되어 처음 이용하는 분은 혼란을 느낄 수 있을 것 같습니다. 따라서 주요 서비스의 대표 메뉴를 더 간결하게 재구성하고, 반복되는 항목은 통합하거나 재분류하는 방식으로 사용자 경험을 개선할 수 있다고 생각했습니다.

면접TIP 　실제 홈페이지를 살펴보고 장점 한 가지, 개선점 한 가지를 간결하게 짚는 게 좋습니다. 특히 이용자 입장에서의 접근성, 가독성, 기능성을 중심으로 말하면 현실감 있어요. 디자인이 아닌 구조·사용성에 집중한 피드백이라 실무 감각 있어 보이고, 고령층 언급 없이도 일반 사용자로서의 관찰력과 실용성 중심 시각을 보여줄 수 있습니다.

2016 우정9급
Q 조직의 관행이나 관습을 깨고 창의적인 아이디어를 낸 경험이 있다면 말해보십시오.

예시 답변 　대학교 시절 활동했던 동아리에서는 매달 정기회의를 할 때, 회장이 앞에서 말하고 다른 사람은 듣기만 하는 방식이 오래된 관행처럼 이어지고 있었습니다. 하지만 회의 시간이 길어지고, 회장이나 임원 외에는 의견을 내기 어려운 분위기가 지속되다 보니 활동이 점점 소극적으로 변하고 있다는 걸 느꼈습니다. 그래서 저는 회의 방식 자체를 바꿔보자고 제안했고, 누구나 사전에 주제를 제안하고, 회의 시작 전에 간단한 스티커 설문과 소그룹 논의 시간을 도입했습니다. 처음엔 낯설어했지만, 그 방식이 자리를 잡으면서 의견 참여도가 확연히 늘었고, 실제로 새 프로젝트 아이디어도 훨씬 다양하게 나왔습니다. 이 경험을 통해 늘 해오던 방식도 새로운 시각으로 접한다면 조금 더 나은 방향으로 나아갈 수 있고, 조직 분위기도 변화시킬 수 있다는 걸 체감할 수 있었습니다.

면접TIP 　큰 개혁이 아니어도 됩니다. 작은 불편을 해결한 경험이나 기존 방식에 작은 변화를 제안한 일도 충분히 창의로 인정됩니다. 핵심은 문제를 인식하고, 더 나은 방법을 제시해 실행까지 이끈 경험입니다.

2016 우정9급
Q 공무원 시험에서 개선되어야 할 사항이 있다면 말해보십시오.

예시 답변 공무원 시험은 공정하게 기회를 제공하는 제도라고 생각하지만, 일부 직렬에서는 실제 직무와 시험 과목의 연계성이 부족하다는 지적도 있다고 알고 있습니다. 특히 실무 중심 직렬에서는 현장 대응력이나 상황 판단 능력을 평가할 수 있는 간단한 실무형 모의평가나 직무적합성 확인 과정이 더해진다면, 시험 결과에 대한 신뢰도와 실제 근무 만족도 모두 높일 수 있다고 생각합니다.

면접TIP 민감한 주제이므로 제도 비판이 아니라 공정성과 효율성을 위한 건설적 제안의 태도로 접근해야 합니다. '현실적인 제안 + 공정성 강화' 방향이면 좋습니다.

2016 별정우체국직원 2016 · 2012 상시계약 집배원
Q 본인이 평소 우체국을 이용하면서 우체국 직원을 평가한다면 서비스 점수를 얼마나 줄 수 있습니까?

예시 답변 제가 평소에 느낀 우체국 직원들의 서비스는 대부분 친절하고 신속하며, 공정한 느낌이 강해서 100점 만점에 90점 정도를 드리고 싶습니다. 특히 어르신을 응대할 때에도 말투나 설명이 매우 정중했던 기억이 인상 깊었습니다. 다만, 간혹 복잡한 민원이 많아지는 시간대에는 안내가 부족해 보일 때도 있어서 대기 고객을 위한 간단한 안내 표시나, 대기 중 업무 준비 방법 같은 점이 보완되면 더욱 좋은 서비스가 될 수 있을 것 같습니다.

면접TIP 서비스에 대한 평가 능력보다, 지원자가 공공서비스에 어떤 관점을 가지고 있는가를 평가할 수 있는 질문입니다. 점수는 80~90점대로, 긍정 평가와 보완점을 한 가지 제시로 구성하면 좋아요. 100점은 오히려 진정성이 없게 보일 수 있어요.

2012 상시계약 집배원
Q 우체국 하면 가장 먼저 떠오르는 것이 무엇입니까?

예시 답변 '신뢰'입니다. 어릴 때부터 중요한 편지나 소중한 물건은 늘 우체국을 통해 주고받았고, 오래 기다려도 반드시 도착한다는 믿음이 있었기 때문에 그런 이미지가 떠오르는 것 같습니다. 요즘처럼 빠르고 편리한 민간 서비스가 많아진 시대에도, 국민들이 우체국을 믿고 이용하는 이유는 정확하고 공정한 공공기관이라는 신뢰감 때문이라고 생각합니다.

면접TIP 단순한 인상이나 키워드를 말하라는 게 아니라, '왜 그 이미지가 떠오르는지', '내가 그 이미지를 어떻게 이해하고 받아들이는지'까지 말해주는 것이 중요해요. 평범하게 '우편'이나 '택배'만 말하기보다는 '정직함', '신뢰' 등 국민과 가까운 공공기관이라는 관점으로 확장해주는 게 좋습니다.

2023 우정9급 2011 상시계약 집배원

Q 우체국의 향후 발전 방향이 무엇이라고 생각합니까?

예시 답변 　우체국은 전국 어디서나 접근 가능한 인프라를 갖춘 기관으로, 앞으로는 복지·행정서비스와 디지털 혁신을 접목한 생활 밀착형 플랫폼으로 발전할 수 있다고 생각합니다. 예를 들어, 고령층·장애인 등 사회적 약자를 위한 대면 서비스와 모바일 연계 행정지원 확대, 지역 주민을 위한 공공 안내 기능이나 금융생활 교육 등으로 정보 격차와 서비스 사각지대를 해소하는 역할을 강화할 수 있습니다. 동시에, 우편·금융 부문 전반에 디지털 기술을 접목해 효율성과 고객 편의성을 높이는 방향으로 기술 기반의 공공서비스 혁신을 이어가야 한다고 생각합니다. 국민이 일상 속에서 체감할 수 있는 따뜻하고 유연한 우체국, 그 방향이 우정사업본부가 지향해야 할 미래라고 생각합니다.

면접TIP 　거창한 미래비전을 말하라는 게 아닙니다. 기관장 인사말을 바탕으로 현재 우체국이 가진 강점과 시대 흐름을 고려해서 현실적인 키워드를 가지고 말하는 게 훨씬 설득력 있어요.

2011 상시계약 집배원

Q 본인이 우체국에 근무를 하게 된다면 가장 먼저 무엇을 바꾸고 싶습니까?

예시 답변 　우체국에 근무하게 된다면, 창구 공간에서 민원인의 프라이버시 보호를 가장 먼저 개선해보고 싶습니다. 특히 보험·예금 상담처럼 민감한 내용을 다룰 때 창구 간 칸막이가 부족하거나 거리 간격이 좁아, 다른 고객에게 대화 내용이 들릴 수 있다는 불편함을 느낀 적이 있습니다. 물론 모든 창구를 바꾸는 건 쉽지 않지만, 간단한 이동형 칸막이 설치나 번호표에 민감 업무 전용 구분 라벨 부착 등 고객 입장에서 배려를 체감할 수 있는 개선이 가능하다고 생각했습니다. 이런 사소한 부분이 서비스 신뢰도를 높이는 데 큰 역할을 한다고 생각합니다.

면접TIP 　구조나 절차를 건드릴 수는 없지만, 현장에서 불편을 줄이거나 효율성을 높일 수 있는 소소한 개선 포인트를 말하면 됩니다. 단순한 불만이 아니라, 사용자 입장에서 불편했던 점을 작지만 실행 가능한 해결책으로 말하는 게 좋아요.

2022 우정9급

Q 우체국에서 지역 상품권 할인 판매로 인해 대기 시간이 길어졌습니다. 일반 고객과 상품권 고객을 함께 접수하면 상품권 고객들이 줄이 길다며 항의할 텐데, 어떻게 할 것인가요?

예시 답변

모든 고객이 대기 순서에 따라 처리되는 것은 원칙이기 때문에, 먼저 원칙을 안내한 뒤, 불편을 줄이기 위한 보완 조치를 함께 설명드리겠습니다. 상품권 구매 고객은 일반 고객보다 시간이 오래 걸리는 경우가 많기 때문에, 별도 창구 운영이 가능한 상황이라면 상품권 전용 창구를 일시적으로 운영하거나, 어플리케이션을 통해 구입하는 방법도 고민하겠습니다. 지역상품권 판매는 우체국의 업무는 아니지만, 국민의 편익을 제공하기 위해서는 우체국의 업무도 된다고 생각합니다. 또한 우체국에서 판매할 경우, 우체국 예금이나 보험 상품에 대한 홍보도 이루어질 수 있으므로 이는 우체국의 수익성으로 이어질 수 있다고 생각합니다. 고객의 항의에 즉흥적으로 반응하기보다는, 공정한 절차를 지키되, 체감 불편을 줄이는 안내와 현장 판단을 병행하는 것이 최선이라고 생각합니다.

면접TIP

누구를 먼저 처리하느냐보다 누가 더 불편함을 크게 느끼느냐에 집중해야 합니다. 따라서 절차는 바꾸지 않되, 체감 불편을 낮추는 방식을 제시해야 하는 것이 좋습니다. 상품권 고객을 먼저 처리하겠다는 것은 공정성과 절차를 깨는 것이며, 우체국 업무는 접수 순서 원칙이 절대적이므로, 이를 바꾸기보다 안내와 대처 방식을 조정해야 합니다. 바로 해결하는 것보다 관리 가능한 보완책을 제시하면 좋은 답변이 됩니다.

2024 계리직

Q 아파트 단지 내 출입금지 조치가 있을 경우, 도보 배송을 한다면 늦어질 텐데 어떻게 할 것인가요?

예시 답변

공공장소에서 출입 제한이 있을 경우, 우선 단지의 관리 규정이나 안내 문구를 정확히 확인하고, 경비실 또는 관리사무소와 먼저 협조를 구하는 방식으로 대응하겠습니다. 만약 보안이나 방역 등의 사유로 정식 출입이 어렵다면, 고객에게 전화 또는 문자를 통해 '지정 장소 수령'이 가능한지 확인하여, 불필요한 대기나 재배송이 발생하지 않도록 하겠습니다. 그리고 이런 상황이 계속 반복된다면, 내부적으로 '해당 구역 출입 지연 시 예상 소요 시간'이나 '대체 장소 안내 기준' 등을 정리하여 다른 집배원도 같은 기준으로 대응할 수 있도록 공유하는 게 필요하다고 생각합니다.

면접TIP

무작정 '어떻게든 들어가서 배송하겠다'는 식은 적절하지 않습니다. 출입 규정을 존중하고 수령 대안 제시하며, 이와 같은 상황이 반복될 시 대응할 수 있는 기준을 정립하겠다는 답변이 가장 이상적이며 적절합니다.

2022 우정9급
Q 수취인이 전화로 자신의 우편물을 먼저 배송할 것을 요구할 경우 어떻게 조치할 것인가요?

예시 답변
고객님의 요청은 충분히 이해하지만, 우편물은 접수 순서와 배송 기준에 따라 공정하게 처리됩니다. 만약 긴급 배송 사유가 확인된다면, 정당한 절차에 따라 특별취급 우편으로 처리할 수 있는지 확인하겠습니다. 고객에게는 배송 기준과 원칙을 충분히 설명드리고, 최대한 이해와 양해를 구하도록 하겠습니다.

면접TIP
고객의 요청을 경청하면서도, 공정한 처리와 기준·원칙을 우선적으로 강조하는 것이 중요합니다. 고객의 사정을 충분히 듣고 규정에 따라 안내를 드리되, 추가로 긴급배송이나 특별취급 서비스 같은 대안을 함께 제시하면, 실무 현장에 대한 이해와 융통성을 잘 보여주는 답변이 될 수 있습니다.

2022 우정9급
Q 인트라넷 익명 게시판에서 나오는 아이디어를 실무에 활용하고 있었는데, 최근에 게시판에서 서로 비방을 하거나 조직에 대해 비난하는 글들이 올라오고 있다면 이를 어떻게 대처하면 좋을 것인지 말해보십시오.

예시 답변
인터넷 게시판은 소통의 창구이자 조직 이미지를 반영하는 공간입니다. 우선, 사실과 다른 비방이나 비난 글을 방치하지 않고, 게시판 관리 규정에 따라 신속한 조치가 필요합니다. 동시에, 조직의 이미지를 개선하고 직원들의 불만을 최소화하기 위해 내부 소통을 강화하고, 건설적인 의견은 수용할 수 있는 환경을 만드는 것이 중요하다고 생각합니다.

면접TIP
근본적인 개선과 대응 방안을 단계별로 구체적으로 언급하고, 재발 방지를 위해 어떤 예방적 조치나 제도적 보완이 필요할지까지 덧붙이면 면접관이 문제 해결력과 발전적 사고를 높게 평가할 수 있습니다.

2022 우정9급
Q 소외계층에게 우편서비스 지원을 했을 때 역차별 논란이 없도록 하려면 어떻게 할 수 있을지 말해보십시오.

예시 답변
소외계층에 대한 지원은 사회적 약자를 배려하는 공공기관의 책무입니다. 지원 대상과 지원 범위를 명확히 공지하고, 일반 고객과의 형평성도 함께 고려해 공정하고 투명한 기준을 세운다면 차별의 우려를 최소화하고, 고객의 신뢰를 얻을 수 있을 것이라고 생각합니다.

면접TIP
답변 시 공적 가치와 형평성의 균형을 분명히 하고, 문제 인식과 대안을 단계적으로 짚어보는 것이 중요합니다. 마지막에는 내 생각을 부드럽게 덧붙여서, 자연스럽고 설득력 있게 마무리하면 됩니다.

2023 계리직

Q 우표가 잘 안 팔리는데, 우체국에서 일한다면 어떻게 판매할 수 있겠습니까?

예시 답변: 우표 수요가 줄었다고는 하나, 우표는 문화적 가치와 수집 가치가 높습니다. 우선, 기념우표와 문화상품으로서의 가치를 강조해 고객의 관심을 이끌어낼 수 있는 홍보를 강화하겠습니다. 둘째, 지역 행사나 단체와 협력해 단체 기념우표 주문을 유도하거나, 우표 관련 전시회를 기획해 우체국 방문 고객에게 판매 기회를 늘리겠습니다. 이렇게 하면 고객의 흥미를 이끌어내고, 우표를 새로운 관점에서 다시 바라보게 할 수 있을 것이라고 생각합니다.

면접TIP: 우표의 가치를 언급하고, 구체적으로 어떤 방식으로 홍보·판매하겠다는 아이디어를 자연스럽게 연결하면 설득력 있는 답변이 됩니다.

2022 우정9급

Q 만약 지금까지의 우편물 배달 방식이나 창구 업무를 바꿀 수 있는 권한이 주어진다면, 제일 먼저 어떤 걸 바꿀 것인가요?

예시 답변: 저는 먼저 고객이 편리하게 수취할 수 있는 스마트 우편함이나 모바일 알림 서비스를 보다 확대해 보겠습니다. 또, 배달 경로를 AI로 분석해 효율적인 경로를 제안하는 시스템을 도입하고 싶습니다. 물론 모든 변화가 현장에서 곧바로 적용되긴 어렵겠지만, 새로운 아이디어로 고객의 만족도를 높이고, 집배원의 업무 부담도 덜 수 있다면 꼭 실현해보고 싶습니다.

면접TIP: 제도와 시스템을 언급하면 더욱 구체적인 답변이 됩니다. 지나치게 거창하기 보다는 작은 것부터, 예를 들어 스마트 우편함이나 모바일 알림 서비스는 기존에 있는 서비스지만, 이를 더 확대하여 적용한다고 하는 등 기존 서비스에 새로운 아이디어를 더해도 좋습니다. 변화를 통해 고객만족도 및 업무 효율을 향상시킨다는 목적을 분명히 할수록 설득력은 높아집니다.

2020 상시계약 집배원

Q 창의성은 때로는 기존 질서를 뒤흔들어야 한다고도 하는데, 본인은 조직의 규칙과 창의성 사이에서 어떤 균형점을 찾을 것인가요?

예시 답변: 규칙을 지키는 것은 공공기관으로서 중요한 기본입니다. 하지만 창의성은 고객의 요구가 계속 바뀌는 만큼 꼭 필요하다고 생각합니다. 저는 규칙 안에서 새로운 시도를 찾는 게 중요하다고 봅니다. 예를 들어, 우편물 분류나 업무 효율화를 위한 작은 아이디어를 먼저 팀원들과 공유해서, 규정을 어기지 않으면서도 개선할 수 있는 방법을 찾겠습니다.

면접TIP: 규칙을 무시하지 않는다는 태도가 들어가야 안정적인 답변이 됩니다. 동시에 창의성의 중요함도 분명히 말해야 균형이 맞습니다. 즉, 규칙을 지키되 작은 창의적 시도를 덧붙이면 현실적인 답변이 됩니다.

2023 계리직
Q 고객 중심의 작은 변화를 하나만 꼽아 본다면, 어떤 게 필요하다고 생각합니까?

예시 답변   저는 고객들이 우편물을 받을 때 예상 도착 시간을 알려주는 알림을 더 개인화하고, 고객이 직접 원하는 시간대나 장소를 추가로 요청할 수 있는 '스마트 재배달 예약' 기능을 만들면 좋겠다고 생각합니다. 예를 들어, 고객이 스마트폰 앱에서 예약가능한 시간 중 오늘은 오후 2시에 받을 수 있다고 예약하면, 집배원이 그 시간대에 맞춰 배달 경로를 조정할 수 있어, 고객과 집배원 모두의 불편을 최소화할 수 있지 않을까 생각됩니다.

면접TIP   이미 있는 서비스를 그대로 말하는 것보다 한 단계 발전을 말해 주세요. 예상 도착 시간 서비스는 기존 서비스이니, '맞춤화' 또는 '스마트 예약'을 덧붙여서 이미 있는 걸 더 편리하게 만드는 방식을 말하면 좋습니다. 고객의 편의와 업무 효율을 함께 언급하면 설득력 있는 답변이 됩니다.

2024 · 2016 우정9급 2023 별정우체국직원 2015 · 2012 · 2011 상시계약 집배원
Q 마지막으로 하고 싶은 말이 있습니까?

예시 답변   오늘 면접을 준비하면서 우체국의 역할과 국민 일상 속에서의 의미를 더 깊이 이해하게 되었습니다. 단순히 일하는 곳이 아니라, 신뢰와 따뜻함을 전달하는 공간이라는 점이 가장 인상 깊었습니다. 이 자리에 서기까지 응원해준 분들에게 부끄럽지 않도록, 항상 책임감 있는 자세로, 국민 곁에서 묵묵히 일하는 공무원이 되고 싶습니다. 기회를 주신다면 성실하게 업무를 배우고, 현장에 꼭 필요한 사람이 되겠습니다. 감사합니다.

면접TIP   진정성과 태도를 가장 압축적으로 보여주는 질문이에요. 너무 욕심내거나 또는 '열심히 하겠습니다'보다는 오늘 면접을 통해 느낀 점 + 기회에 대한 감사 + 앞으로의 자세로 정리하면 완성도가 높아요.

04 윤리 · 책임

기본적인 성실성, 청렴성, 공정성, 책임감, 봉사정신을 평가합니다. 면접에서는 고객 정보 보호, 우편물 관리, 윤리적 딜레마 상황에서의 태도에 대해 묻는 경우가 많습니다. 이때는 평소에도 작은 규칙 하나하나를 지키는 습관을 강조하면서, 정직하고 책임감 있는 태도를 보여주는 것이 중요합니다. 단순히 '나는 성실하다'가 아니라, 그런 태도가 어떻게 실천되었는지 구체적인 예시를 덧붙이면 좋습니다.

2024 우정9급
Q 직장 내 괴롭힘이나 갑질 발생 시 어떻게 할 것인가?

예시 답변 직장 내 괴롭힘이나 갑질은 조직 전체의 분위기와 건강성을 해치는 매우 심각한 문제라고 생각합니다. 이런 상황이 발생했을 때는 먼저 당사자의 입장에서 공감하려는 태도를 갖고, 감정적으로 휘말리기보다는 문제의 사실관계를 파악하고 객관적으로 바라보는 게 중요하다고 생각합니다. 이후에는 회사 내의 공식적인 절차나 규정에 따라 신고하거나 상급자에게 보고하는 등 정해진 경로를 통해 문제를 해결하고자 노력할 것입니다. 개인의 문제로 보지 않고, 조직 전체가 신뢰받는 분위기를 유지하기 위해서라도 책임 있는 자세로 대응하겠습니다.

면접TIP 이 질문은 도덕적 판단을 보는 게 아니라, 공직자로서 제도적인 해결 태도를 갖고 있는가, 조직 내 질서를 해치지 않으면서 문제에 대응할 수 있는가를 보는 질문이에요. 감정적으로 대처하지 않고, 사실 파악 → 보고 및 절차 준수 → 조직 분위기 유지까지 이어지는 논리적 대응 구조를 말하면 설득력이 높습니다.

2024 우정9급
Q 부당한 대우를 받는다면 어떻게 할 것인가?

예시 답변 만약 부당한 대우를 받는다면 우선 저 스스로 감정을 추스리고 냉정하게 상황을 파악하는 데 집중할 것 같습니다. 상대의 의도가 있었는지, 오해의 여지는 없는지 먼저 고민해본 뒤, 직접 대화를 통해 조심스럽게 제 입장을 전달하겠습니다. 만약 대화로 해결되지 않거나 반복되는 상황이라면, 정해진 내부 절차나 상급자에게 상황을 알리는 방식으로 해결하겠습니다. 중요한 건 감정적으로 대응하지 않고, 문제를 조직 안에서 풀어나가려는 책임 있는 자세라고 생각합니다.

면접TIP 정중하고 논리적인 대처 태도가 핵심입니다. 자기보호와 조직질서 유지를 동시에 고려하는 균형감이 중요합니다. 공공기관이나 조직에서는 불이익을 받더라도 절차에 따라 문제를 해결하려는 태도가 중요한 평가 요소예요. 부당함을 무조건 참거나 감정적으로 분출하는 게 아니라, 냉정하게 상황을 해석하고, 합리적인 방식으로 문제를 제기할 수 있는 인물이라는 걸 보여주세요.

2021 · 2020 · 2010 우정9급 2014 · 2012 · 2010 상시계약 집배원 2010 계리직
Q 상사가 부당한 지시를 한다면 어떻게 대응할 것인가?

예시 답변   상사의 지시가 부당하다고 느껴질 때는 우선 그 지시의 맥락과 이유를 충분히 이해하려 노력하겠습니다. 단순히 불만을 표출하기보다는 상황을 정리한 후 정중하게 제 의견을 말씀드리고, 필요한 경우 관련 규정이나 절차를 근거로 함께 대안을 제시할 것입니다. 만약 직접 해결이 어려운 상황이라면, 상급 관리자나 조직 내 공식적인 절차를 통해 문제를 공유하고 조율하려 하겠습니다. 중요한 것은 조직 질서를 존중하면서도 원칙을 지키는 태도라고 생각합니다.

면접TIP   원칙을 지킬 수 있는 용기와, 조직 질서를 해치지 않는 균형감을 보는 항목입니다. 답변 시 감정적인 대응보다는 '이해 → 설득 → 공식 절차 활용'의 순서로 논리적이고 책임 있는 행동을 보여주세요.

2015 상시계약 집배원
Q 본인에게 잘못된 지시가 내려졌을 경우 어떻게 대처하겠습니까?

예시 답변   지시 내용에 문제가 있다고 판단되면, 먼저 그 지시의 의도를 정확히 이해하려고 노력한 뒤, 잘못된 부분이 있다면 정중하게 제 의견을 말씀드릴 것입니다. 혹시 제가 오해한 부분이 있을 수 있으므로 먼저 사실 확인을 우선하되, 분명히 법이나 절차에 어긋나는 지시일 경우에는 조직의 공식적인 절차나 보고 체계에 따라 대응할 것입니다. 개인보다 공익과 규정을 우선시하는 태도가 가장 중요하다고 생각합니다.

면접TIP   무조건 상사의 지시에 따른다는 말은 현대 사회에서 요구하는 답변이 아닙니다. 이렇게 답변을 하게 되면 깊게 생각하지 않는 태도로 보여 응시자에 대한 신뢰가 떨어지게 됩니다. 답변 시 지시에 문제가 있다는 걸 인식할 수 있는 판단력, 그것을 조심스럽고 정중하게 전달하는 용기, 끝까지 조직 내 절차를 지키는 태도를 함께 보여줄 수 있어야 합니다.

2022 계리직
Q 업무 중 알게 된 고객의 개인정보를 동료가 알려달라고 요청을 한다면 어떻게 할 것인가요?

예시 답변   개인정보보호는 고객 신뢰와 직결되는 중요한 원칙이라고 생각합니다. 동료라도 고객의 개인정보를 알려줄 수 없다고 분명히 말씀드리고, 관련 규정과 보안의 중요성을 함께 공유하는 방식으로 대응하겠습니다. 이렇게 하면 조직의 신뢰와 고객의 소중한 정보를 지킬 수 있을 것이라고 생각합니다.

면접TIP   단지 규정이라서가 아니라 개인정보 보호의 중요성을 강조하며 왜 원칙을 고수해야 하는지를 말하는 것이 중요합니다. 이후 고객과 조직 신뢰를 지키는 것이 어떤 의미가 있는지 자연스럽게 연결하고, 마지막에 '이렇게 하면 고객 신뢰를 유지하고 윤리적 책임을 다할 수 있을 것 같다'처럼 부드러운 의견형으로 마무리하면 훨씬 설득력 있는 답변이 됩니다.

2020 계리직 2014 우정9급 2014 별정우체국직원
Q 개인적인 약속으로 퇴근하려는데 상사가 추가 업무를 지시한다면 어떻게 하겠습니까?

예시 답변   상황에 따라 다르겠지만, 가능한 경우라면 개인 약속보다 업무를 우선해 지시받은 일을 처리하는 것이 공직자로서의 책임감 있는 태도라고 생각합니다. 다만 긴급하지 않거나, 업무 분배에 조정의 여지가 있을 경우에는 상황을 솔직히 말씀드리고, 다음날 일찍 출근하여 마무리하거나, 다른 방법을 찾아보겠다고 말씀드릴 것입니다. 무조건적인 순응보다는 업무를 책임감 있게 수행하면서도, 상사와의 원활한 소통을 통해 현실적인 해결책을 찾는 태도를 유지하겠습니다.

면접TIP   업무 우선순위 판단력, 유연성, 공직자로서의 책임감을 평가하려는 목적입니다. 무조건 순응하는 것도, 무작정 거절하는 것도 지양해야 하며, '상황 파악 → 대화 → 책임감 있는 선택'의 흐름을 보여주는 것이 좋습니다. 예외적 상황을 감안하되, 업무를 우선하려는 태도를 분명히 해야 합니다.

2021 · 2020 우정9급 2016 · 2012 상시계약 집배원
Q 주량은 어느 정도이며 주사가 있습니까?

예시 답변   술은 잘 마시는 편은 아니고, 보통 한두 잔 정도 가볍게 마십니다. 주사는 없고, 늘 적당히 즐기는 선에서 끝내려고 노력합니다. 음주 자리에서도 분위기를 흐트리거나 실수하는 일 없이, 조심스럽고 책임 있는 태도를 유지하는 것이 중요하다고 생각합니다.

면접TIP   아주 현실적인 질문입니다. 지원자의 자기관리 능력, 음주 습관의 성숙도를 확인하고 싶은 것이므로 절제력 중심으로 답하는 것이 좋습니다.

2013 상시계약 집배원
Q 상사가 본인의 능력을 벗어난 업무지시를 한다면 어떻게 대처할 것인가?

예시 답변   우선 상사의 지시가 제 능력을 벗어난다고 느껴지더라도, 지시 내용을 정확히 이해하고자 먼저 경청하겠습니다. 그 후, 업무 처리에 필요한 지식이나 경험이 부족한 부분을 솔직히 말씀드리고, 협의하여 조정을 요청드릴 것입니다. 동시에, 해당 업무를 수행할 수 있도록 학습하거나 보조자료를 찾는 등 가능한 방법을 함께 제시하며 대안을 찾겠습니다. 조직에 피해가 가지 않도록 책임 있는 태도로 문제를 해결하려는 자세를 유지하겠습니다.

면접TIP   지원자가 무조건 순응하거나 무조건 반발하지 않고, 현실적인 소통과 책임 있는 자세를 갖고 있는지 가늠할 수 있는 질문입니다. 이해 안 되는 지시라도 바로 반박하기 보단 먼저 듣고 정확히 파악한 후, 불가능한 이유를 구체적으로 전달하고 협의 요청하며 마지막으로 조직에 피해 안 가는 선에서 대안을 찾겠다고 마무리하는 것이 좋습니다.

2016 우정9급
Q 공무원의 징계에 대해 아는 대로 말해보시오.

예시 답변 공무원 징계는 공무원의 의무 위반에 대하여 공무원관계의 질서 유지를 위해 국가가 그 사용자로서의 지위에서 과하는 행정상 제재입니다. 경력직 및 특수경력직 중 별정직이 징계 대상이 됩니다. 국가공무원법 및 국가공무원법에 따른 명령을 위반한 경우, 직무상의 의무를 위반하거나 직무를 태만히 한 때, 직무의 내외를 불문하고 그 체면 또는 위신을 손상하는 행위를 한 때 제재를 받습니다. 중징계로는 파면, 해임, 강등, 정직이 있으며 경징계로는 감봉, 견책이 있습니다. 징계는 위반의 정도와 사안에 따라 결정되며, 공무원은 신분이 보장되는 만큼 더 높은 윤리 의식과 책임감이 요구된다고 생각합니다.

면접TIP 기본적인 징계 체계와 윤리 기준에 대한 이해가 필요합니다. 5가지 징계(파면, 해임, 강등, 정직, 감봉, 견책) 중 일부라도 언급하는 것이 좋으며, 공직자의 책임은 무겁다는 마무리로 책임감을 강조하면 더욱 좋은 답변이 됩니다.

2015 상시계약 집배원 2012 계리직
Q 대한민국 국민의 4대 의무에 대해 아는 대로 말해보십시오.

예시 답변 대한민국 국민의 4대 의무는 국방의 의무, 교육의 의무, 근로의 의무, 납세의 의무입니다. 이는 헌법에 명시된 기본 의무로, 국가와 사회가 유지되는 데 꼭 필요한 책임이라고 생각합니다. 공공기관에서 일하는 사람으로서, 이러한 의무를 스스로 성실히 이행하고, 타인에게도 모범을 보일 수 있어야 한다고 생각합니다.

면접TIP 헌법상 국민의 기본 의무를 알고 있는지를 확인하는 교양형 기본 질문입니다. 공직자 또는 공공직에 종사할 지원자라면, 국민으로서의 기본 의무와 공공가치를 이해하고 실천할 자세가 있는지를 보려는 의도로, 국방, 교육, 근로, 납세의 의무를 정확히 말할 수 있으면 됩니다.

2020 우정9급
Q 시간이 부족하여 우편물이 한통이 남은 경우에 어떻게 대처할 것인지 말해보십시오.

예시 답변 업무 중 시간이 부족하더라도, 당일 배달로 지정된 우편물이 있다면 하루의 책임은 하루 안에 마무리하는 것이 기본적인 직무 자세라고 생각합니다. 남은 한 통이더라도 기다리는 분이 계실 수 있으므로, 퇴근을 미루더라도 최대한 직접 전달할 수 있도록 하겠습니다. 다만 이런 상황이 반복되지 않도록, 동선 정리와 시간 관리를 철저히 하고, 긴급 상황엔 팀과 유기적으로 협력하는 습관도 함께 유지하겠습니다.

면접TIP 당일 책임감을 가지고 끝까지 할 수 있는가를 물어보는 질문입니다. 결론은 시간이 허락되는 한 끝까지 책임지겠다가 맞고, 그 과정에서 업무 처리 순서, 체력 관리, 사전 계획의 중요성까지 간접적으로 어필하면 좋습니다.

2015 상시계약 집배원

Q 본인이 집배원이 되어 일을 할 경우 신속, 정확, 대인관계 중 가장 중요하게 여겨야 한다고 생각하는 것은 무엇입니까? 그 이유는 무엇입니까?

예시 답변 저는 집배원 업무에서 가장 중요한 덕목은 '정확'이라고 생각합니다. 우편물은 단순한 물건이 아니라, 때로는 중요한 서류이거나 소중한 마음이 담긴 물건일 수 있습니다. 한 번의 실수가 곧바로 시민의 불편으로 이어지기 때문에, 빠르게 움직이는 것보다도 먼저, 정확하게 전달하는 것이 기본이자 신뢰의 출발점이라고 생각합니다. 저 또한 작은 실수도 가볍게 여기지 않고, 하나하나의 우편물을 책임 있게 다루는 자세로 업무에 임하겠습니다.

면접TIP 먼저 선택의 이유를 분명하고 구체적으로 이야기 하며, 나의 태도나 다짐으로 연결합니다. 마지막엔 공감과 책임감으로 정리하면 좋습니다.

2018 상시계약 집배원

Q 규정을 철저히 지키다 보면, 고객이 불편할 수도 있습니다. 이런 상황에서 본인은 어떤 태도를 취할 건가요?

예시 답변 고객에게 도움이 될 수 있다 해도, 조직의 손해가 된다면 신중히 다시 생각해야 한다고 생각합니다. 공공기관은 국민의 재산을 지키는 역할도 함께 맡고 있기 때문입니다. 저는 고객에게 충분히 설명드리고, 규정과 원칙을 지켜서 조직의 손해를 최소화하는 쪽으로 행동하겠습니다.

면접TIP 규정 준수를 기본으로 하되, 공감, 이해가 들어가면 좋습니다. 고객의 입장에서 불편을 최소화하려는 태도를 보이고, 규정 내에서 가능한 조치를 언급하면 실무형 답변이 될 수 있습니다.

2023 우정9급

Q 퇴근 후 약속이 있는데, 고객이 택배를 오늘 수령해야 한다고 민원을 넣을 때 어떻게 할 것인가?

예시 답변 고객 입장에서 꼭 필요한 택배가 늦어질 수 있다면 당연히 불편하실 거라 생각하고, 먼저 정중히 사과드리고 사정을 충분히 경청하겠습니다. 그 후 가능한 시간 내에 직접 전달이 가능한 상황이라면 퇴근을 조정해서라도 책임지고 처리할 수 있도록 하겠습니다. 다만 제 업무 시간 외의 일이 될 경우에는 내부 규정이나 동료 협조 가능 여부를 확인한 후, 고객께 가장 빠른 대안을 찾아드릴 수 있도록 최선을 다하겠습니다.

면접TIP 무조건 '제가 가겠습니다' 하면 책임감이 있어 보일 거라고 생각하겠지만, 조직 기준 무시 + 자기 희생 과잉처럼 보일 수도 있어요. 따라서 고객 입장에 공감하되, 정해진 절차 안에서 가능한 방법을 찾겠다는 태도로 말하는 것이 가장 균형 있는 답변이 됩니다.

2021 우정9급

Q 첫 월급은 어디에 사용할 건가요?

예시 답변   첫 월급은 그동안 저를 응원해 주고 도와준 가족과 지인들께 식사를 대접하는 데 가장 먼저 사용하고 싶습니다. 시험 준비 동안 곁에서 힘이 되어준 분들 덕분에 여기까지 올 수 있었다고 생각하기 때문에, 그분들께 감사의 마음을 표현하는 게 제게는 가장 의미 있는 사용처라고 느껴집니다. 이후에는 꼭 필요한 생활비를 제외하고는 일부는 저축하고, 직무 관련 공부나 체력 관리를 위한 자기계발에도 사용할 계획입니다. 첫 월급이기 때문에 의미 있게 사용하고 싶습니다.

면접TIP   이 질문은 지원자의 태도, 가치관, 책임감, 주변과의 관계를 보고자 하는 질문이에요. 따라서 무계획한 소비보다는 가족, 저축, 자기계발 중 하나를 중심으로 구성하면 좋아요.

2017 상시계약 집배원

Q 고객이 등기를 빨리 배달해 달라고 할 때, 이에 응하면 구역이 달라 다른 곳까지 시간이 밀리게 되는데 어떻게 처리하겠습니까?

예시 답변   등기 우편은 정해진 구역과 동선에 따라 배달되기 때문에, 특정 요청으로 인해 순서를 바꾸게 되면 다른 고객의 배송에도 영향을 줄 수 있습니다. 그래서 원칙적으로는 순서대로 배달하는 것이 맞지만, 고객의 급한 사정이 있다면 그 사정을 경청하고, 가능한 시간대나 창구 수령 가능 여부 등 대체 방법을 안내해드리며 고객께서 불편하지 않도록 최선을 다해 설명드리겠습니다.

면접TIP   실무형 판단력을 보는 문제로 정답은 원칙은 지키되, 고객의 입장을 최대한 공감하며 설명하는 것이 중요합니다. '그냥 안 됩니다'가 아니라, 설득과 대안 제시, 책임감 있는 태도로 정리해서 답변하는 것이 좋습니다.

2017 · 2012 상시계약 집배원

Q 오배달로 인한 민원 발생 시 어떻게 대처하시겠습니까?

예시 답변   오배달로 인한 민원이 발생했을 경우, 먼저 사실을 빠르게 확인하고 잘못이 있었던 부분에 대해서는 즉시 사과드리고 책임 있게 설명드릴 것입니다. 이후에는 해당 우편물을 신속히 회수하거나 재배달 조치하고, 비슷한 상황이 반복되지 않도록 배달 전 확인 절차를 강화하겠습니다. 문제를 숨기기보다 바로 인정하고, 불편을 줄이기 위한 적극적인 자세로 대응하는 것이 기본이라고 생각합니다.

면접TIP   오배달은 실수일 수 있지만, 민원인 입장에선 불신으로 이어질 수 있는 중대한 문제입니다. 따라서 이 질문은 단순히 '사과하겠다'보다 책임 있게 인정하고, 적극적으로 해결하며, 재발 방지를 고민하는 태도가 중요합니다.

2012 상시계약 집배원

Q 만약 술을 마시고 상사나 동료 및 후배에게 실수를 했다면 다음날 어떻게 대처할 것입니까?

예시 답변   실수를 한 경우에는 그 상황을 변명하지 않고, 다음 날 바로 찾아뵙고 진심으로 사과드리는 것이 가장 중요하다고 생각합니다. 관계가 어색해지더라도 회피하지 않고, 제 실수를 분명히 인정하고 책임지는 태도를 보여드려야 한다고 생각합니다. 이후에는 비슷한 상황이 반복되지 않도록 제 행동을 돌아보고, 적절한 자기관리 방법을 스스로 정립해 나가겠습니다.

면접TIP   음주보다 실수에 대한 태도와 회복력을 보려는 질문입니다. 핵심은 실수를 인정하고 진심으로 사과하며 다시는 반복하지 않겠다는 책임감 있는 자세입니다.

2023 · 2022 우정9급 2019 별정우체국직원

Q 공무원의 덕목 중에서 본인이 집배원이 된다면 어떤 것을 가장 중요하게 여길 것입니까?

예시 답변   공무원의 여러 덕목 중에서, 집배원으로서 가장 중요한 덕목은 책임감이라고 생각합니다. 집배원은 하루 수십 건의 우편물을 직접 배달하고, 시민을 직접 응대하는 만큼 작은 실수도 신뢰에 영향을 줄 수 있는 직무이기 때문입니다. 한 번 전달이 잘못되거나 응대가 미흡하면 민원으로 이어질 수 있고, 그것이 곧 공공기관에 대한 이미지로 연결되기 때문에 직무 하나하나에 책임감을 가지고 일하는 태도가 가장 중요하다고 느낍니다. 저는 평소에도 맡은 일을 중간에 넘기지 않고 끝까지 마무리하는 성격이기 때문에, 이 업무에 잘 맞는 덕목이라고 생각합니다.

면접TIP   집배원 직무 특성과 연결된 구체적인 덕목(성실성, 청렴성, 공정성, 책임감, 봉사정신)을 말하는 게 중요합니다. 왜 중요한지 직무와 연결하여 설명하고, 자신이 그 덕목을 잘 실천할 수 있는 사람임을 간단히 덧붙이도록 합니다.

2023 · 2022 · 2020 우정9급 2022 별정우체국직원 2018 · 2010 계리직

Q 공무원 6대 의무와 4대 금지를 말해보십시오.

예시 답변   공무원 6대 의무는 성실의 의무, 복종의 의무, 친절·공정의 의무, 비밀 엄수의 의무, 청렴의 의무, 품위유지의 의무가 있으며 4대 금지는 직장 이탈 금지, 정치운동 금지, 영리업무 및 겸직 금지, 집단 행위의 금지입니다.

면접TIP   공직윤리에 대한 기본 소양과 법령에 대한 최소한의 이해도가 있는지를 확인하는 질문입니다. 꼬리질문으로 어떤 내용인지 확인할 수 있으니 각각 내용도 알아두어야 합니다.

2021 우정9급
Q 이륜차 운행 간 주의해야 할 사항은 무엇입니까?

예시 답변 이륜차 운행 시 가장 중요한 건 속도 조절과 주변 상황 인식이라고 생각합니다. 특히 주택가나 어린이 보호구역에선 시야 확보가 어려워 더욱 조심해야 하며, 스마트폰이나 이어폰을 사용하지 않고 운전에만 집중하는 태도가 필요하다고 봅니다. 우편물이 실린 상태라면 중심이 흔들릴 수 있기 때문에, 속도보다 안정감 있게 운행하는 것이 중요하다고 생각합니다.

면접TIP 안전은 당연한 것입니다. 답변 시 단순히 '안전'만 말하지 말고, 주변 보행자의 안전과 업무 집중도 등을 함께 언급하여 현장형 감각을 강조하는 것이 좋습니다.

2024 우정9급
Q 부정청탁을 한 동료가 승진을 했다면 어떻게 할 것인가요?

예시 답변 부정청탁이 사실이라면, 조직의 공정성과 신뢰가 훼손될 수 있기 때문에 내부 신고나 적법한 절차를 통해 문제를 제기해야 한다고 생각합니다. 개인적인 감정보다는 조직 전체의 투명성과 공정성을 우선해야 하고, 이를 통해 구성원 모두가 동등한 기회를 가질 수 있도록 노력하는 것이 중요하다고 생각합니다.

면접TIP 부정청탁이라는 부당한 행위가 조직의 공정성과 신뢰를 해칠 수 있다는 점을 먼저 분명히 언급하는 것이 중요합니다. 그다음, 개인적인 감정보다는 조직의 가치와 투명성을 지켜야 한다는 태도를 강조해 주세요. 마지막으로, 적법한 내부 신고나 문제 제기를 통해 공정한 절차를 따르겠다는 의견을 덧붙이면, 윤리적 소신과 조직의 정의를 지키는 의지를 자연스럽게 보여줄 수 있습니다.

2023 · 2022 · 2021 우정9급
Q 음주운전의 알코올 수치와 처벌 및 벌금에 대하여 아는 대로 말해보세요.

예시 답변 0.03% 이상이면 무조건 형사처벌 대상이 되며, 1년 이하의 징역 또는 500만 원 이하의 벌금이 부과됩니다. 혈중알코올농도 0.08% 이상 0.2% 미만이면 1년 이상 2년 이하의 징역 또는 500만 원 이상 1,000만 원 이하의 벌금이 적용되며 0.2% 이상이면 2년 이상 5년 이하의 징역이나 1,000만 원 이상 2,000만 원 이하의 벌금형이 선고됩니다. 음주측정 거부 시 1년 이상 5년 이하의 징역이나 500만 원 이상 2,000만 원 이하 벌금형이 내려집니다. 공무원의 경우 징계 및 해임까지 연결될 수 있는 중대한 행위입니다. 음주운전은 타인의 생명과 안전을 위협하는 명백한 범죄라는 인식하에 누구보다 엄격하게 자기관리를 해야 한다고 생각합니다.

면접TIP 단순한 수치 나열이 아니라, 음주운전에 대한 명확한 법적 기준과 더불어 공직자의 태도를 같이 보여줘야 합니다.

2021 · 2020 우정9급 2020 계리직
Q 공무원으로서 꼭 필요한 자질은 무엇이라고 생각합니까?

예시 답변 공무원에게 가장 필요한 자질은 책임감이라고 생각합니다. 특히 집배원처럼 시민과 직접 마주하는 직무는 작은 실수도 민원으로 이어질 수 있기 때문에, 맡은 일을 끝까지 책임지는 자세가 중요합니다. 저는 어떤 일을 하든 빠르게 처리하기보다 정확하게 마무리하는 습관을 가져왔기 때문에 이런 자세를 공직에서도 이어가고 싶습니다.

면접TIP 자질, 자세, 덕목 단어 하나만 바꿔서 출제됩니다. 다 같은 질문 이라고 할 수 있어요. 하지만 구분해 보자면 자질은 타고난 것이고 덕목은 실천해야 하는 것, 자세는 사건에 대한 태도와 성향이라고 할 수 있습니다. 이를 염두에 두며 본인의 생활과 연결하여 설득력 높은 답변을 해보세요.

2020 계리직
Q 친한 친척이 청탁을 하였다. 사이가 멀어질 것을 각오하고도 거절할 수 있는가?

예시 답변 가까운 친척이라도 공무원의 업무에 영향을 미치는 청탁은 명확히 거절해야 한다고 생각합니다. 공직자는 사적인 감정보다 공정성과 신뢰를 우선시해야 하기 때문입니다. 사이가 멀어질 수 있더라도, 제 기준을 지켰다는 점에서는 오히려 후회하지 않을 선택이라고 생각합니다. 다만 오해가 없도록 정중하게 설명하고, 관계는 최대한 지혜롭게 유지할 수 있도록 노력하겠습니다.

면접TIP 공직자에게 중요한 요소는 청렴성과 공정성입니다. 관계보다 원칙을 중시하고 거절 후의 태도까지 함께 언급하여 설득력 있는 답변을 해보세요.

2020 계리직
Q 우체국 규정과 고객 요구사항이 충돌할 경우 어떻게 대처할 것인가요?

예시 답변 규정은 반드시 지켜야 하지만, 고객의 입장을 공감 없이 무조건 거절하는 태도는 바람직하지 않다고 생각합니다. 그러므로 먼저 고객의 요구를 끝까지 경청하고, 그 상황에서 가능한 방법이나 절차를 안내드리겠습니다. 예를 들어, 규정상 불가하니 비슷한 서비스를 소개하거나 창구 안내를 연결하는 방식으로 고객이 느끼는 불편을 최소화할 수 있도록 노력하겠습니다.

면접TIP 규정은 지켜야 할 기준이라는 점을 명확히 인식하고 있다고 먼저 밝힙니다. 고객 입장에서의 불편이나 요구를 무조건 안 된다고 하기보다, 먼저 공감하는 태도를 보이고 고객이 납득할 수 있는 이유와 대안을 구체적으로 안내하겠다고 정리합니다. 규정을 지키는 태도와 동시에 고객을 불쾌하지 않게 설득하고 안내할 수 있음을 보여주세요.

2018 우체국 소포원
Q 본인의 생활신조와 가치관에 대해 말해보십시오.

예시 답변   제 생활신조는 '작은 일도 끝까지 책임지자'입니다. 저는 학교나 직장에서 맡은 일은 크고 작음을 떠나, 도중에 넘기지 않고 끝까지 마무리하려는 습관이 있습니다. 예를 들어 팀 과제를 할 때 계획서 작성처럼 눈에 띄지 않는 일도 책임지고 처리하면서 동료에게 신뢰를 얻었던 경험이 있습니다. 지원한 업무 역시 하루하루의 정확한 전달과 태도가 신뢰로 이어지는 직무이기 때문에, 이 신조를 지키며 일상적인 책임을 성실히 수행하겠습니다.

면접TIP   신조가 일상과 행동에 어떻게 반영되어 있는지, 공직 업무와 연결해 어떤 태도를 보여줄 수 있는지 알 수 있는 질문입니다. 먼저 짧고 강한 한 줄로 신조 제시하고, 실제로 어떤 방식으로 실천해왔는지 평소 생활 속 태도와 연결하여 공직에선 어떻게 이어질지 답변하면 좋습니다.

2014 우정9급
Q 규정에 맞지 않는 물건을 맡기려는 고객이 온다면 본인은 어떻게 대처하겠습니까?

예시 답변   우편물 규정에 맞지 않는 물건은 안전 문제나 법령 위반 소지가 있기 때문에 고객께서 불편하시더라도 정확한 규정 근거를 바탕으로 안내드리는 것이 공직자의 책임이라고 생각합니다.
먼저 사유를 정중하고 구체적으로 설명드리고, 고객께서 당황하시지 않도록 충분히 경청하며 상황을 이해하려는 태도를 보이겠습니다. 이후에는 보완 포장이 가능한 경우에는 그 방법을 안내드리고, 불가하다면 반송이나 타 운송수단을 활용할 수 있도록 현실적인 대안을 함께 제시해드리겠습니다.

면접TIP   규정을 지키면서도 고객이 불쾌하지 않도록 응대하는 능력을 보려는 질문이기 때문에, 규정 확인 및 설명 → 고객 입장 공감 → 대안 제시로 답변하는 것이 좋습니다.

2016 우정9급 2012·2011 상시계약 집배원
Q 식사는 하고 왔습니까?

예시 답변   네, 간단하게 아침 먹고 왔습니다. 아침을 먹는 것이 하루의 생활에 많은 영향을 끼친다는 것을 알고 있기 때문에 꼭 챙겨먹습니다.

면접TIP   긴장한 지원자에게 편하게 질문할 겸 평소 규칙적인 생활을 하는가 확인할 수 있는 질문이 되기도 합니다. 면접 당일은 긴장하여 평소의 생활이 흐트러질 수도 있습니다. 이는 스트레스에 얼마나 강한지 확인할 수 있습니다. 평소와 같이 일어나서 아침을 먹고 면접에 임하는 것이 좋습니다.

2017 상시계약 집배원

Q 본인이 고객의 우편을 배달하고 있는데 불법주차 차량으로 인하여 부득이하게 멀리 오토바이를 세우고 다녀와야 한다면 불법주차 차량을 어떻게 하겠습니까?

예시 답변   불법주차 차량 때문에 배달이 어려운 상황이라면, 우선 제 안전과 우편물 보호를 고려해 오토바이를 가능한 안전한 위치에 주차한 뒤 업무를 마치겠습니다. 해당 차량이 반복적으로 민원을 유발하는 경우라면, 직접 항의하기보다는 경찰이나 담당 기관에 정식으로 신고하여 처리하도록 하겠습니다. 감정적으로 대응하지 않고, 제 업무는 끝까지 책임지겠다는 자세를 유지하겠습니다.

면접TIP   민원 유발 상황에서 얼마나 차분하게 대응할 수 있느냐를 보는 질문이에요. 불법주차는 분명 잘못이지만, 내가 바로 항의하거나 자의적으로 조치하면 문제될 수 있으니까, 제도적인 절차를 따른다는 점을 강조하면 좋습니다. 예를 들어 직접 사진 찍거나 구두 경고보단, 필요시 경찰이나 관계 기관에 신고하는 식으로요. 그리고 그 상황에서도 본인의 업무는 끝까지 책임지겠다는 흐름이 좋습니다.

2016 우정9급

Q 내부고발자에 대한 본인의 생각을 말해보십시오.

예시 답변   조직 내에서 잘못된 일이 발생했을 때, 그것이 국민의 권익이나 공공의 신뢰에 영향을 주는 사안이라면 내부고발은 필요하다고 생각합니다. 물론 내부고발자는 조직 내에서 오해나 불이익을 받을 수 있어 신중한 판단이 필요하지만, 공직자는 국민 전체에 대한 책임을 지는 자리이기 때문에, 불합리한 관행이나 위법 행위는 반드시 바로잡아야 한다고 생각합니다.

면접TIP   민감한 질문처럼 느껴질 수 있는데, 핵심은 '공익을 위해서라면 내부의 잘못도 바로잡아야 한다'는 태도를 보여주는 거예요. 다만 너무 공격적인 말보다는, 신중하지만 정의롭고 원칙적인 입장을 강조하는 것이 좋습니다.

2022 우정9급

Q 동료가 개인적인 배송을 부탁할 때 어떻게 할 것인가요?

예시 답변   동료의 부탁을 들어주고 싶지만, 공적 업무와 사적 부탁은 명확히 구분해야 한다고 생각합니다. 규정상 허용되지 않는 개인적 부탁은 정중히 거절하고, 업무에 집중하겠다는 의사를 분명히 전하겠습니다. 그래도 불편함이 생기지 않도록 동료의 상황을 배려하는 태도도 잊지 않겠습니다.

면접TIP   동료의 부탁이라도 규정 위반은 허용할 수 없다는 단호한 태도를 보이되, 정중하게 거절하며 업무에 집중하겠다는 점을 명확히 말하는 것이 중요합니다. 이때 공사 구분의 필요성을 짧게 언급해주면 좋습니다.

2012 계리직
Q 본인의 국가관을 말해보십시오.

예시 답변   저는 국가란 국민이 안전하고 평등하게 살아갈 수 있도록 기반을 제공하는 존재라고 생각합니다. 그렇기 때문에 공무원은 그 국가의 얼굴이자 연결 고리라고 생각합니다. 공직자로 일하게 된다면 국민을 위한 행정 서비스를 성실히 수행함으로써, 신뢰받는 국가 만들기에 조금이나마 기여하고 싶습니다.

면접TIP   정답은 정해져 있지 않습니다. 그저 공직자로서 국가에 대해 어떤 책임감을 느끼느냐를 보는 거예요. 따라서 너무 거창한 애국심보다, 국민과 국가를 연결해주는 역할을 내가 하겠다는 느낌이면 좋습니다. 공공성, 책임감, 봉사정신 이런 키워드와 연결해서 말하면 훨씬 설득력 있는 답변이 됩니다.

2012 상시계약 집배원
Q 고객이 등기를 어떻게 보내는지 물어보는데 고가의 물품입니다. 어떻게 설명을 하겠습니까?

예시 답변   고가의 물품일 경우에는 등기우편보다는 손해배상 한도가 명확한 택배서비스나 보험을 추가로 가입하실 수 있는 등기소포를 권해드릴 수 있습니다. 접수 시에는 물품 종류와 가격에 따라 적절한 서비스를 안내드리고, 물품 분실 시 보상 가능 여부에 대해서도 정확히 설명드리겠습니다. 고객께서 안심하고 맡기실 수 있도록 충분한 정보를 드리는 것이 중요하다고 생각합니다.

면접TIP   단순 안내가 아니라, 고객이 물건을 잃어버릴까 봐 불안해하는 상황일 수 있다는 걸 먼저 캐치하고 접근하는 게 좋습니다. 절차 안내, 보장 범위 설명, 보험 부가 가능 여부까지 알려주면 신뢰를 줄 수 있어요.

2022 우정9급
Q 상사가 담당구역 외 지역 배송을 지시할 경우 어떻게 할 것인가요?

예시 답변   배송 업무는 고객 신뢰와 직결되는 중요한 부분이기 때문에, 상사라도 담당구역 외 지역 배송을 지시하시면 우선 규정상 문제가 있음을 말씀드리겠습니다. 다만, 규정에 맞지 않는 일이라도 상사의 요청을 무시하지 않고, 해결 방안이나 다른 가능한 대안이 있는지 함께 논의하려고 노력하겠습니다. 이렇게 하면 규정을 지키면서도 상사와의 관계를 원만하게 유지할 수 있을 것이라고 생각합니다.

면접TIP   규정과 원칙을 우선 강조하고, 무조건 거부하는 듯한 태도보다는 규정에 따라 대안을 함께 고민하고 제안하는 모습을 보이면 훨씬 부드럽고 설득력 있는 답변이 됩니다.

2024 계리직
Q 상사가 위법한 명령을 할 경우 어떻게 할 것인가요?

예시 답변   먼저 위법 여부를 확인하고 위법한 명령일 시 규정과 법적 문제를 조심스럽게 말씀드리고, 그래도 문제가 해결되지 않으면 조직의 공식 절차나 내부 신고 절차를 따를 것입니다. 이렇게 하면 상사에게도 책임을 일깨워 드리고, 조직의 신뢰를 지킬 수 있을 것이라 생각합니다.

면접TIP   먼저 위법 여부를 정확히 확인하겠다는 점을 분명히 하고, 상사에게는 규정과 법적 문제를 조심스럽게 말씀드리겠다는 태도를 보이는 것이 중요합니다. 이후, 단호하면서도 조직의 질서와 상사를 존중하는 균형 잡힌 자세를 강조해 주세요. 마지막으로는 내부 신고 절차나 상급기관 보고를 통해 문제를 공정하게 해결하겠다는 의견을 덧붙여서, 윤리적 책임감과 실제 상황 대응 능력을 함께 보여주시면 됩니다.

2024 우정9급 2023 별정우체국직원 2011 상시계약 집배원
Q 스트레스 해소법은 어떻게 됩니까?

예시 답변   저는 스트레스를 받으면 적당한 운동을 하거나 조용한 공간에서 책을 읽는 방식으로 해소하고 있습니다. 특히 몸을 움직이면 생각이 정리되면서 감정도 가라앉는 편이라, 주 3회 꾸준히 러닝을 하고 있습니다. 업무 중에는 스트레스를 바로 표현하기보다는, 한 발 물러서서 상황을 먼저 정리하려고 노력하고 있습니다.

면접TIP   감정 관리도 직무 능력의 일부입니다. 그래서 이 질문은 '건강하게 해소하고, 업무에 영향을 주지 않는 사람인가'를 보고자 하는 거예요. 답변 시 건강한 해소법, 일과 일상 구분, 자기 조절 능력을 어필해야 해요.

2022 우정9급
Q 공직자의 공정성과 고객 중심이 충돌할 때, 어떤 원칙을 가장 우선시하겠습니까?

예시 답변   저는 공정성을 가장 우선시하겠습니다. 고객 중심 서비스도 중요하지만, 공공기관으로서 모든 고객에게 공평하고 일관된 서비스를 제공하는 것이 기본이라고 생각합니다. 공정함을 지키지 않으면 오히려 다른 고객에게 불이익이 갈 수 있으니, 공정성을 먼저 지키되 그 안에서 최대한 고객이 만족할 수 있도록 방법을 찾겠습니다.

면접TIP   공정성을 기본 원칙으로 강조하세요. 고객 만족은 그다음 단계로, 공정한 절차 안에서 찾겠다고 정리하면 균형 있는 답변이 됩니다. 또한 모든 고객에게 일관된 기준, 다른 고객의 권리 등을 언급하면 설득력이 높습니다.

2022 계리직

Q 고객과의 약속을 지키기 위해 규정에서 벗어난 행동을 해도 된다는 의견이 나왔을 때, 본인은 어떤 입장을 취할 것인가요?

예시 답변   저는 규정을 벗어나서는 안 된다고 생각합니다. 고객과의 약속은 중요하지만, 공공기관은 규정을 지키며 일해야 국민의 신뢰를 받을 수 있습니다. 규정 안에서 약속을 지키려고 최선을 다하고, 만약 어려움이 있으면 상급자와 상의해서 해결 방법을 찾겠습니다.

면접TIP   규정 준수의 중요성을 어필하는 것이 좋습니다. 동시에 고객 약속도 포기하지 않는 노력의 태도, 상급자와 상의하는 태도를 보인다면 현실적인 답변이 됩니다.

2024 계리직

Q 고객 정보를 다루면서 반드시 지켜야 할 윤리적 원칙은 무엇인지 말해보십시오.

예시 답변   고객 정보의 비밀 엄수가 가장 중요한 윤리적 원칙이라고 생각합니다. 고객 정보는 개인의 사생활과 직결되는 부분이기 때문에, 작은 실수도 큰 피해를 줄 수 있다고 봅니다. 그래서 정보보안을 철저히 지키고, 개인정보를 외부에 유출하거나 오·남용하지 않도록 항상 주의하겠습니다.

면접TIP   비밀 보장, 엄격한 보안을 꼭 언급하도록 합니다. 그리고 정보 유출·오·남용이 국민에게 큰 피해를 준다는 경각심도 함께 표현하면, 훨씬 신뢰감 있는 답변이 됩니다.

2018 상시계약 집배원

Q 고객에게 작은 이익을 주는 것처럼 보여도, 조직에 손해가 된다면 어떻게 하시겠습니까?

예시 답변   고객에게 도움이 될 수 있다 해도, 조직의 손해가 된다면 신중히 다시 생각해야 한다고 생각합니다. 공공기관은 국민의 재산을 지키는 역할도 함께 맡고 있기 때문입니다. 저는 고객에게 충분히 설명드리고, 규정과 원칙을 지켜서 조직의 손해를 최소화하는 쪽으로 행동하겠습니다.

면접TIP   고객에게도 좋고, 조직에도 손해가 없도록 균형감을 강조하는 것이 좋습니다. 조직의 손해는 곧 국민의 손해라는 논리를 살짝 언급하면 공공기관의 특성상 더욱 신뢰를 줄 수 있습니다. 고객 중심도 중요하지만, 조직의 공공성을 반드시 지켜야 한다고 마무리하면 안정감 있는 답변이 됩니다.

03 면접 예상 질문

CHAPTER

#대표 질문유형 #소통·공감 #헌신·열정 #창의혁신 #윤리·책임

아래는 실제 면접에서 출제될 수 있는 예상 질문입니다. 제시된 질문과 함께 면접 TIP을 참고하여, 자신만의 경험과 생각을 바탕으로 답변을 구성해보세요. 예시 답변은 참고용일 뿐, 본인의 말투와 태도에 맞게 자연스럽게 표현하는 것이 가장 중요합니다.

Q 집배원이 되고나서 어떠한 자기계발을 할 것입니까?

면접 TIP

자기계발은 취업을 하고 난 이후에 발전가능성에 대한 것을 보여줍니다. 이 질문으로 지원자의 열정이 어느 정도로 있는지를 확인할 수 있습니다. 취업을 한 이후에 발전가능성과 열정을 보여줄 수 있는 답변을 해보세요.

선배들의 조언

중간에 답변이 살짝 길어지면 '충분히 알겠다'고 끊으셔서 준비한 내용을 다 말하지 못할 때도 있었습니다. 하지만 면접관의 궁금증을 유발하는 방식으로 답하면, 꼬리질문으로 이어져서 준비한 만큼 충분히 말할 수 있습니다!

Q 집배원 복무수칙에 대해서 알고 있는 대로 말해보십시오.

> **면접 TIP**
> 업무에 임하는 태도와 업무이해도를 확인할 수 있는 질문입니다. 집배원으로 가져야 하는 덕목이나 가치관 등 업무에 대한 지원자의 생각을 묻는 질문으로 변형할 수 있습니다.

Q 집배원은 야근을 하는 경우가 종종 있으며, 주말에 쉬지 못할 수도 있습니다. 이럴 땐 어떻게 하겠습니까?

> **면접 TIP**
> 야근이나 시간외 근무가 비단 공직사회에서만 행해지는 것만이 아니므로 그에 대해서 언급하고 자신의 생각을 덧붙이는 것이 중요합니다. 야근의 종류에 따라 업무시간을 효율적으로 사용하여 야근 시간을 줄이겠다는 의견도 좋은 예가 될 수 있습니다.

Q 별정우체국직원이 무엇인지 아는 대로 말해보십시오.

면접 TIP

본인이 지원하는 분야가 무슨 일을 하는지, 알고 왔는지를 확인하는 질문입니다. 이는 단순히 직업을 구하기 위해 지원을 했는지 아니면 충분한 지식을 가지고 완벽한 준비를 통해 지원을 한 것인지를 확인할 수 있습니다.

Q 전에 하시던 일과 비교하면 집배원 봉급은 적을 텐데 괜찮겠습니까?

면접 TIP

월급이라는 것은 근로조건 전반을 대표한다고 해도 과언이 아닙니다. '박봉임에도 열심히 일하겠습니다'라는 추상적인 답변보다는, 그것을 활용하여 충분하게 자신의 생활을 영위해 갈 수 있음을 보여주는 것이 더 중요합니다. 이는 경제관념을 측정하는 하나의 기준이 될 수 있습니다.

선배들의 조언

준비했던 예상 질문을 받고도 막상 답변하려니 머릿속이 하얘지고 말이 장황해졌는데, 면접 연습할 때 키워드로 외우고 준비해서 그런지 금방 정리해서 말할 수 있었어요. 키워드로 암기하는 것이 중요하다는 걸 다시 느꼈습니다!

Q 어떤 경우에 거짓말을 했습니까?

> **면접 TIP**
>
> 거짓말을 했던 상황을 너무 큰 도덕적 결함처럼 잡지 않는 게 좋아요. 예를 들어 '가벼운 실수나 민망한 상황에서 무의식적으로 거짓말을 했다' 정도가 가장 안전해요. 그다음에는 그 거짓말이 상대방에게 불편함을 주었다는 자각을 넣고, 결과적으로 정직함이 관계나 업무에 훨씬 도움이 된다는 걸 느꼈다는 식으로 마무리하면 완벽해요. '무조건 정직했어요'는 오히려 현실감이 떨어져 보일 수 있습니다. 중요한 건 '작은 실수 → 진심 어린 반성 → 지금은 어떻게 다르게 행동하는가'입니다. 답변 시 상습적이라는 인상을 남기지 않도록 주의하세요.

Q 어떤 운동을 좋아합니까?

> **면접 TIP**
>
> 체력을 요하는 직무인 만큼 운동에 대한 질문도 출제됩니다. 또한 일반적으로 스포츠는 협동심과 적극성을 필요로 합니다. 따라서 체력관리뿐만 아니라 집단생활을 하는 데 필요한 요소들을 확인하고자 하는 것입니다. 업무에 지장을 주지 않는 선에서 체력관리와 집단생활에 용이한 운동을 언급하는 것이 좋습니다.

Q 본인은 사회봉사에 대해서 어떻게 생각합니까?

면접 TIP

사회봉사는 타인을 위해 자신이 할 수 있는 일을 하는 것으로 꼭 크고 대단한 일을 해야 하는 것은 아닙니다. 먼저 자신이 생각하는 사회봉사에 대해서 말하고 자신이 실천한 사회봉사, 그리고 그 일을 하면서 느낀 점 등을 이야기하는 것이 좋습니다.

Q 여기에는 언제 도착하셨습니까?

면접 TIP

면접장소까지 어떤 방식으로 왔는지, 얼마나 걸려서 왔는지에 대해 물어보는 것입니다. 이는 수험생의 생활태도 및 계획성을 알아보기 위한 것이므로 자연스럽게 대답을 하면 됩니다.

선배들의 조언

면접 스터디에서 답변할 때 말끝을 흐리지 말라는 피드백을 듣고 연습했습니다. 면접관 중 한 분이 계속 고개를 숙이고 메모만 하셨는데, 오히려 그분이 제일 무서워 보여서 긴장했지만, 끝까지 자세를 잃지 않으려 노력했어요. 덕분에 좋은 점수를 받을 수 있었던 것 같습니다!

Q 당신이 사는 지역에 혐오시설이 들어오게 된다면 어떻게 하겠습니까?

면접 TIP

공익과 사익이 대치하게 될 경우 대처법을 알아보기 위한 질문입니다. 한쪽으로 치우치는 의견보다는 현실적으로 사안을 대처하는 태도를 보여주는 것이 좋습니다.

Q 난폭운전에 해당하는 것을 말해보십시오.

면접 TIP

운전자의 안전의식, 규정 준수 태도, 집배원으로서 이륜차 운행 시 얼마나 책임감을 가지고 있는지를 확인할 수 있는 질문입니다. 도로교통법상 난폭운전이 무엇인지 간단히 설명한 뒤 대표적인 예시 1 ~ 2개를 언급해 주면 좋습니다. 마지막엔 단순 위반뿐만 아니라 타인의 생명을 위협하는 행위라는 인식까지 짚어주세요.

Q 전날 과음을 하여 숙취에 시달리고 있는 동료가 이륜차를 운전하려고 한다면 어떻게 하겠습니까?

면접 TIP

이륜차 운행 빈도가 많은 집배원 직무 특성을 반영하여 안전의식과 책임감을 점검하기 위한 질문입니다. 이륜차 운행을 하면 안 되는 법적 근거와 공공안전, 동료보호를 포함하여 설명하면 좋습니다.

Q 이 주소를 읽어보십시오.

서울特別市 麻浦區 西橋洞 346-15番地 b02號

Q 다음에 제시된 한자성어를 큰소리로 읽어 보십시오.

勸善懲惡　　　有備無患　　　特急郵便　　　松田郵遞局

Q 영문주소를 읽어 보십시오.

① P.O. Box, 119, Gukgok-ri, Geumnam-myeon, Sejong, Korea
② 24, Yeokgok 1-dong, Wonmi-gu, Bucheon-si, Gyeonggi-do, Korea

선배들의 조언
최대한 기출문제를 많이 보고, 예상 답변도 두어 개 준비하는 게 좋아요! 어떤 질문을 받게 될지 모르기 때문에 다양한 상황을 예상하는 것이 중요합니다.

Q 왜 힘든 직업에 지원하였습니까?

> **면접 TIP**
> 일이 힘든 걸 모르고 지원한 건 아닌가?를 보는 거예요. 알고 있다고 인정하고, 그다음으로는 '그래서 그만큼 가치 있다고 느낀다'는 각오와 마음을 보여주는 게 중요합니다. 단순한 열정보다, 그 일에 책임을 다하려는 각오와 준비가 있다는 걸 말하면 훨씬 진정성 있어 보여요.

Q 우체국 집배원 과로에 대해 자신의 생각을 말해보십시오.

> **면접 TIP**
> 집배원 직무에 대한 현실적인 이해가 있는지, 힘든 여건 속에서도 긍정적이고 책임감 있는 태도를 가질 수 있는지를 보고자 하는 질문입니다. 현장의 어려움을 인정하고 어떻게 관리해 나갈 것인지 정리하면, 현실 인식 + 준비된 태도를 모두 보여줄 수 있습니다.

Q 휴일에는 주로 무엇을 하면서 보냅니까?

> **면접 TIP**
>
> 지원자의 생활 태도와 자기관리 습관, 정신적 여유나 스트레스 해소 방식이 얼마나 균형 잡혀 있는지를 보기 위한 질문입니다. 평소 건강관리나 독서, 자기계발, 산책 같은 활동 중 하나를 말하면서 '에너지를 재충전하거나 다음 주를 위한 컨디션을 정리하는 시간'이라는 식으로 덧붙이면 좋습니다. 중요한 건 건강한 루틴 + 자기관리형 태도를 보여주는 것입니다.

Q 힘든 일을 겪을 때는 어떻게 헤쳐나갑니까?

> **면접TIP**
>
> 감정적으로 반응하지 않고, 우선 상황을 정리하고 우선순위를 정해서 하나씩 해결하려는 태도를 강조하면 좋습니다. 그리고 '필요하다면 주변의 조언을 구한다'는 말까지 들어가면 균형 있는 문제해결형 인물로 보일 수 있습니다.

> **선배들의 조언**
>
> 상황형 꼬리질문도 많이 출제돼요. 달달 외워서 답하기보다 실제 상황을 시뮬레이션하듯 답변 연습하는 게 훨씬 좋아요!

03. 면접 예상 질문

Q 본인이 지금까지 살면서 겪은 일 중 가장 힘들었던 일은 무엇입니까?

면접 TIP

어려움을 어떻게 해석하고, 그걸 통해 어떤 성장을 했는지를 보고자 하는 질문입니다. '사연'이 아니라 '회복력'을 보는 거예요. 너무 감정적인 사건보다는, 도전적이지만 스스로 해결하거나 이겨낸 경험을 고르면 좋습니다.

Q 친하게 지내는 사람이 고가의 물품을 전달해 달라는 부탁을 하게 된 경우 어떻게 대처하겠습니까?

면접 TIP

공직자로서의 원칙·공정성·지인과의 거리 두기 태도를 확인할 수 있는 질문입니다. 직무상 공정함을 지킬 수 있는지를 중점적으로 봅니다. '정중하게 사유를 설명하고 규정을 근거로 거절한다', '부탁을 들어주는 것보다 원칙을 지키는 게 관계를 더 오래 지키는 방법이다' 이 흐름으로 말하면 단호하면서도 설득력을 높일 수 있습니다.

Q 고객만족을 위해 우체국 직원들이 해야 할 일에는 무엇이 있습니까?

> **면접 TIP**
> 구체적인 실천 태도를 언급하는 것이 좋습니다. 현장의 실제 상황을 떠올리며 '정확한 업무 처리, 친절한 응대, 설명력, 민원 경청, 신속한 피드백' 등 다양한 태도에서 2~3가지를 골라, '저는 이런 부분을 신경 쓰겠습니다'로 마무리하면 더 설득력 있게 들려요.

Q 일을 하다보면 스트레스나 갈등이 발생할 수 있습니다. 해결방법에는 무엇이 있는지 말해보십시오.

> **면접 TIP**
> 스트레스 상황에서 자기조절력과 조직 내 커뮤니케이션 태도를 보려는 질문입니다. 안정적이고 성숙한 태도를 중심으로 답변해보세요.

> **선배들의 조언**
> 너무 튀는 답변은 금물. 특히 '우체국의 단점'을 묻는 질문은 특별한 개선책을 요구하는 것이 아니므로 적당히 실현가능한 정형화된 답변을 간결하게 말하는 게 좋아요!

Q 본인은 상사에게 무조건 복종을 합니까? 그 이유는 무엇인가요?

> **면접 TIP**
>
> 상하 관계에서의 태도, 지시에 대한 복종과 판단 기준의 균형감을 보는 질문입니다. 무조건 따르거나 무조건 따르지 않겠다고 하지 않도록 주의하세요. 기본 태도는 '원칙적으로 따릅니다. 하지만 지시가 명백히 부당하거나 법령에 어긋난다면 조심스럽게 의견을 전달하고, 필요한 경우 보고 체계를 따르겠습니다'의 태도가 중요합니다. 즉, 예의와 원칙을 함께 말하는 구조가 좋습니다.

Q 업무 중 알게 된 동료의 실수를 무조건 덮어주는 것이 팀워크라고 생각하는지, 아니면 보고해야 한다고 생각하는지 말해보십시오.

> **면접 TIP**
>
> 팀워크와 윤리·규정 준수 사이의 균형을 어떻게 볼지를 묻는 질문이기 때문에, 팀워크만큼이나 윤리와 규정이 우선된다는 생각을 분명히 밝히는 것이 좋습니다. 이후 단계별 대응을 언급하며 현실적인 태도를 보여주고, 마지막에는 팀워크와 조직의 윤리·규정이 함께 조화를 이뤄야 한다는 의견형으로 마무리하면 자연스럽고 설득력 있는 답변이 됩니다.

Q 동료의 미흡한 업무처리로 고객이 항의할 때 어떻게 대처할 것인가요?

> **면접 TIP**
> 고객의 항의 상황에서는 신뢰를 회복할 수 있는 말과 태도가 우선입니다. 이때 동료의 실수나 책임을 바로 지적하기보다는, 전체적인 조직의 신뢰를 지키려는 자세와 침착한 응대, 그리고 사후 개선을 위한 실천 의지까지 담아 말하면 좋습니다. 즉, 고객 응대 + 동료와의 관계 + 문제 해결을 함께 고려한 균형 잡힌 태도가 중요합니다.

Q 아침에 눈을 뜨면 가장 먼저 하는 일은 무엇인가요?

> **면접 TIP**
> 사람의 습관은 많은 것을 알게 해줍니다. 가령 아침에 일어나자마자 이불 개기는 사소해 보여도 작은 일부터 깔끔하게, 규칙적으로라는 이미지를 줍니다. 습관이 갖는 의미를 간단히 덧붙여 주세요. '잠을 깨기 위해서 시작했지만 습관의 여부로 하루 마음가짐이 달라진다' 등 아주 조금, 의미를 부여하면 설득력이 높아져요. 너무 길게 말할 필요는 없습니다. 짧고 분명하게 정리하면 됩니다.

선배들의 조언
종종 압박면접이 진행되기도 하는데 '면접은 기세' 라는 생각으로 임하고, 절대 주눅들지 마세요!

PART 05 부록

1. 면접 대비 실용한자
2. 면접 대비 영어표현
3. 우편번호 앞 세 자리 부여내역

01 면접 대비 실용한자

#실용한자 #면접 대비한자 #사자성어

주요단어

郵遞局	우체국
郵遞筒	우체통
郵遞夫	우체부
集配員	집배원
登記	등기
小包	소포
郵票	우표
警察	경찰
市場	시장
學校	학교
先生	선생
水道	수도
電氣	전기
道路	도로
自動車	자동차
自轉車	자전거
住宅	주택
工場	공장
食堂	식당
冊床	책상
倚子	의자
電話	전화
眼鏡	안경
時計	시계
帽子	모자
病院	병원
公園	공원
敎會	교회
聖堂	성당
寺刹	사찰
空航	공항
埠頭	부두
港口	항구

가

苛斂誅求	가렴주구
家徒壁立	가도벽립
家無擔石	가무담석
佳人薄命	가인박명
肝膽相照	간담상조
甘言利說	감언이설
甘呑苦吐	감탄고토
改過遷善	개과천선
去頭截尾	거두절미
居安思危	거안사위
乾坤一擲	건곤일척
見物生心	견물생심
結者解之	결자해지
結草報恩	결초보은
輕擧妄動	경거망동
傾國之美	경국지미
傾國之色	경국지색
敬而遠之	경이원지
桂玉之歎	계옥지탄
孤掌難鳴	고장난명
苦盡甘來	고진감래

骨肉相殘	골육상잔
空中樓閣	공중누각
過恭非禮	과공비례
過猶不及	과유불급
管鮑之交	관포지교
刮目相對	괄목상대
矯角殺牛	교각살우
巧言令色	교언영색
敎外別傳	교외별전
交友以信	교우이신
膠漆之交	교칠지교
口蜜腹劍	구밀복검
口尚乳臭	구상유취
九牛一毛	구우일모
群鷄一鶴	군계일학
群盲撫象	군맹무상
群雄割據	군웅할거
勸上搖木	권상요목
捲土重來	권토중래
近墨者黑	근묵자흑
金科玉條	금과옥조
金蘭之契	금란지계
錦上添花	금상첨화
金石之交	금석지교
錦衣夜行	금의야행
錦衣還鄕	금의환향
金枝玉葉	금지옥엽
驚天動地	경천동지
鷄口牛後	계구우후
鷄鳴狗盜	계명구도
季布一諾	계포일락
膏粱珍味	고량진미
孤立無援	고립무원
姑息之計	고식지계
苦肉之策	고육지책
孤掌難鳴	고장난명

나

難兄難弟	난형난제
南柯一夢	남가일몽
男負女戴	남부여대
內憂外患	내우외환
累卵之危	누란지위

다

多多益善	다다익선
斷金之交	단금지교
斷機之戒	단기지계
斷機之交	단기지교
單刀直入	단도직입
大器晚成	대기만성
戴盆望天	대분망천
塗炭之苦	도탄지고
道聽塗說	도청도설
東問西答	동문서답
獨不將軍	독불장군
同病相憐	동병상련
同床異夢	동상이몽
登高自卑	등고자비
登樓去梯	등루거제
燈下不明	등하불명
燈火可親	등화가친

마

馬耳東風	마이동풍
莫上莫下	막상막하
莫逆之友	막역지우
萬古風霜	만고풍상
晚時之歎	만시지탄

亡羊補牢	망양보뢰
麥秀之嘆	맥수지탄
孟母斷機	맹모단기
盲者丹靑	맹자단청
面從腹背	면종복배
面從後言	면종후언
明鏡止水	명경지수
明若觀火	명약관화
命在頃刻	명재경각
目不識丁	목불식정
目不忍見	목불인견
刎頸之交	문경지교
聞一知十	문일지십
門前成市	문전성시
美辭麗句	미사여구

바

傍若無人	방약무인
背恩忘德	배은망덕
白骨難忘	백골난망
百年河淸	백년하청
白面書生	백면서생
百戰老將	백전노장
伯仲之間	백중지간
百尺竿頭	백척간두
父傳子傳	부전자전
夫唱婦隨	부창부수
附和雷同	부화뇌동
粉骨碎身	분골쇄신
不立文字	불립문자
不問可知	불문가지
不問曲直	불문곡직
不遠千里	불원천리
朋友有信	붕우유신
貧賤之交	빈천지교

사

四面楚歌	사면초가
四通八達	사통팔달
事必歸正	사필귀정
山紫水明	산자수명
山戰水戰	산전수전
殺身成仁	살신성인
三顧草廬	삼고초려
三省吾身	삼성오신
三旬九食	삼순구식
上山求魚	상산구어
桑田碧海	상전벽해
塞翁之馬	새옹지마
先見之明	선견지명
雪上加霜	설상가상
束手無策	속수무책
送舊迎新	송구영신
袖手傍觀	수수방관
水魚之交	수어지교
誰怨誰咎	수원수구
脣亡齒寒	순망치한
識者憂患	식자우환
信賞必罰	신상필벌
身言書判	신언서판
心心相印	심심상인
十伐之木	십벌지목
十日之菊	십일지국
捨生取義	사생취의
死而後已	사이후이
散華功德	산화공덕
三人成虎	삼인성호
生知安行	생지안행
山高水長	산고수장

아

我田引水	아전인수
安貧樂道	안빈낙도
弱肉強食	약육강식
羊頭狗肉	양두구육
梁上君子	양상군자
養虎遺患	양호유환
魚魯不辨	어로불변
漁父之利	어부지리
言語道斷	언어도단
言中有骨	언중유골
與民同樂	여민동락
女必從夫	여필종부
易地思之	역지사지
緣木求魚	연목구어
拈華微笑	염화미소
拈華示衆	염화시중
五里霧中	오리무중
吾不關焉	오불관언
吾鼻三尺	오비삼척
烏飛梨落	오비이락
吳越同舟	오월동주
烏合之卒	오합지졸
臥薪嘗膽	와신상담
外柔內剛	외유내강
龍頭蛇尾	용두사미
用錢如水	용전여수
牛耳讀經	우이독경
雨後竹筍	우후죽순
雨後送傘	우후송산
遠交近攻	원교근공
月態花容	월태화용
危機一髮	위기일발
有口無言	유구무언
類萬不同	유만부동
類類相從	유유상종
有終之美	유종지미
陸地行船	육지행선
以卵投石	이란투석
以心傳心	이심전심
人面獸心	인면수심
人山人海	인산인해
一網打盡	일망타진
一字無識	일자무식
一瀉千里	일사천리
一石二鳥	일석이조
一魚濁水	일어탁수
臨機應變	임기응변

자

自家撞着	자가당착
自繩自縛	자승자박
自業自得	자업자득
自中之亂	자중지란
自初至終	자초지종
自暴自棄	자포자기
作心三日	작심삼일
賊反荷杖	적반하장
赤手空拳	적수공권
電光石火	전광석화
輾轉反側	전전반측
轉禍爲福	전화위복
切齒腐心	절치부심
頂門一鍼	정문일침
井底之蛙	정저지와
井中觀天	정중관천
糟糠之妻	조강지처
朝令暮改	조령모개
朝飯夕粥	조반석죽
朝三暮四	조삼모사

坐井觀天	좌정관천
走馬加鞭	주마가편
走馬看山	주마간산
酒池肉林	주지육림
竹馬故友	죽마고우
竹馬舊誼	죽마구의
竹馬知友	죽마지우
衆口難防	중구난방
指天射魚	지천사어
進退維谷	진퇴유곡

차

借虎威狐	차호위호
滄海一粟	창해일속
千年一淸	천년일청
千慮一失	천려일실
千載一遇	천재일우
徹天之寃	철천지원
聽而不聞	청이불문
蔥竹之交	총죽지교
春秋筆法	춘추필법
出嫁外人	출가외인
醉生夢死	취생몽사
七縱七擒	칠종칠금

타

他山之石	타산지석
泰然自若	태연자약
兎死狐悲	토사호비
通管窺天	통관규천
卓上空論	탁상공론
他尚何說	타상하설

太剛則折	태강즉절
太平烟月	태평연월
吐哺握發	토포악발

파

破竹之勢	파죽지세
敗家亡身	패가망신
炮烙之刑	포락지형
表裏不同	표리부동

하

鶴首苦待	학수고대
漢江投石	한강투석
邯鄲之夢	한단지몽
咸興差使	함흥차사
狐假虎威	호가호위
糊口之策	호구지책
胡蝶之夢	호접지몽
好事多魔	호사다마
虎視耽耽	호시탐탐
惑世誣民	혹세무민
紅爐點雪	홍로점설
畵龍點睛	화룡점정
畵蛇添足	화사첨족
畵中之餠	화중지병
換骨奪胎	환골탈태
膾炙人口	회자인구
會者定離	회자정리
後生可畏	후생가외
興盡悲來	흥진비래

02 면접 대비 영어표현

#집배원 #면접 대비 #영어표현

acknowledgement of receipt stamp : 배달증명 우표
aerogramme(=air letter) : 항공 서간
air accident cover(=wreck cover) : 항공 사고우편물커버
air mail : 항공 우편
broken : 깨어진, 불량의
bulk mail : 제3종 우편물 대량 발송
business day : 영업일
cash on delivery : 착불
censored mail : 검열우편
certified delivery : 발송 확인 우편
claim : 지환우편물 중 되돌아 온 우편물
contents certified mail : 내용증명우편
collect on delivery mail : 대금상환우편(대금교환우편)
date : 날짜
envelope : 봉함, 봉투
entire : 실체봉투(내용물이 들어 있는 상태)
entire cut : 봉투에서 떼어 낸 상태
express mail : 특급 우편
first class mail(=regular mail) : 보통 우편
flaw : 흠집, 결점
foreign : 외국
fragile : 깨지기 쉬운
gone away : 이사
indicium : 요금별납 우편물의 증인(證印)
insufficient : 주소 불명
insured mail : 보험 우편
invalidated : 무효
mail sorting centers : 우편물 집중 처리국
on time : 제 시간에

overnight delivery : 익일 배송
paid reply postal card : 요금 납부 왕복엽서
parcel(=package) : 택배
passenger mail(=sea mail) : 선편 우편
post box : 우편사서함
post card : 엽서(사제)
post office : 우체국
postage : 우편요금
postage stamp : 우표
postal card : 엽서(관제)
price : 가격
recorded delivery : 기록 배달
refused : 수취거절
registered mail : 등기 우편
return postal card(=reply postal card) : 왕복우편엽서
serial number : 일련 번호
ship letter : 선박편지
shipping : 운송, 배송
small packet : 소형 포장물(봉투에 넣을 수 있는 크기)
surface mail : 선박우편
unclaimed : 교부청구 없음
unknown : 수취인 불명
zip code : 우편번호(미국)

03 우편번호 앞 세 자리 부여내역

#지역별

지역	번호	0	1	2	3	4	5	6	7	8	9
서울	01	강북구				도봉구			노원구		
	02		중랑구				동대문구			성북구	
	03		종로구			은평구			서대문구		마포구
	04		마포구			용산구			중구	성동구	광진구
	05	광진구		강동구				송파구			
	06			강남구				서초구			동작구
	07		동작구			영등포구			강서구		양천구
	08		양천구			구로구			금천구	관악구	
	09										
경기	10		김포시			고양시				파주시	
	11	연천군	포천시		동두천시		양주시		의정부시		구리시
	12			남양주시		가평군	양평군	여주시		광주시	하남시
	13	하남시				성남시				과천시	안양시
	14		안양시		광명시			부천시			시흥시
	15		시흥시				안산시			군포시	
	16		의왕시				수원시				용인시
	17		용인시			이천시		안성시		평택시	
	18	평택시	오산시			화성시					
	19										
	20										
인천	21		계양구			부평구			남동구		연수구
	22	연수구		남구		중구		동구	서구		
	23	강화군		옹진군							
강원	24	철원군	화천군			춘천시		양구군	인제군	고성군	속초시
	25	양양군	홍천군	횡성군	평창군		강릉시			동해시	삼척시
	26	태백시	정선군	영월군		원주시					
세종	30		세종시								

충북	27	단양군	제천시		충주시		음성군	진천군	증평군
	28	괴산군	청주시						보은군
	29	옥천군	영동군							
충남	31	천안시				아산시		당진시		서산시
	32	서산시	태안군	홍성군		예산군	공주시	금산군	계룡시	논산시
	33	논산시	부여군		청양군		보령시	서천군		
대전	34	유성구		대덕구		동구		중구	
	35	중구			서구					
경북	36	영주시		봉화군	울진군	영덕군	영양군	안동시	예천군	문경시
	37	문경시		상주시		의성군	청송군	포항시		
	38	경주시			청도군		경산시		영천시	
	39	군위군		구미시			김천시		칠곡군	
	40	성주군	고령군	울릉군						
대구	41	동구				북구		서구	중구
	42	수성구			남구		달서구		달성군
	43	달성군								
울산	44	동구		북구		중구		남구		울주군
	45	울주군								
부산	46	기장군		금정구		북구		강서구		사상구
	47	사상구		부산진구		연제구		동래구		
	48	해운대구		수영구		남구		동구		중구
	49	영도구		서구		사하구				
경남	50	함양군	거창군	합천군	창녕군	밀양시	양산시		김해시	
	51	김해시				창원시				
	52	함안군	의령군	산청군	하동군	남해군	사천시	진주시		고성군
	53	통영시		거제시						
전북	54	군산시		김제시		익산시		전주시	
	55	전주시		완주군	진안군	무주군	장수군	남원시		임실군
	56	순창군	정읍시		부안군	고창군				
전남	57	영광군	함평군	장성군	담양군		곡성군	구례군	광양시	순천시
	58	순천시	화순군	나주시		영암군	무안군	목포시	신안군	진도군
	59	해남군	완도군	강진군	장흥군	보성군	고흥군	여수시		
	60									
광주	61	북구			동구		남구	서구
	62	서구		광산구					
제주	63	제주시			서귀포시				

※ 서울특별시 강북구의 경우 010 ~ 012

집배원 면접 질문카드

질문카드를 잘라서 사용하세요.

질문카드 중에서 하나씩 뽑아보면서 빠르게 면접 답변을 하는 연습을 해보세요.
연습을 하면 할수록 쌓여가는 자신감을 느낄 수 있을 거예요.

❂ 면접 전 스스로의 마음을 안정시키고 격려하는 방법 ❂

- 가벼운 산책과 스트레칭으로 몸을 움직여준다.
- 나를 남과 비교하지 않고 다른 점을 받아들인다.
- 일어나지 않은 일을 미리 걱정하지 않는다.
- 현재 몰입하는 일에 집중하고 최선을 다한다.
- 하루에 한 번 조용히 명상의 시간을 갖는다.
- 두려움을 벗어던지면 새로운 것들이 보일 것이다.
- 자신의 의견을 소신껏 주장하되 부드럽게 말한다.
- 사람은 누구나 실수를 한다. 가끔은 나에게 관대해져도 좋다.
- 감사하는 마음의 표현은 모두에게 큰 변화를 준다.

QUESTION CARD

하단에 질문카드를 잘라서 사용하세요. 질문카드 중에서 하나씩 뽑아보면서 빠르게 면접 답변을 하는 연습을 해보세요.

집배원을 지원한 동기를 말해보시오.	근무하고 싶은 부서가 있는가? 있다면 그 이유는 무엇인가?
업무에 필요한 전문성을 위해서 어떠한 노력을 했는가?	창의성을 발휘하여 문제를 해결한 경험을 말해보시오.
급여와 복무환경이 좋은 사기업이 있음에도 집배원이 되려는 이유는?	지역 내에서 시민의식을 발휘해 공동체에 기여한 경험을 말해보시오.
스트레스를 해소하는 방법으로 무엇이 있는가?	보람을 느끼면서 하는 일이 무엇인가?

자르는 선

? QUESTION	? QUESTION
? QUESTION	? QUESTION
? QUESTION	? QUESTION
? QUESTION	? QUESTION

QUESTION CARD

하단에 질문카드를 잘라서 사용하세요. 질문카드 중에서 하나씩 뽑아보면서 빠르게 면접 답변을 하는 연습을 해보세요.

업무 수행 중 상사의 의견과 충돌한 경우 어떻게 대처할 것인가?	상사가 업무가 아닌 사적인 일을 시킬 경우 어떻게 대처할 것인가?
민원인이 강하게 항의를 하고 있다. 어떻게 하겠는가?	민원인이 법령에 어긋나는 것을 해달라 요구한다면?
가족 또는 지인이 부정 청탁을 요청할 경우 어떻게 대처할 것인가?	조직 내의 부조리함을 발견한 경우 어떻게 대처할 것인가?
동료와 의견이 소통되지 않아서 갈등이 생기면 어떻게 해결하겠는가?	동료가 본인이 추진하는 일을 반대한다면 어떻게 하겠는가?

QUESTION CARD

QUESTION CARD

하단에 질문카드를 잘라서 사용하세요. 질문카드 중에서 하나씩 뽑아보면서 빠르게 면접 답변을 하는 연습을 해보세요.

본인이 지원한 시에서 시행하는 정책 중에 관심 있는 것은?	최근 관심있게 보는 이슈는 무엇이며 관심을 갖는 이유는?
조직의 역량과 개인의 역량 중에서 무엇이 더 중요한가?	수익성과 공익성에 대하여 말해보시오.
청렴의 정의와 실천방안은?	업무의 효율성과 절차를 준수한 이행 중 무엇이 더 중요한가?
부정부패를 방지하기 위해서 필요한 것은 무엇이라고 생각하는가?	내부고발제도에 대해 설명해보고 보완점을 말해보시오.

잘라서 사용하세요.

자격증

한번에 따기 위한 서원각 교재

한 권에 준비하기 시리즈 / 기출문제 정복하기 시리즈를 통해 자격증 준비하자!